Das Buch

Hitler wäre ohne das Heer der Frauen, das ihm bei seinen Auftritten zujubelte oder ihm im Privatleben zu Diensten war, vermutlich nie so mächtig geworden. Auf den Massenveranstaltungen bekamen die Frauen hysterische Anfälle und fielen reihenweise in Ohnmacht. Sie waren fasziniert von Hitlers demagogischem Charme, der hypnotischen Kraft seiner Augen, dem Timbre seiner Stimme und seinen napoleonischen Gesten.
Erich Schaake geht dem Phänomen der unheimlichen Anziehungskraft des Diktators nach und bringt in den Porträts seiner Frauenbeziehungen erstaunliche Details zutage.

Der Autor

Erich Schaake berichtete als Chefreporter über politische Ereignisse des Zeitgeschehens wie den Jom-Kippur-Krieg in Israel, die Entführung der »Landshut«, den Fall Schleyer oder den Afghanistan-Krieg. Als Buchautor veröffentlichte er zeitkritische Romane, Sachbücher und Biographien. Erich Schaake lebt in der Nähe von Bordeaux in Frankreich.

Erich Schaake
und Roland Bäurle

Hitlers Frauen

Die willigen Helferinnen
und ergebenen Mätressen des Führers

Ullstein

Ullstein Taschenbuchverlag
Der Ullstein Taschenbuchverlag ist ein Unternehmen
der Econ Ullstein List Verlag GmbH & Co. KG, München
2. Auflage 2001

Umschlagkonzept: Lohmüller Werbeagentur GmbH & Co. KG, Berlin
Umschlaggestaltung: HildenDesign, München – Andrea Barth
Titelabbildung: Ullstein Bilderdienst, Berlin
Druck und Bindearbeiten: Elsnerdruck, Berlin
Printed in Germany
ISBN 3-548-36315-6

Inhalt

Vorwort

Hitlers Frauen? Gab es denn so viele? Diese Frage wird sich manch einer stellen, denn aus heutiger Sicht verkörpert Hitler mitnichten das Ideal eines charismatischen Mannes, der anziehend auf Frauen wirken könnte. Doch genau das war er für viele Frauen seiner Zeit. Die unzähligen Aufnahmen von politischen Veranstaltungen, die frenetisch jubelnde Zuhörerinnen zeigen, belegen das; oder Fotos mit dem »Führer«, umringt von einer Gruppe ihn anhimmelnder Frauen.

Aber nicht um diese anonymen Mädchen und Frauen aus dem Volk, die Hitlers Faszination erlagen, geht es in diesem Buch. Vielmehr um die Frauen, die in seinem Leben eine entscheidende Rolle gespielt haben. Angefangen bei seiner Mutter über Geli Raubal und Eva Braun bis hin zu Christa Schroeder, einer seiner Sekretärinnen.

»Hitlers Frauen« erhebt keinen Anspruch auf Vollständigkeit: Es gab mehr Frauen als die hier porträtierten, die sich in Hitlers engstem Kreis aufhielten, die ihn anbeteten und verklärten, reiche Gönnerinnen, die ihn politisch unterstützten, oder etwa Künstlerinnen, die die Nähe des Mächtigen suchten.

Hitler umringt von Mädchen und Frauen aus Wels in Oberösterreich

Als Zusammenschau ausgewählter Frauenporträts versteht sich dieses Buch und nicht als weiterer Beitrag zur Hitler-Forschung. Wer waren diese Frauen? Wie wuchsen sie auf? Wie kam es, daß sie sich verführen ließen von einem grausamen Diktator? Leben und Werdegang dieser Frauen stehen im Mittelpunkt, nicht Hitler und sein Weg an die Macht.

Kein streng wissenschaftliches Buch also, sondern ein Buch über Frauen-Leben. Der Stil ist anschaulich, erzählend, zum Teil subjektiv, nicht immer sämtliche Thesen und Gegenthesen abwägend. Die Informationen basieren auf der gängigen Literatur zur Zeitgeschichte sowie den Aussagen und Erinnerungen von Zeitzeugen.

»Hitlers Frauen« handelt nicht von wissenschaftlichen Objekten, sondern von Menschen. Menschen, deren Le-

Hitler wird bei seiner Abschlußkundgebung in Tiefurt von Mädchen mit Blumen beschenkt

benswege geprägt waren von Fehlern, Irrtümern und von Schuld, eben Menschen ihrer Zeit. Dieses Buch ist gedacht für Leserinnen und Leser, die neugierig sind auf Lebensgeschichten und die historische Geschichte dahinter.

München, im Januar 2000

I.
Klara Hitler
Muttergefühle

Im November 1887 saß Klara Hitler neben dem Bett ihres Sohnes und machte sich Sorgen. Denn der zwei Jahre alte Gustav hustete sich die Seele aus dem Leib. Seine Augen glänzten fiebrig. Und als seine Mutter ihn bat, die Zunge herauszustrecken, da entdeckte sie in seinem Rachen einen dicken, milchig-weißen Belag.

Zu dieser Zeit war Klara gerade im neunten Monat schwanger. Sie mußte außer Gustav noch drei andere Kinder versorgen, dazu ihre behinderte Schwester und einen Ehemann, dessen Mitwirkung im Haushalt sich darauf beschränkte, am Küchentisch zu hocken und Pfeife zu rauchen. Klara war müde und erschöpft. Aber sie kochte und putzte und wusch die Uniformhemden ihres Mannes, der als Zollbeamter die Reisenden zwischen Österreich und Deutschland kontrollierte.

Und ausgerechnet jetzt, kurz vor der Geburt des nächsten Kindes, wurde Gustav krank. Ganz offensichtlich litt er unter einer schweren Erkältung. Seine Mutter kochte ihm heiße Milch mit Honig und sagte ihm, er solle brav sein und im Bett bleiben. Sie wußte nicht, daß Gustav gar nicht erkältet war.

Der helle Belag in seinem Hals war nicht auf eine harmlose Erkältung zurückzuführen, sondern ein alarmierendes Anzeichen.

Klara brachte einen Jungen zur Welt, der sich vermutlich schon unmittelbar nach der Geburt bei seinem Bruder ansteckte. Dieser Junge, der Otto heißen sollte, starb nach drei Tagen. Kurz nach seiner Beerdigung fing auch Ida an zu husten. Wie ihr kleinerer Bruder Gustav litt das zwei Jahre alte Mädchen unter heftigen Fieberschüben.

Mit ihrem Mann hat Klara später nie über das gesprochen, was sie in diesen Tagen durchmachte. Nicht über ihre Angst und nicht über ihre Verzweiflung. Und auch sonst durfte sie mit ihm nie über ihre Gefühle sprechen. Denn die Gefühlswelt, das war für Alois Hitler eine ganz fremde Welt und eine sehr bedrohliche. Nichts für Männer. Wenn er wirklich etwas spüren wollte, dann ging er in sein Bienenhaus und nahm den Honig aus den Waben – anschließend ließ er sich von Klara die Bienenstacheln aus dem Fleisch ziehen, bis zu fünfzig an der Zahl, denn er schützte sich allein durch den Qualm aus seiner Pfeife.

Für Klara gab es nur einen, mit dem sie über ihre Gefühle sprechen konnte: den Herrgott. Deshalb kniete sie häufig in der Kirche nieder und betete. Das tat sie auch jetzt, nachdem ihr jüngstes Kind gestorben war. Vielleicht bat sie Gott um Vergebung dafür, daß sie mit Alois geschlafen hatte, noch ehe sie mit ihm verheiratet war. Vielleicht weinte sie auch nur still vor sich hin. Auf jeden Fall betete sie für das Überleben ihrer anderen Kinder, für das Leben von Gustav und Ida, die beide nicht an einer Erkältung litten, sondern an Diphtherie.

Aber die Gebete von Klara wurden nicht erhört. Gustav starb kurz vor Weihnachten. Ida hörte Anfang Januar auf zu atmen. Innerhalb eines einzigen Monats hatte Klara Hitler ein Kind zur Welt gebracht und drei zu Grabe getragen. Schon im folgenden Sommer war sie wieder schwanger. Ihr viertes leibliches Kind bekam den Vornamen Adolf.

Klara stammte wie Alois aus dem Waldviertel in Österreich, wo sie am 12. August 1860 in Spital geboren wurde, nicht weit entfernt von der böhmisch-mährischen Grenze. Sie war die älteste von drei Töchtern. Ihren späteren Ehemann kannte sie schon als Kind. Alois war zusammen mit Johanna Hiedler, Klaras Mutter, groß geworden – und möglicherweise, so genau wußten sie das nicht, waren sie sogar miteinander verwandt. Später heiratete Johanna den Kleinbauern Pölzl, Alois ehelichte eine vierzehn Jahre ältere Tochter aus wohlhabendem Hause. Eines Tages fiel es ihm ein, seine alte Freundin aus Kindertagen zu besuchen. Dabei traf Klara zum ersten Mal jenen um dreiundzwanzig Jahre älteren Mann, den sie – ihr ganzes Leben lang – respektvoll »Onkel Alois« nennen sollte.

Dieser Onkel Alois suchte gerade eine billige Haushaltshilfe. Also bot er der sechzehn Jahre alten Klara an, zu ihm nach Braunau zu ziehen und seiner Frau im Haushalt zu helfen. Klara willigte ein, denn sie sah die Chance, der Kargheit des Waldviertels zu entfliehen.

Klara kochte und putzte und zog Hemden übers Waschbrett. Und sie erlebte mit, wie Alois seine Frau betrog, mit einer neunzehn Jahre alten Kellnerin aus der Wirtschaft, die direkt unterhalb seiner Wohnung lag. Die Ehefrau ließ sich schließlich von Alois scheiden.

Bald darauf erwartete die Kellnerin Fanni ein Kind. Anfang 1882 kam Sohn Alois zur Welt, im Juli 1883 folgte das zweite Kind, ein Mädchen, das Angela heißen sollte. Kurz vor Angelas Geburt heirateten Alois und Fanni. Die Braut wollte allerdings nicht, daß es ihr genauso erging wie ihrer Vorgängerin – deswegen forderte sie Klara ziemlich energisch auf, sie solle das Haus verlassen. Klara zog nach Wien, doch schon bald kehrte sie wieder zurück. Sie ahnte ja nicht, daß sie damit einen Fehler beging, der nicht bloß für ihr eigenes Leben schwerwiegende Folgen haben sollte.

Schon wenige Monate nachdem sie ihr zweites Kind zur Welt gebracht hatte, wurde Fanni krank. Sie nahm rapide ab, sah leichenblaß aus, war ständig müde. Doch es war nicht so sehr die Gesundheit Fannis, um die sich Alois sorgte. Viel mehr ärgerte ihn, daß sie zu schwach war, um zu arbeiten. Sie konnte sich kaum noch um die Kinder kümmern, geschweige denn um ihren Ehegatten. Und so schickte er sie aufs Land, auf einen kleinen Bauernhof in der Nähe des Lachwaldes. In der gesunden Waldluft, so hofften Alois und Fanni, würde sich ihr Lungenleiden bald bessern. Aber im Gegenteil, es wurde immer schlimmer. Bald war es nur noch eine Frage der Zeit, wann Fanni sterben würde.

Zu dieser Zeit setzte sich Alois mit Klara in Verbindung. Er fragte sie, ob sie bereit wäre, ihm wieder den Haushalt zu führen. Klara war es gewohnt, bescheiden zu sein, unterwürfig und gehorsam. Sie war 1 Meter 72 groß, nicht kleiner als Alois, und doch blickte sie zu ihm auf. Niemals hätte sie es gewagt, ihm zu widersprechen. Also zog sie wieder nach Braunau und kümmerte sich um die beiden kleinen Kinder, als wären es ihre eigenen.

Fanni starb am 10. August 1884. Mit dreiundzwanzig Jahren. Die Blumen auf ihrem Grab waren kaum verwelkt, da erwartete Klara bereits ihr erstes Kind von Alois. Die Heirat sollte so bald wie möglich stattfinden, doch da gab es ein kleines Problem. Nach den Unterlagen der Kirche waren Klara und Alois nämlich ziemlich eng miteinander verwandt – ein Irrtum, wie Geschichtsforscher später herausfanden, denn die Mutter des unehelich gezeugten Alois hatte einen falschen Vater angegeben; der Name des wirklichen Vaters blieb für immer ihr Geheimnis. Um trotz ihrer vermeintlichen Blutsbande heiraten zu können, mußten Alois und Klara beim Papst einen entsprechenden Antrag stellen. Deshalb schickten sie einen Brief an das bischöfliche Ordinariat in Linz. Darin schrieben sie folgendes:

»Die in tiefster Ehrfurcht Gefertigten sind entschlossen, sich zu ehelichen. Es steht aber denselben laut beiliegendem Stammbuch das kanonische Hindernis der Seitenverwandtschaft im dritten Grad berührend den zweiten entgegen. Deshalb stellen dieselben die demütige Bitte, das Hochwürdige Ordinariat wolle ihnen gnädigst die Dispens erwirken, und zwar aus folgenden Gründen:

Der Bräutigam ist laut Totenschein seit 10. August dieses Jahres Witwer und Vater von zwei unmündigen Kindern, eines Knaben von zweieinhalb Jahren (Alois) und eines Mädchens von einem Jahre und zwei Monaten (Angela), für welche er notwendig einer Pflegerin bedarf, um so mehr, da er als Zollbeamter den ganzen Tag, oft auch nachts, vom Hause abwesend ist und daher die Erziehung und Pflege der Kinder nur wenig überwachen kann. Die Braut hat die Pflege der Kinder bereits nach dem Tode der Mutter übernommen und sind ihr selbe sehr zugetan, so daß sich mit Grund voraussetzen läßt, es würde die Erziehung derselben gedeihen und die Ehe eine glückliche werden. Überdies hat die Braut kein Vermögen und dürfte ihr deshalb nicht so leicht eine andere Gelegenheit zu einer anständigen Verehelichung geboten werden.

Auf diese Gründe gestützt, wiederholen die Gefertigten ihre demütige Bitte um gnädige Erwirkung der Dispens vom genannten Hindernis der Verwandtschaft.

Braunau, den 27. Oktober 1884
Alois Hitler, Bräutigam
Klara Pölzl, Braut«[1]

Das bischöfliche Ordinariat leitete das Gesuch weiter nach Rom. Und der Papst gab dieser Ehe seinen Segen.

Nein, die Erziehung der Kinder gedieh keineswegs. Und die Ehe wurde alles andere als glücklich. Mit sechzehn galt Klara noch als die hübscheste unter ihren Geschwistern, mit sanften Gesichtszügen, wunderschönen blauen Augen und dunkelbraunen, nahezu schwarzen Haaren. Doch in den Jahren nach der Heirat büßten die Augen ihren strahlenden Glanz ein, das Gesicht sah verhärmt aus. »Ich hatte von ihr den Eindruck einer enttäuschten Frau«, sagte später der Regierungsrat Emanuel Lugert über sie, und er war nicht der einzige ihrer Bekannten, der so dachte.[2]

Die ersten drei Kinder von Klara hatten gehustet, bis sie starben. Dann kam Adolf zur Welt. Und dieses vierte Kind wollte Klara nicht auch noch verlieren, dieses eine wenigstens wollte sie behalten. Sie packte ihn ganz warm ein, achtete auf jedes Geräusch des schlafenden Kindes, sie paßte auf, daß die größeren Halbgeschwister dem Kleinen nicht weh taten. Sie ließ dieses Kind nicht aus den Augen, aus Furcht, es könnte ihm etwas zustoßen, sie pflegte, umhegte und hätschelte ihren Adolf, so gut sie nur konnte. Nicht nur das Baby, sondern auch das Kleinkind und den Schüler und den pubertierenden Jugendlichen. Klara behauptete immer, der Junge sei eben kränklich und anfällig, und deshalb müsse sie ihn mehr umsorgen als die anderen Kinder. Als Adolf mit sechzehn Jahren keine Lust mehr hatte, zur Schule zu gehen, und er theatralisch stöhnte und hustete, da erlaubte ihm seine Mutter, sich ins Bett zu legen. Jeden Morgen brachte sie ihm eine große Tasse warme Milch und hoffte, das werde ihren schwerkranken Sohn wieder gesund machen. Doch Adolf war gar nicht krank, zumindest nicht ernsthaft. Dr. Eduard Bloch, der Hausarzt der Familie, versicherte später, er habe Adolf nur wegen Kleinigkeiten behandelt, wegen Erkältung und Mandelentzündung, aber niemals wegen einer ernsten Krankheit.

Adolfs Geschwister ärgerten sich mehr als einmal darüber, daß ihrem Bruder die Rolle des Prinzen zufiel, sie fühlten sich zurückgesetzt und benachteiligt. »Er wurde vom frühen Morgen bis in die späte Nacht verwöhnt«, beklagte sich sein Halbbruder Alois noch als erwachsener Mann, »und die Stiefkinder mußten endlose Geschichten anhören, wie wunderbar Adolf war.«[3] Und seine jüngere Schwester Paula sagte viele Jahre nach seinem Tod: »Ich habe meinen Bruder Adolf nie so geliebt, wie andere Schwestern ihre Brüder lieben. Er war immer ganz anders, als ob er nicht zu uns gehörte, jedenfalls nicht zu mir. Schon als Kind hatte ich guten Grund, ihn zu hassen, denn die Mutter verwöhnte ihn auf meine Kosten. Ich war seine Dienerin und mußte ihm jeden Wunsch von den Augen ablesen ...«[4]

Es gibt noch etwas, das den Geschwistern aus ihrer Kindheit besonders lebhaft in Erinnerung geblieben ist: Die Schläge vom Vater. Paula erzählte später Christa Schroeder, Hitlers Sekretärin, von der extremen Härte des Vaters: »Adolf ist als Kind immer spät heimgekommen. Er hat jeden Abend seine Tracht Prügel gekriegt, weil er nicht pünktlich zu Hause war …«[5]

Angela erinnerte sich daran, wie sie als Neunjährige verzweifelt versuchte, ihren Vater am Uniformrock festzuhalten, wenn dieser wie wahnsinnig auf den dreijährigen Adolf einschlug. Alois, der Älteste, berichtete, wie er und Adolf vom Vater mit der Peitsche aus Nilpferdleder geschlagen wurden, nicht bloß gelegentlich, sondern jeden Tag und aus nichtigen Anlässen. Vater Alois war im Dienst ein korrekter und angepaßter Beamter, daheim ein jähzorniger Mensch, der seine ganze Wut und seine unterdrückten Minderwertigkeitsgefühle an den Söhnen ausließ. Er brüllte und tobte und schlug sie blutig. Mit elf Jahren verlor Adolf einmal das Bewußtsein, er blieb regungslos auf dem Boden liegen. In diesem Moment glaubte sein Vater, er habe ihn totgeschlagen, und ließ erschrocken von ihm ab.

Doch bereits am nächsten Tag schwang der ehemalige Unteroffizier wieder die Peitsche. Heute käme dieser Alois Hitler wegen Kindesmißhandlung und Körperverletzung vor Gericht. Aber damals, am Ende des 19. Jahrhunderts, war er ein Vater wie viele andere auch. Er war angesehen und galt als durchsetzungsfähig. Und im Nachruf der *Linzer Tagespost* wird Hitlers Vater als »durch und durch fortschrittlich gesinnter Mann«[6] gewürdigt.

Dieser fortschrittliche Mann trat und prügelte den Hund, auch dann noch, als das Tier vor Angst auf den Boden pinkelte oder sich winselnd auf den Rücken warf und ihm in einer Demutsgeste die Pfoten entgegenstreckte. Und wie diesen Hund pfiff Alois den kleinen Adolf auf zwei Fingern herbei, wenn er etwas von dem Jungen wollte. Als Schüler kam Adolf grundsätzlich zu spät nach Hause, obwohl, oder gerade weil er wußte, was ihn dort erwartete. Seine Halbschwester Angela fragte ihn einmal, warum er denn nach der Schule nicht sofort heimkäme. Und Adolf antwortete: »Wenn ich heimgehe, werde ich vom Vater geschlagen, aber ich kann nicht spielen. Aber wenn ich wegbleibe, kann ich eine Stunde spielen und die Prügel dauern nicht länger als 5 Minuten.«[7] Christa Schroeder erzählte Hitler, wie er bei Karl May gelesen habe, es sei ein Zeichen von Mut, seinen Schmerz nicht zu zeigen. Bei der nächsten Tracht Prügel weinte er nicht mehr, sondern er zählte jeden Schlag mit. Seine Mutter stand draußen ängstlich an der Tür, während er die zweiunddreißig Schläge mitzählte.

Zweiunddreißig Schläge. Und Klara Hitler stand nur wenige Meter daneben und traute sich nicht, ihren Sohn zu beschützen. Allerdings habe ihn sein Vater von da an nicht mehr angerührt, wie Adolf Hitler Christa Schroeder weiter berichtete.[8]

Die meisten Hitler-Biographen behaupteten später, Klara habe ihren Sohn abgöttisch geliebt. Aber hat sie das wirklich? Konnte sie das überhaupt? Oder hat sie vielleicht nur ihre ganze Angst über ihr Kind gestülpt und ihre ganze Sehnsucht? Ihre Angst davor, dieses Kind wieder zu verlieren. Und ihre Sehnsucht nach etwas, das ihr Mann ihr verweigerte, nämlich Liebe und Nähe und Anerkennung.

Ihr Sohn Alois beschrieb, wie nicht nur er und Adolf,

sondern auch Klara vom Familienoberhaupt geschlagen wurden. Wie sich die Mutter demütigen und erniedrigen ließ, wie sie sich zur Sklavin machte und wie sie trotzdem so tat, als wäre das völlig normal, als würden alle Männer so mit ihren Frauen umgehen. Klara hatte Angst vor ihrem Mann, und zugleich war sie ihm hörig, ausgeliefert wie ein kleines, hilfloses Kind.

Die Schweizer Schriftstellerin Alice Miller war wohl die erste, die an Klara Hitlers Madonnenbild kratzte, die ihre Liebesfähigkeit anzweifelte. Sie hielt es für ausgeschlossen, daß eine Frau, die wie Klara jede Erniedrigung schweigend erduldet, tatsächlich fähig ist, »ihrem Kind die nötige Achtung zu geben, die es braucht, um seine Lebendigkeit zu entwickeln.« Gewiß, Klara habe ihren Adolf verwöhnt, aber dies, so Alice Miller, war eben nur »Ersatz für das, was man dem Kind aus eigener Not eben nicht zu geben vermag. Gerade die Verwöhnung zeigt also einen ernsten Mangel an, den das spätere Leben bestätigt. Wenn Adolf Hitler tatsächlich ein geliebtes Kind gewesen wäre, dann wäre er auch liebesfähig geworden. Seine Beziehungen zu Frauen, seine Perversionen und seine ganze distanzierte und im Grunde kalte Beziehung zu Menschen zeigen aber, daß er von keiner Seite Liebe erfahren hat.«[9]

Im Jahre 1895 ging Alois Hitler in Pension, nach vierzig Dienstjahren. Klara und die Kinder konnten sich darüber nicht freuen. Jetzt gellten nicht nur abends und am Wochenende schneidende Kommandos durchs Haus, sondern den ganzen Tag über. Die Familie zog nach Fischlham in Oberösterreich, wo Alois Hitler einen kleinen Bauernhof kaufte und sich seinem Hobby widmete, der Bienenzucht. Ansonsten hatte er wenig zu tun, er langweilte sich und ging jeden Tag ins Wirtshaus. Alois, der aufmüpfige Älteste, legte sich jetzt immer öfter mit seinem Vater an. Nach einem heftigen Streit zog er mit vierzehn Jahren aus und wurde enterbt.

Schon bald, Ende 1898, folgte der nächste Umzug, diesmal nach Leonding, wenige Kilometer südwestlich von Linz. Dort kaufte Alois Hitler direkt neben dem Friedhof ein kleines Haus, für 7700 Kronen. Auch hier ging er wieder täglich in das Dorfgasthaus, wo er trank, mit seinen Parteifreunden von den Deutschnationalen Lieder sang und große Politik machte – während Klara daheim ihre geliebten Groschenromane las und auf ihn wartete. Jeden Sonntag schickte sie mittags ihren elf Jahre alten Sohn Adolf los, den Vater vom Frühschoppen abzuholen. Das Kind wartete brav, bis der Alte sein letztes Bier getrunken hatte und bereit war mitzukommen. Dann zog Adolf den torkelnden Mann heimwärts. Nicht selten geriet der Vater dabei in Wut.[10]

Eines Tages beschloß Adolf, es seinem Bruder nachzutun: Er wollte von zu Hause weglaufen. Klara verriet den Fluchtplan jedoch an den Vater, der Adolf zur Strafe in eines der oberen Zimmer sperrte. Adolf versuchte, durch das Fenster zu fliehen, blieb dabei allerdings im Rahmen stecken. In der Hoffnung, doch noch durch das Fenster schlüpfen zu können, zog er Hemd und Hose aus. Dann zwängte er sich erneut durch das Fenster. In diesem Moment hörte er draußen auf der Treppe die Schritte seines Vaters, damit war sein Fluchtversuch gescheitert. Ihm blieb keine Zeit mehr, sich wieder anzuziehen, und deshalb griff Adolf hastig nach einem Tischtuch, das er sich um die Hüften schlang. Sein Vater schlug diesmal nicht zu, sondern brach in schallendes Gelächter aus und rief nach seiner Frau: »Komm rauf, Klara, schau dir diesen

Toga-Jüngling an.«[11] Klara kam und lächelte sanft. Der Spott traf Adolf genauso heftig wie die Peitschenhiebe.

Einen zweiten Fluchtversuch mußte Adolf nicht mehr unternehmen. Denn am 3. Januar 1903 gegen zehn Uhr morgens geschah etwas, das allen in der Familie wie eine Erlösung vorkommen mußte.

An diesem Morgen saß Vater Alois beim Frühschoppen im Wirtshaus. Kaum hatte er den ersten Schluck aus dem Weinglas getan, sank er zusammen. Alois Hitler verschied, noch bevor ein Arzt oder Priester zur Stelle war.[12] Gestorben mit fünfundsechzig Jahren an einer Lungenblutung, die verursacht wurde durch zu hohen Blutdruck. Diesen wiederum führte sein Sohn Adolf zurück auf den Alkohol und das Rauchen.

Die Linzer *Tagespost* bezeichnete Hitler in ihrem Nachruf als »Freund des Gesanges« und schrieb weiter: »Fiel auch ab und zu ein schroffes Wort aus seinem Munde, unter einer rauhen Hülle barg sich ein gutes Herz.«[13] Für seine Familie brachte sein Tod vor allem finanzielle Probleme mit sich. Klara verkaufte das Haus in Leonding für 10 000 Kronen und zog mit ihren Kindern nach Linz, wo sie in der Humboldtstraße 31 eine kleine Mietwohnung im dritten Stock nahmen. Die Pfeifen ihres verstorbenen Mannes steckte Klara fein säuberlich nebeneinander auf ein Gestell, das in der Küche einen Ehrenplatz im Regal bekam. Immer wenn jemand den Namen ihres Mannes erwähnte, blickte sie voller Ehrfurcht zu diesen Pfeifen.

Klara bekam von jetzt an 100 Kronen monatlich als Witwenpension, dazu 40 Kronen Erziehungsgeld für Adolf und Paula. Das Geld aus dem Hausverkauf brachte sie zur Bank, aber die Zinsen reichten nicht einmal für die Miete.

Doch Klara plagten nicht nur finanzielle Sorgen. Noch mehr Kopfzerbrechen bereiteten ihr die schulischen Leistungen von Adolf, der in der Realschule durchfiel. Sie weinte viel in diesen Tagen, steigerte sich hinein in die Angst, ihr Sohn könnte am Leben scheitern. »Was soll aus diesem Jungen nur werden?«[14] klagte sie mehr als einmal. Wegen seiner schlechten Noten mußte Adolf 1904 die Linzer Realschule verlassen. Aber seine Mutter gab nicht auf. Sie schickte ihn nach Steyr auf eine andere Realschule, wo Adolf bei Kosteltern wohnte. Um das bezahlen zu können, mußte Klara ihre Ersparnisse aus dem Hausverkauf angreifen.

Klara Hitler bewunderte die Zeichnungen und Aquarelle ihres Sohnes. Aber sie wollte eben auch, daß er einen »ordentlichen« Beruf lernte, vielleicht Zollbeamter würde wie sein Vater. Doch Adolf erklärte kategorisch, er werde niemals Beamter und er habe auch keine Lust, die Schule in Steyr abzuschließen. Vergeblich bemühte sich Klara, wenigstens einmal im Leben ihrem Sohn gegenüber standhaft zu sein. Adolf kannte ihre Ängste, und so täuschte er eine Lungenkrankheit vor. Daraufhin erlaubte ihm seine Mutter, von der Schule abzugehen und nach Linz zurückzukehren.

Sie kaufte ihrem Sohn ein Klavier, ließ für teures Geld einen Klavierlehrer ins Haus kommen. Zugleich stiegen im ganzen Land die Preise, Klara mußte an allen Ecken und Enden sparen. Um irgendwie über die Runden zu kommen, nahm sie einen Kostgänger bei sich auf: den zwölfjährigen Sohn des Bäckermeisters von Leonding, der in Linz zur Schule ging und an Schultagen mit der Familie zu Mittag aß.

In der engen Zwei-Zimmer-Wohnung teilte sich Klara ein Zimmer mit den beiden Töchtern. Adolf, das war für

Klara selbstverständlich, durfte das größte und schönste Zimmer bewohnen, das »Kabinett«. Und natürlich hätte sie von ihrem kränklichen, künstlerisch veranlagten Sohn niemals verlangt, etwas zum Lebensunterhalt beizusteuern. Adolf durfte zeichnen, lesen, spazierengehen soviel er wollte. Und als er seiner Mutter schließlich mitteilte, er wolle nach Wien gehen und sich dort an der Kunstakademie bewerben, fiel es Klara schwer, sich von ihrem Sohn zu trennen.

Es dauerte nicht lange, und Klara Hitler begannn zu kränkeln, sie fühlte sich oft unwohl und schwach. Sie dachte, das komme eben von den Sorgen, die sie sich um Adolf machte, oder vielleicht von der Trauer um ihren Mann. Aber die Schmerzen kamen nicht von der Trauer und von den Sorgen. Sie kamen von einem Knoten in ihrer Brust, der langsam größer wurde, ohne daß sie es bemerkte. Und als sie es schließlich merkte, da war es bereits zu spät. Im Januar 1907 kam sie ins Krankenhaus der Barmherzigen Schwestern in Linz. Die Ärzte operierten sie, und Klara fühlte sich schon bald wieder besser, zumindest für eine Weile. Sie schöpfte Hoffnung, doch diese Hoffnung war trügerisch.

Im Frühherbst schrieb die Frau des Postmeisters, eine Hausbewohnerin, einen Brief an Adolf Hitler in Wien. Sie teilte ihm mit, das Befinden seiner Mutter habe sich verschlechtert. Er solle doch bitte möglichst bald nach Linz zurückkehren, denn seine Mutter wolle ihn in dieser schweren Zeit »zu Hause haben«.[15] Mit seiner Bewerbung an der Akademie war Hitler ohnehin gescheitert, und so trat er eben die Heimreise an. Am 22. Oktober besuchte er mit seinen Schwestern den jüdischen Hausarzt Eduard Bloch in seiner Praxis und wollte von ihm wissen, wie ernst es denn nun wirklich um die Mutter stehe. Das Brustfell sei voller Metastasen, antwortete Bloch. Es schien, daß seine Mutter viel zu spät operiert worden war.[16] Bloch empfahl, die Patientin mit Jodoform zu behandeln – eine riskante, schmerzhafte und teure Therapie. Aber die einzige, die Klara Hitler nach Blochs damaliger Auffassung eine winzige Chance zum Überleben eröffnete. Adolf und seine Schwestern bezahlten die 59 Kronen für das Jodoform sofort, das Arzthonorar stundete ihnen Bloch bis nach dem Ende der Behandlung.

Vom 28. Oktober an konnte Klara ihr Bett nicht mehr verlassen. Der Hausarzt träufelte das Jodoform zunächst nur gelegentlich in die offene Wunde, ab dem 6. November nahezu täglich. Das stechend riechende Desinfektionsmittel brannte sich erst ins Gewebe ein, dann in die Blutgefäße. Schon bald konnte Klara nur noch unter größten Schmerzen schlucken. Ihre Kehle brannte, doch es gelang ihr kaum, auch nur ein paar Schlucke Wasser zu trinken. Jede Flüssigkeit wirkte in ihrem Hals wie ein ätzendes Gift.[17]

Klaras Bett stand in der Küche, dem einzigen Raum, in dem auch tagsüber geheizt wurde. Ihr Sohn Adolf schob den Küchenschrank zur Seite, stellte ein Sofa auf und schlief dort jede Nacht neben dem Bett seiner Mutter. Am Tage überwachte er die Hausaufgaben seiner kleinen Schwester. Er schimpfte mit Paula, weil sie zu faul war – auf seinen Befehl hin mußte sie der Mutter am Krankenbett versprechen, endlich eine fleißige und ordentliche Schülerin zu werden. Hitlers Jugendfreund August Kubizek erzählte später, er habe tagsüber sogar gekocht, im Haushalt geholfen und sich so fürsorglich um seine Mutter gekümmert, wie es niemand von ihm kannte und erwartet hätte. Der Hausarzt Eduard Bloch erinnerte sich: »Ihr Sohn schien Qualen zu leiden. Seine Züge nahmen einen gepeinigten Ausdruck an, wenn er sah wie sich das Gesicht der Mutter im Schmerz verkrampfte.«[18]

Klara Hitler magerte ab, ihre Wangenknochen traten hervor. Die Phasen, in denen sie nur noch dahindämmerte, wurden immer länger. In den wachen Stunden konnte sie ihre Schmerzen kaum noch ertragen. Auf Wunsch Adolf Hitlers erhielt seine Mutter Morphium. August Kubizek wollte die Mutter seines Freundes am Abend des 20. Dezember besuchen. Klara saß aufrecht im Bett, gestützt von ihrem Sohn – so ließen ihre Schmerzen ein wenig nach. Adolf sagte nichts. Er hob nur die Hand, gab August ein Zeichen, er solle wieder gehen.

In dieser Nacht hat Klara kein Wort mehr gesprochen. Gegen Abend wußten alle an ihrem Bett: Es geht zu Ende. Die Familie entschied, den Arzt nicht mehr zu rufen. Statt dessen zündeten sie die Kerzen eines Weihnachtsbaumes an – so zumindest in der Erinnerung Adolf Hitlers. Klara bekam davon nichts mehr mit. Sie starb mit siebenundvierzig Jahren in den frühen Morgenstunden des 21. Dezember 1907.[19]

An diesem Morgen eilte Angela zu dem schmucken Barockhaus in Linz, in dem Eduard Bloch seine Praxis führte und wo er auch mit seiner Familie wohnte. Sie bat den Hausarzt, möglichst bald in die Blütengasse 9 zu kommen und den Totenschein für ihre Mutter auszustellen. Bloch setzte seinen breitkrempigen Hut auf, bestieg den Einspänner und fuhr los.

Am Sterbebett traf er auf Adolf Hitler. Der blasse, übernächtigt wirkende junge Mann hielt einen Skizzenblock in der Hand, mit einer letzten Zeichnung von seiner toten Mutter. Bloch fühlte sich ein wenig hilflos, wie immer, wenn er zu jemandem ans Totenbett gerufen wurde. Er sprach von einer »Erlösung«, die Klara jetzt erfahren habe, doch Adolf und seine Schwestern schienen diese Worte gar nicht zu hören. Klara wurde im Wohnzimmer aufgebahrt. Die Beerdigung sollte am 23. Dezember um neun Uhr vormittags stattfinden.

Es war naßkalt und neblig, als die Leichenträger den schlichten, glänzenden Holzsarg von der Blütengasse in die Pfarrkirche von Urfahr brachten. Dort fand die Aussegnung statt. Anschließend fuhr der Leichenwagen über die Donaubrücke nach Leonding, gefolgt von zwei Einspännern, in denen die Trauernden saßen. Adolf und August Kubizek trugen schwarze Zylinder auf dem Kopf, wie damals bei Beerdigungen üblich. Kubizek erinnerte sich später genau daran, wie bleich Adolf aussah, wie er seinen Zylinderhut in der Hand hielt, was für einen langen, schwarzen Mantel er trug. Aber daran, daß Adolf am Grab seiner Mutter geweint hätte, erinnerte er sich nicht, obwohl Adolf Hitler dies in »Mein Kampf« behauptete.[20]

Seine ältere Halbschwester Angela und ihr Mann, ein Steuerbeamter, luden Adolf an Heiligabend zu sich nach Hause ein. Doch er lehnte ab, er wollte lieber alleine sein mit seiner Trauer. Zu diesem Zeitpunkt erwartete Angela Raubal ein Kind – ein Mädchen namens Geli, das in Hitlers Leben noch eine ganz besondere Rolle spielen sollte.

Nach Weihnachten fuhren Hitler und seine Schwestern zu ihrem Hausarzt, um die Rechnung zu bezahlen. Eduard Bloch hatte Klara siebenundsiebzig Hausbesuche abgestattet und sie dabei 47mal medizinisch behandelt, meistens mit Jodoform. Dafür verlangte er jetzt insgesamt

359 Kronen, von denen 59 bereits bezahlt waren. Das war viel Geld für die Familie, andererseits hatte Bloch bei weitem weniger verlangt als die meisten anderen Ärzte. Er hatte in Linz den Ruf eines menschenfreundlichen Arme-Leute-Doktors, der seine Krankenbesuche auch einmal für wenig Geld oder sogar ganz umsonst absolvierte. Der Arzt erinnerte sich sein ganzes Leben lang daran, wie Adolf Hitler sich jetzt vor ihm verbeugte und leise zu ihm sagte: »Ich werde Ihnen immer dankbar sein.« Bloch fand später, Hitler habe dieses Versprechen gehalten. »Mir wurden Vergünstigungen gewährt, wie sie nach meinem Eindruck keinem anderen Juden in ganz Deutschland oder Österreich eingeräumt worden sind«, schrieb er nach seiner Emigration in die USA in der amerikanischen Zeitschrift *Collier's*.[21]

1938 hatte sich das Leben des 66jährigen Arztes radikal geändert. Seine Ordination wurde geschlossen, und Tochter und Schwiegersohn flohen nach Übersee. Bloch vertraute auf die Hilfe Hitlers, der den Arzt gegenüber Linzer Parteigenossen einen »Edeljuden« genannt hatte.[22] Und Hitler reagierte auf die Hilferufe des ehemaligen Arztes seiner Mutter sofort. Er stellte Bloch als einzigen Juden in Linz unter Gestapo-Schutz, bis die Formalitäten der Auswanderung geregelt waren. Dennoch bedeutete der »Anschluß« Österreichs für den Arzt das größte Unglück seines Lebens. In den USA wurde sein Studium nicht anerkannt. Eduard Bloch starb als gebrochener Mann 1945 in der Bronx in New York.[23]

Der Tod von Klara Hitler war ein ganz entscheidendes, prägendes Erlebnis für ihren Sohn. Im Dritten Reich erhob Adolf Hitler seine Mutter zur Kultfigur. Er besaß nur ein einziges, zerknittertes kleines Foto von ihr, das er die gesamte Zeit während des Ersten Weltkrieges in seiner Brusttasche mit sich trug. Sein späterer Hoffotograf fragte ihn eines Tages, ob er von diesem Bild eine Reproduktion herstellen dürfe. Hitler gab seinen »Talisman« nur ungern aus der Hand. Aber es dauerte ja nicht lange. Und so sollten die Deutschen später sehen, wie ernst und versteinert Klara Hitler in die Welt blickte. Das Foto diente auch als Vorlage für etliche Ölgemälde, auf denen Klaras Gesichtszüge etwas freundlicher wirkten. Solche Ölbilder oder auch Vergrößerungen des vergilbten Knitterfotos hingen in jedem Schlafraum, den Hitler bewohnte. Ansonsten waren diese Schlafzimmer sehr karg eingerichtet. Nur das Bildnis der Mutter fehlte nie. Den Geburtstag von Klara Pölzl aus dem österreichischen Waldviertel, den 12. August, erklärte Hitler in den dreißiger Jahren zum »Ehrentag der deutschen Mutter«.[24]

War es Liebe oder Achtung, die Hitler seiner Mutter entgegenbrachte? Zumindest war sie für ihn eine wichtige Bezugsperson, die eine entscheidende Rolle in seinem Leben spielte: »Verglichen mit den gebildeten intellektuellen Frauen war meine Mutter ganz gewiß eine kleine Frau, sie hat ihrem Mann und ihren Kindern gelebt. Aber sie hat dem deutschen Volk einen großen Sohn geschenkt.«[25] Auch darin also bestand seiner Meinung nach ihr Verdienst.

II.

Stefanie, Emilie und einige Rätsel

Mädchen der frühen Jahre

Hans Zivny
LINZ.
URFAHR.

Ein hübsches, blondes Mädchen aus Linz, sie hieß Stefanie, erhielt im Frühjahr 1906 einen Liebesbrief, der ihr sehr sonderbar und rätselhaft vorkam. Darin teilte ihr irgendein Verrückter mit, er gehe jetzt auf die Kunstakademie nach Wien. Stefanie sollte auf ihn warten, schrieb er, eines Tages käme er wieder und würde sie heiraten.

Stefanie, damals achtzehn Jahre alt, hatte keine Ahnung, von wem der Brief stammte. Sie warf ihn weg und vergaß ihn wieder.

Erst Jahrzehnte später sollte sie sich wieder daran erinnern. Da zeigte ihr der Historiker Franz Jetzinger eine Jugendzeichnung von Adolf Hitler und wollte wissen, ob sie ihn jemals gesehen habe, ob sie vielleicht sogar seine Geliebte gewesen sei.[1] Doch Stefanie konnte beim besten Willen nichts mit dem bleichen jungen Mann auf dieser Zeichnung anfangen. Sie hatte nie mit ihm gesprochen, da war sie sich absolut sicher.

Und trotzdem war genau diese Stefanie das erste und einzige Mädchen, von dem Adolf Hitler als Jugendlicher behauptete, er würde sie lieben. Zum ersten Mal sah er sie, als sie mit ihrer Mutter auf der Linzer Landstraße spazierenging. Er hatte nur noch Augen für die schlanke Stefanie, ihren üppigen Busen, ihre dichten, blonden Haare, die sie zusammensteckte zu einem Dutt, einem Haarknoten.

Stefanie bemerkte nichts von den Blicken dieses Jungen. Sie hatte viele Verehrer, junge Offiziere zumeist, die in ihren Uniformen reihenweise vor ihr strammstanden. Da konnte ihr so ein bleicher, hagerer Fünfzehnjähriger gar nicht auffallen.

Der junge Mann traute sich nicht, Stefanie anzusprechen. Weder an diesem Abend noch an einem anderen. Dafür redete er mit seinem besten und einzigen Freund August Kubizek. Wenn dieser gegenüber seinem Freund Adolf einwarf, daß er Stefanie noch gar nichts von seinen Zukunftsplänen mit ihr erzählt habe, »geriet er in Wut und schrie [mich] an: ›Das begreifst du eben nicht, weil du den Sinn einer außergewöhnlichen Liebe nicht verstehen kannst.‹«[2]

Vermutlich hatte er damit recht. Denn Kubizek verstand vieles nicht. Er war ein einfacher, vielleicht sogar etwas einfältiger Mensch, ein oberösterreichischer Bauernbub, dem sein Freund Adolf geradezu weltmännisch vorkam. Der Verstand hatte bei Kubizek den Instinkt noch nicht verdrängt, und so wurde er der erste begeisterte Zuhörer von Adolf Hitler. Nach dem Zweiten Weltkrieg verfaßte er ein Buch über seinen »Jugendfreund«, den er auch da noch verklärte und bewunderte. Und obwohl Kubizek, so die Historikerin Brigitte Hamann, manche Geschichten auswalzte, sei die Stefanie-Romanze durchaus glaubwürdig.[3]

Stefanie ging oft gemeinsam mit ihrer Mutter spazieren, immer abends gegen siebzehn Uhr von der Donaubrücke her über den Hauptplatz von Linz. Und irgendwo in der Nähe lauerte ein pubertierender Jugendlicher, der den beiden unauffällig folgte. Dieser Jugendliche schrieb zahllose Liebesgedichte für Stefanie in ein kleines, schwarzes Büchlein, aus dem er dann seinem Freund August Kubizek vorlas. »Hymnus an die Geliebte«, dröhnte es unzählige Male in Augusts Ohren. Dann ritt ein Burgfräulein im dunkelblauen, wallenden Samtkleid »über blumenbesäte Wiesen«.[4]

Adolf beauftragte seinen Spezl, Stefanie auszuspionieren, möglichst viel über sie herauszubekommen. Das Ergebnis war niederschmetternd, denn Stefanie kam aus privilegierten Verhältnissen: Sie hatte Abitur gemacht und entstammte einem reichen Elternhaus – ganz im Gegensatz zu Adolf Hitler.

Seinem Freund August erzählte Adolf, er werde Stefanie entführen. Bald darauf verwarf er den Plan wieder und beschloß, in die Donau zu springen und zu ertrinken. Bevor es dazu kam, nahm er sich vor, doch lieber ein berühmter Künstler zu werden und Stefanie dadurch zu imponieren. Er schrieb ihr einen Brief und ging nach Wien. Stefanie verlobte sich mit einem Hauptmann des Linzer Hessenregimentes, den sie auch heiratete. Der Brief von Adolf Hitler ist verlorengegangen.[5] Ganz bestimmt hätte sie ihn für alle Zeiten vergessen, wenn sich nicht irgendwann dieser Historiker bei ihr gemeldet hätte.

Im Alter von fünfzehn, sechzehn Jahren unterschied sich das Liebesleben von Adolf Hitler nicht allzusehr von dem vieler anderer Jungen seiner Generation. Die einen plusterten sich auf, protzten, entwickelten ein albernes Macho-Gehabe. Andere, und zu ihnen gehörte Hitler, waren eher schüchtern und verklemmt. Er hatte panische

Angst vor dem anderen Geschlecht und hätte sich niemals getraut, ein Mädchen anzusprechen. Für ihn war es ungefährlicher, romantische Träume zu hegen, sich in diesen Träumen ein besonders schönes Mädchen zu erwählen und sie auf ein Podest zu stellen, wo sie immer anwesend war und trotzdem ganz weit weg.

Der junge Hitler hielt seine Sehnsucht nach Stefanie noch jahrelang wach, ehe die Erinnerung an sie allmählich verblaßte. In all diesen Jahren unternahm er jedoch keinen Versuch, sie zu treffen. »Er sah gar nicht, daß neben Stefanie noch andere Mädchen existierten«, schrieb Kubizek in seinen Erinnerungen, »ich kann mich nicht erinnern, daß ihn jemals ein anderes Mädchen beschäftigte.«[6] Am liebsten sah Hitler junge Mädchen im Theater und in der Oper, also in sicherem Abstand auf einer Bühne. Und wenn ihm eine Darstellerin besonders gut gefiel, etwa die Elsa im »Lohengrin«, dann meinte er hinterher anerkennend zu Kubizek, sie erinnere ihn an Stefanie.

Ein Theaterstück war es auch, Frank Wedekinds »Frühlingserwachen«, das Hitler und Kubizek dazu animierte, sich wenigstens einmal im Dirnenviertel von Wien umzusehen. Sie zogen also durch die Spittelberggasse, wo halbnackte Mädchen an den Fenstern saßen. Die beiden wandten ihre Blicke angewidert ab, sie fühlten sich bedrängt und versuchten, möglichst rasch die Westbahnstraße zu erreichen. Um so erstaunlicher, was Kubizek und Hitler bei diesem verschämten Kurzbesuch alles wahrnahmen, was sie sich alles merken konnten. »Nur leicht und nachlässig gekleidet saßen sie da«, schrieb Kubizek, »schminkten sich gerade, kämmten sich das Haar oder betrachteten sich im Spiegel, ohne jedoch die auf der Straße vorbeipromenierenden Männer aus den

Augen zu lassen. Da und dort blieb ein Mann stehen, beugte sich an das Fenster, um das betreffende Mädchen zu betrachten, dann entspann sich ein hastig geflüstertes Gespräch. Als Zeichen, daß das Geschäft perfekt war, wurde dann das Licht abgedreht. Ich erinnere mich, wie sich eines dieser Mädchen, gerade als wir am Fenster vorbeizogen, veranlaßt sah, das Hemd auszuziehen beziehungsweise zu wechseln, ein anderes Mädchen machte sich an den Strümpfen zu schaffen und zeigte die nackten Beine ...«[7]

Ob Hitler jemals als Freier zu einer Prostituierten ging, weiß man nicht. Einige Forscher wie Simon Wiesenthal vermuteten, er habe sich möglicherweise in Wien bei einer jüdischen Prostituierten mit Syphilis angesteckt.[8] Sein ganzes Leben lang habe er an den Folgen dieser Geschlechtskrankheit gelitten und deswegen seinen Judenhaß entwickelt. Beweise für diese These konnte allerdings keiner der Hitler-Forscher vorlegen. Sie beruhte allein darauf, daß Hitler in seinem Buch »Mein Kampf« der Syphilis eine auffallend lange Passage widmete.

Seinem Freund Kubizek erzählte Hitler mehrfach, das Treiben der Prostituierten sei ein »Schandmal der Zeit«, und er fürchte eine »Infektion«.[9] Dreißig Jahre später, 1936, ließ er deutsche Bordelle verbieten, nur ausländische Prostituierte waren noch erlaubt. Und das Reichssicherheitshauptamt errichtete in mehreren Großstädten sogenannte »Salons«. Elegante und sprachgewandte Damen sollten dort politische und wirtschaftliche Interessen fördern. Das hieß im Klartext: Sie sollten ihre hochrangigen, ausländischen Kunden aushorchen. Zudem zeichneten geheime Mikrofone jedes Wort auf und Infrarotkameras jede Bewegung.

Es spricht nichts dafür, daß Adolf Hitler vor dem Ersten

Weltkrieg auch nur eine einzige intime Begegnung mit einem Mädchen gehabt hätte, weder im Bordell noch sonstwo. Die Geschichtsforscher spürten keine Geliebte aus dieser Zeit auf. Nicht in Linz, nicht in Wien und auch nicht in München.

In jenen Zeiten verkehrte er auch in den Kreisen der »Alldeutschen Partei«, die den Anschluß Österreichs an Deutschland wollte. Aus medizinisch-hygienischen Gründen warnten sie vor Besuchen bei Prostituierten (die für unverheiratete Männer damals üblich waren), denn Geschlechtskrankheiten wie Syphilis waren zu dieser Zeit sehr verbreitet. Hitler dürfte diese Regeln in seiner Angst vor Nähe und Intimität gerne befolgt haben.

Ein Mädchen allerdings gab es dann doch, das er in Wien gelegentlich traf. Sie war siebzehn Jahre alt und hieß Emilie Häusler.[10] Ihr Bruder hatte Hitler im Männerheim kennengelernt und den damals 23jährigen ein paarmal mit nach Hause gebracht. Emilie war ein sehr schüchternes Mädchen, sensibel und etwas kränklich. Es gab eine Gemeinsamkeit, die sie mit dem jungen Hitler verband: Wie er litt auch sie unter einem tyrannischen Vater. Emilie wurde sehr streng erzogen und durfte niemals alleine das Haus verlassen – schon deshalb wäre eine Affäre mit Hitler unmöglich gewesen. Immerhin: Milli, wie sie genannt wurde, durfte dem Freund ihres Bruders zumindest gelegentlich auf dem Klavier vorspielen. Und irgendwann bat sie ihn, etwas in ihr Poesiealbum zu zeichnen.

Bei seinem nächsten Besuch brachte er ihr dann eines seiner Werke mit, eine Zeichnung auf einer dieser Postkarten, von deren Verkauf er lebte. Emilie sah einen Germanen, der grimmig vor einem Baumstamm stand. Dieser mit Farbstiften hingeworfene Krieger trug einen Helm auf dem Kopf, in seinen Händen hielt er einen Speer und einen Schild mit den Initialen A. H.

Für Hitlers Verhältnisse war dieser bunte Germane ganz gewiß ein enormer, ein ganz außergewöhnlicher Liebesbeweis. Insofern hatte er aus seiner Sicht sogar recht, als er später seiner Sekretärin einmal erzählte, diese Emilie sei seine erste Geliebte gewesen. Aber eine sexuelle Begegnung mit ihr ist eher unwahrscheinlich.

Auch während des Ersten Weltkrieges führte Adolf Hitler mit größter Wahrscheinlichkeit ein Leben ohne Sex, ohne Intimität, ohne jede zärtliche Berührung. Es gab allerdings drei Frauen, die zumindest zeitweise im Verdacht standen, sie hätten mit dem Gefreiten Hitler ein sexuelles Abenteuer gehabt: Madeleine, Héléna und Charlotte.

Madeleine wurde nur deshalb verdächtigt, weil Hitler am 29. Mai 1940 plötzlich eine Frage stellte, mit der keiner gerechnet hatte. An diesem Tag rollten deutsche Panzer nach Frankreich, und der »Führer« besichtigte seine alten Schlachtfelder aus dem Ersten Weltkrieg. Neben ihm stand sein ehemaliger Spieß vom sechzehnten Bayerischen Reserve-Infanterieregiment, Max Amann. Und plötzlich wandte sich Hitler diesem Amann zu und fragte ihn: »Wo ist Madeleine?«[11]

Amann machte ein Gesicht, als wolle er sagen: »Woher soll ich das wissen, du Idiot?« Aber das sagte er natürlich nicht, schließlich war er Hitler treu ergeben. Und deshalb meldete er gehorsamst, ihm lägen über den Verbleib von Madeleine keinerlei Informationen vor.

Wo ist Madeleine? Das fragten sich nach dem Zweiten Weltkrieg auch die beiden französischen Historiker Jean-

Michel Charlier und Jacques de Launay. Also machten sie sich auf die Suche.

In Comines fanden sie tatsächlich ihre Spuren: Madeleine war die Tochter eines Wirtes, dessen Bistro im Ersten Weltkrieg beliebter Treffpunkt der deutschen Soldaten gewesen war. Auch Hitler hatte dieses Bistro besucht und das Mädchen hinter dem Tresen angestarrt. Das war aber auch schon alles.

Trotzdem waren Charlier und de Launay nicht ganz umsonst nach Comines gereist. Denn sie erfuhren bei ihren Nachforschungen: Es gab tatsächlich eine Frau in der Gegend, die Hitler nicht nur angegafft, sondern mit der er auch gesprochen hatte. Sie hieß Héléna Leroy. Während des Ersten Weltkrieges hatte sie als Köchin gearbeitet – in einer Villa in Wavrin, in der deutsche Offiziere ihre Mahlzeiten einnahmen.

Nun war Hitler zu dieser Zeit kein Offizier, sondern Meldegänger. Aber die französischen Forscher fanden heraus: Hitler war ganz in der Nähe einquartiert, in einer Fleischerei. Er fuhr jeden Morgen mit dem Fahrrad nach Wavrin, wo er Befehle von seinem Hauptmann empfing, die er dann an die Front brachte. Auf diese Befehle wartete er in der Küche von Mademoiselle Héléna.

Hitler traf sie also morgens, fuhr dann an die Front und kehrte gegen Mittag zurück. Er aß mit Héléna, wartete danach den ganzen Nachmittag über auf neue Befehle. Abends kehrte er in sein Quartier zurück.

So ging es zweiundzwanzig Monate lang, bis Mai 1917. Immer im Wechsel von zwölf Kampftagen und sechs Ruhetagen. Hitler sah Héléna nur an den Kampftagen, aber das waren insgesamt immerhin rund vierhundertvierzig Nachmittage, die er bei ihr in der Küche verbrachte. Viel Zeit, die so mancher Soldat wohl tatsächlich dazu genutzt hätte, um bei der hübschen und temperamentvollen Héléna einen Annäherungsversuch zu wagen. Aber Hitler? Man sagte Héléna nach, sie habe einen guten Geschmack. Sie hätte wohl kaum Gefallen gefunden an diesem ungelenken Gefreiten, dessen schnarrende Stimme noch abschreckender klang, wenn er versuchte, französisch zu sprechen.

Neun Monate nachdem Hitler mit seinem Regiment abmarschiert war, brachte Héléna einen Sohn zur Welt. Den Namen des Vaters hielt sie geheim. Ein Gutachter fand heraus: Die Ohrläppchen von Hélénas Sohn zeigten eine auffallende Ähnlichkeit mit denen Adolf Hitlers – aber wirkliche Beweise für dessen Vaterschaft gab es nicht. Nach Hélénas Tod im Jahre 1963 meldete sich eine enge Freundin von ihr, die den Namen ihres Geliebten aus dem Ersten Weltkrieg kannte. Es handelte sich um einen Soldaten aus Bayern.

Es gab eine Frau, mit der Hitler im Ersten Weltkrieg einen Sohn gezeugt haben soll. Das versicherte jedenfalls Jean Loret aus Montereau. Er schrieb 1976 einen Brief an den Historiker Werner Maser und behauptete darin, er selbst sei dieser Sohn.

Maser hätte das nur allzugern geglaubt. Und tatsächlich trug er einige Indizien zusammen, die zumindest nicht gegen diese Annahme sprachen: Lorets Mutter hatte im Ersten Weltkrieg als Bauernmagd im Hinterland der deutschen Front gearbeitet, nicht weit weg von Hitlers Einsatzgebiet. Der Vater ihres Sohnes war unbekannt. Dieser Sohn erzählte Maser in allen Details, wie ihn während des Zweiten Weltkrieges ein hochrangiger deutscher Offizier verhört und danach gefragt habe, was er über seine Herkunft wisse, über seinen Vater. Anschließend hätten deutsche Ärzte seinen Kopf vermessen und ihm Blut abgenommen. Das alles kam dem jungen Mann ziemlich merkwürdig vor, und so fragte er anschließend seine Mutter Charlotte, wer denn nun sein Vater sei. Die schwieg zunächst, sagte aber schließlich doch: »Dein Vater war Adolf Hitler.« Das machte Jean Loret sehr stolz.

Der Historiker Maser hoffte schon auf eine Sensation, aber die Schwester von Charlotte verdarb ihm alles: »Jean ist ein Spinner«, sagte sie, »die Hitlergeschichte haben ihm nur die Deutschen aufgeschwatzt.«[12] Ihre Schwester sei zwar eine Zeitlang mit einem deutschen »Unterleutnant« befreundet gewesen, aber ganz bestimmt nicht mit Hitler. Sie selbst habe den Mann mehrmals gesehen.

Werner Maser gab schließlich bei der Universität Heidelberg ein erbbiologisches Gutachten in Auftrag. Aber auch darin konnte nicht sicher nachgewiesen werden, daß Jean Loret und Adolf Hitler miteinander verwandt waren, da nur 25 Prozent der Untersuchungsmerkmale vorhanden waren.[13]

III.

Bechstein, Bruckmann und Co.

Reiche Gönnerinnen

Unter all den Frauen, die Hitler nahestanden oder es zumindest versuchten, gab es eine, über die er nie ein böses Wort verlor, zu der ihm keine einzige geringschätzige Bemerkung über die Lippen kam.

Carola Hofmann besuchte 1920 eine Parteiveranstaltung, auf der Hitler eine seiner frühen Reden hielt. Natürlich fiel sie auf in diesem Saal, wo lauter Männer hinter ihren Biergläsern hockten. Nach seiner Rede ging Hitler auf sie zu, sagte ihr, sie habe wunderschöne blaue Augen, die ihn an die Augen seiner Mutter erinnerten. Carola fühlte sich geschmeichelt, denn ein solches Kompliment hören nicht viele Frauen, die ihren achtzigsten Geburtstag schon hinter sich haben.

Für Carola Hofmann begann nun fast so etwas wie ein neues Leben. Sie hatte plötzlich wieder jemanden, für den sie sorgen konnte, nachdem ihr Mann, ein Gymnasialdirektor, schon lange tot war. Sie kümmerte sich wie eine Mutter um Adolf Hitler, sie wusch seine Hemden, bügelte seine Hosen, backte ihm Kuchen. Und sie überließ ihm ihr Landhaus für geheime Besprechungen, die Hitler immer wieder mit seinen Parteigenossen abhielt. Als Zeichen seiner Dankbarkeit nannte Hitler sie »mein liebes treues Mütterchen.«[1]

Dieses »Mütterchen« neigte zu reaktionären Gedanken und war für ihr Alter noch ziemlich rüstig. Die ehemalige Lehrerin kämpfte bei Saalschlachten mit, und daheim im vornehmen Münchener Villenviertel Solln gründete sie eine Ortsgruppe der Partei. Mit dreiundachtzig Jahren schließlich fuhr sie noch einmal im Monat in das sechzig Kilometer entfernte Landsberg. Dort besuchte sie Hitler im Gefängnis, brachte ihm Kuchen mit Schlagsahne vorbei. Noch zwanzig Jahre später sagte Hitler über sie: »Von meinen mütterlichen Freundinnen war allein die alte Frau Direktor Hofmann von einer stets nur gütigen Sorglichkeit.«[2] Vor allem aber war Carola Hofmann die erste in einer langen Reihe von älteren und ältlichen Damen, die Hitlers Aufstieg in einer ganz erstaunlichen Weise förderten.

In München traf sich damals wie heute die Schickeria zu Partys und Empfängen, wo viele Leute miteinander plauderten, die sich eigentlich nichts zu sagen hatten. Leute, denen vor lauter Langeweile jede Abwechslung recht war und die sich selbst ungeheuer wichtig nahmen. Auf den ersten Blick schien Adolf Hitler so ganz und gar nicht hineinzupassen in diesen erlauchten Kreis von Unternehmern, Politikern und Künstlern. Er roch nach Kaserne und Bierhallen, trug einen fleckigen Trenchcoat oder einen langen, schwarzen Verschwörermantel, wohnte als Untermieter in der Thierschstraße 41 in einem schäbigen Zimmer mit billigem abgetretenem Linoleum auf dem Boden. Er konnte nichts außer schwätzen und schwadronieren. Seine scharfen Worte erzeugten in den gehobenen Kreisen zunächst Abscheu und Ekel, seine Judenhetze war noch nicht überall salonfähig. Das sollte sich allerdings rasch ändern.

Frau Bechstein (rechts) mit Geli Raubal 1930 bei den Festspielen in Bayreuth

Die Gattin eines Klavierfabrikanten, Helene Bechstein, war eine der ersten, die Adolf Hitler in ihren vornehmen Salon lud. Der Dichter und Dramatiker Dietrich Eckart, fanatischer Anhänger der Rassenlehre und Texter des reaktionären »Sturmliedes«, hatte sie gefragt, ob sie nicht Lust hätte, »Deutschlands kommenden Befreier« kennenzulernen. Helene fand diese Idee ganz entzückend. Und so brachte Eckart im Juni 1921 einen Herrn mit kurzgeschnittenem Schnauzbärtchen mit, der ziemlich linkisch und gehemmt wirkte.

Hitler trug an diesem Abend einen abgewetzten blauen Anzug. Er selbst und wohl auch viele der Gäste hatten das Gefühl, als gehöre er gar nicht richtig dazu. Hitler fühlte sich klein und deplaziert neben dieser Frau Bechstein in ihrem eleganten Abendkleid, neben Herrn

Bechstein in seinem Smoking, ja sogar neben den Kellnern in ihren Livreen. Mit offenem Mund stand Hitler da und staunte über all diese Pracht, die er nie zuvor kennengelernt hatte. Besonders angetan hatten es ihm die Wasserhähne im Badezimmer. »Stellen Sie sich vor, Frau Hanfstaengl, ... sogar die Wassertemperatur konnte man regulieren«[3], erzählte er hinterher mit ehrfürchtiger Stimme der Frau seines Parteifreundes, so, als habe er einem Weltwunder beigewohnt.

Helene Bechstein fand auf Anhieb Gefallen an diesem etwas ungehobelten jungen Mann und seinen flammenden Reden, der wieder Feuer in ihr fades Dasein als Fabrikantengattin brachte. Helene hatte jemanden gefunden, den sie unter ihre Fittiche nehmen konnte. Sie nahm sich vor, aus diesem ärmlichen Kauz einen richtigen Staatsmann zu machen. Bei einem seiner ersten Besuche nahm sie ihm seinen schwarzen Hut ab, den sie mit seiner altmodischen, viel zu breiten Krempe für ein »gräßliches Monstrum« hielt. Also kramte Helene in einem der Kleiderschränke ihres Mannes und fand einen hübschen, hellgrünen Filzhut, fast noch neu, den Hitler fortan sehr häufig aufhatte, wenn er zu Besuch kam.

Helene unterhielt sich gerne mit Adolf Hitler. Er schimpfte über die »Novemberverbrecher«, über Kommunisten und Juden, sie sagte ihm, was er anziehen und wie er sich bewegen solle. Sie schenkte ihm eine Hundepeitsche, ließ ihn in glänzende Lederstiefel schlüpfen, überredete ihn, Smoking und gestärkte Hemden mit Manschettenknöpfen zu tragen. Sie brachte ihm Höflichkeitsfloskeln bei und zeigte ihm vornehme Gesten, die Hitler allerdings zeitlebens nie wirklich beherrschte. Bei den Empfängen, zu denen er bald immer häufiger geladen wurde, verneigte er sich stets ein bißchen zu tief, seine mitgebrachten Blumensträuße waren zu groß, seine Handküsse zu übertrieben und theatralisch.[4]

Aber genau das machte ihn auch interessant. Schon bald galt er in der gehobenen Gesellschaft als Exot, den man einfach gesehen haben mußte. Dieser Hitler süßte seinen Wein mit einem Stückchen Zucker, er konnte schnauben wie ein wildes Tier – und beides wurde belächelt und bestaunt. Ein Empfang mit Hitler war für die Schickeria dasselbe wie ein Zirkusbesuch für das gemeine Volk.

Helene Bechstein und ihr Mann gaben ihre Empfänge an zwei Orten: entweder in ihrer Villa im Berliner Stadtteil Charlottenburg, die im Stil der Gründerzeit erbaut war, oder in München in einer Privatsuite im Hotel Bayerischer Hof. An beiden Orten tauchte Hitler jetzt regelmäßig auf, er war Stargast und Stammgast zugleich. Helene verstieg sich zu der Behauptung, er sei »Deutschlands junger Messias«[5]. Die Betreiber des Berliner Hotels Excelsior sahen das anders: Sie verweigerten Hitler die Aufnahme, als er sich dort mit dem völkischen Flügel der Deutschnationalen zu einer Besprechung treffen wollte. Daraufhin öffnete Helene Bechstein die Pforten ihrer Villa, das Treffen konnte doch noch stattfinden.

»Ich wollte, er wäre mein Sohn«[6], sagte Helene Bechstein über Hitler. Und sie versuchte vergeblich, ihn wenigstens zum Schwiegersohn zu machen. Doch alle Versuche scheiterten, ihn mit ihrer Tochter Lotte zu verkuppeln. Mehr Erfolg hatte Helenes Versuch, Hitler mit den reichsten und wichtigsten Unternehmern bekannt zu machen. Sie nahm ihn mit in die Oper und gab Empfänge, deren einziger Zweck darin bestand, ihren Schützling möglichst vielen einflußreichen Leuten vorzustellen – fast alle schüttelten ihm die Hand, und nicht wenige unterstützten ihn und seine Partei mit großzügigen Spenden. Im Salon von Helene Bechstein lernte Hitler auch Winifred Wagner kennen, die Schwiegertochter des Komponisten, die in seinem Leben noch eine wichtige Rolle spielen sollte.

Helene Bechstein beriet Hitler nicht nur in Benimm- und Kleiderfragen, sie unterstützte ihn auch finanziell. Selbst kleine, unhöfliche Bemerkungen konnten sie in Geberlaune versetzen. So sagte einer von Hitlers Freunden einmal bei einem Bankett in der Bechsteinvilla: »Gnädige Frau, der Schmuck, den Sie tragen, würde ausreichen, unsere nationalsozialistische Bewegung viele Monate lang am Leben zu halten.«[7] Daraufhin streifte Helene einen ihrer Ringe ab und überreichte ihn dem »Führer« dieser Bewegung.

Helene half auch aus, als Hitler im Sommer 1923 dringend Geld brauchte, um seinen Putsch gegen die Regierung vorzubereiten. Bargeld konnte sie ihm keines geben, dafür aber wertvolle Kunstgegenstände und jede Menge Schmuck: Eine handgenähte venezianische Reliefspitze aus dem siebzehnten Jahrhundert; eine rotseidene spanische Flügeldecke mit Goldstickerei; einen Smaragdanhänger, einen Rubinring, einen Saphirring, allesamt mit Brillanten verziert. Adolf Hitler nahm den ganzen Schmuck und hinterlegte ihn bei einem Bankhaus in München, wo er einen Schuldschein dafür erhielt. Den wiederum gab er dem Berliner Kaffeehersteller Richard Frank – als Sicherheit für ein Darlehen über 60.000 Schweizer Franken.

Später machte Helene Bechstein noch einmal 26 000 Mark locker. Für das Geld kaufte sie Hitler eine schwarze Benz-Limousine mit Klappverdeck. Hitler bedankte sich auf seine Weise: Er verlieh Helene Bechstein das goldene Parteiabzeichen.[8]

25. Oktober 1929 im Circus-Krone-Bau in München: Menschenmenge während der Rede Hugenbergs zum Volksbegehren gegen die Annahme des »Youngplanes«, der die Reparationszahlungen Deutschlands an die Kriegsgegner regeln sollte: vorne Frau Bruckmann, dahinter Adolf Hitler

Es gab noch eine Frau, die aus Adolf Hitler einen Staatsmann machen wollte, die sich deshalb mit Helene Bechstein einen erbitterten Konkurrenzkampf lieferte: Elsa Bruckmann, Verlegersgattin aus München. Sie brachte ihm bei, wie ein galanter Mann einer Dame von Welt die Hand küßt. Sie zeigte ihm, wie man einen Hummer verspeist oder eine Artischocke. Sie kaufte ihm jene hellen, englischen Trenchcoats, die er später mit Vorliebe trug. Und vor allem: Wie Helene Bechstein schenkte sie ihm eine Hundepeitsche, als Zeichen von Eleganz und Macht zugleich. An Elsa Bruckmanns Peitsche prangte ein silberner Knopf, in den sie ihre Initialen hatte eingravieren lassen. Beide Frauen behaupteten später, sie hätten zuerst die Idee gehabt, Hitler mit der Peitsche als Markenzeichen auszustatten.

Elsa war eigentlich eine Prinzessin aus Rumänien. Sie hatte in Starnberg den Verleger und Kommerzienrat Hugo Bruckmann geheiratet, der mit prachtvollen Kunstbänden sehr viel Geld verdiente. Ihm gehörte eine Villa in München am Karolinenplatz 5, wo sich seit jeher alles traf, was Rang und Namen hatte. Vor Adolf Hitler hatten hier auch schon Friedrich Nietzsche und Rainer Maria Rilke verkehrt.

Die Bruckmanns gaben sich gerne modern und extravagant. Sie fuhren einen offenen, weißen Mercedes, auffällig und schön wie kein zweiter in München. Wer zu ihren Empfängen im Salon ihrer Villa eingeladen wurde, gehörte automatisch zu den besseren Kreisen in München.

Hitler kam über seinen Parteigenossen Ernst Hanfstaengl zu seiner Einladungskarte. Hanfstaengl war der Sohn eines Münchener Kunstmäzens, der mit einer Amerikanerin verheiratet war. Er hatte den Bruckmanns erzählt, sein Freund verehre Richard Wagner und lese Bücher aus ihrem Verlag, in denen der »arische Geist« kultiviert werde. Das genügte. Schon bald stießen nicht mehr alle Zuhörer von Adolf Hitler mit Bierkrügen an, sondern es gab auch viele, die Champagnergläser in ihren Händen hielten.

Hitler lernte schnell, seine Auftritte in der Schickeria regelrecht zu inszenieren. Er kam absichtlich zu spät, brachte der Gastgeberin einen riesigen, auffallenden Rosenstrauß mit, saß dann oft eine ganze Stunde lang schweigend herum. Er wartete auf ein Stichwort, das ihm Gelegenheit bot, eine Rede zu halten. Elsa Bruckmann versäumte es nicht, ihm ein geeignetes zu liefern, und wenn es nur ein freundlicher Nebensatz über das Judentum war. Dann stand Hitler auf, schob seinen Stuhl zurück und geiferte los. Seine Stimme schnarrte, wurde allmählich lauter, bis sie nur noch ein heiseres Brüllen und deshalb schwer zu verstehen war. Trotzdem hingen all die noblen Gäste gebannt an den Lippen dieses Mannes, der sich aufführte, wie es in diesen Kreisen noch keiner gewagt hatte. Hitler fuchtelte wild mit den Armen und hielt »... eine halbe Stunde eine ganz witzige, aber sehr einseitige Rede über die Juden ...«.[9]

Elsa Bruckmann war eine eher herbe Frau, deren Gesicht von Kindheit an durch Pockennarben entstellt war. Ihre Teestunden und Abendessen begannen deshalb frühestens in der Dämmerung, und sie saß meistens neben abgedunkelten Lampen. Adolf Hitler gab ihr das Gefühl, schön und begehrenswert zu sein. Und er begehrte sie ja tatsächlich: als Frau, die ihn in der Gesellschaft aufwertete, und als Geldgeberin.

Die Bruckmanns zahlten zeitweise Hitlers Miete. Nach seiner Haftentlassung 1924 überließen sie ihm ihre Verlagsräume, um dort Vorträge zu halten – obwohl er noch Redeverbot hatte. Dann saß Elsa ganz vorne, faltete ihre Hände und saugte jedes Wort in sich auf. Sie schrieb ihm Briefe, in denen Sätze standen wie dieser: »Lieber Herr Hitler! Ich habe beiliegende Armbanduhr übrig. Wollen Sie sie nicht benützen?«[10]

Selbstverständlich wollte Adolf Hitler das. Und er nahm auch gerne Elsas Angebot an, sich ein paar Möbel anzusehen, die sie nicht mehr benötigte. Trotzdem gab es Momente, in denen sogar diese Großzügigkeit nicht ausreichte, Momente, in denen Hitler und seine Partei vor dem Bankrott standen. Hitler selbst schilderte eine solche Situation so:

»Ich hatte für die Partei einen Wechsel über vierzigtausend Mark unterschrieben. Gelder, die ich erwartete, blieben aus, die Parteikasse war leer, und der Fälligkeitstermin rückte immer näher, ohne daß ich die Hoffnung hatte, das Geld noch zusammen zu bringen. Ich erwog bereits den Gedanken, mich zu erschießen, denn mir blieb kein anderer Ausweg. Vier Tage vor dem Fälligkeitstermin erzählte ich Frau Geheimrat Bruckmann von meiner mißlichen Lage, die sofort die Sache in die Hand nahm, Geheimrat Kirdorf anrief und mich veranlaßte, zu ihm zu fahren. Kirdorf erzählte ich von meinen Plänen und gewann ihn sofort für mich. Er stellte mir das Geld zur Verfügung, und so konnte ich den Wechsel noch rechtzeitig einlösen.«[11] Dieser Geheimrat Kirdorf war der Mitbegründer eines großen Kohle- und Stahlunternehmens im Ruhrgebiet. Er knüpfte für Hitler die Kontakte zu den wichtigsten Großindustriellen.

So gerne Hitler die Unterstützung von Elsa Bruckmann annahm, soviel Spaß bereitete es ihm später auch, sich über sie lustig zu machen. »Ich kenne eine Frau«, erzählte er einmal, »deren Stimme vor Aufregung heiser wurde, wenn ich mit einer anderen Frau auch nur ein paar Worte gesprochen habe.«[12] Diese Frau hieß jetzt nicht mehr »Frau Geheimrat«, sondern bloß noch »Bruckmann« – und Hitler beschrieb, wie sie eine andere Dame der Gesellschaft von ihren Einladungen ausschloß, nur weil diese ihn kurz angelächelt hatte. Die Eifersucht von Elsa Bruckmann gehörte ganz offensichtlich zu den wenigen Dingen im Leben von Adolf Hitler, die ihm wirklich Genuß bereiteten.

Helene Bechstein und Elsa Bruckmann waren die vielleicht wichtigsten Gönnerinnen, die Hitler schon seit Beginn der zwanziger Jahre unterstützten. Aber sie waren nicht die einzigen. Nicht nur in Unternehmer-, sondern auch in Adelskreisen gab es etliche Damen, die eine Zuneigung zu Hitler faßten. Die Baronin Lily von Abegg spendierte ihm Geld und Kunstgegenstände, Gertrud von Seydlitz gehörte zu denen, die es ihm ermöglichten, den *Völkischen Beobachter* zu einer Tageszeitung zu machen – denn sie besaß Anteile an einer finnischen Papiermühle und außerdem viel Geld. Eine aufdringliche Verehrerin aus der Aristokratie war zweifellos Viktoria von Dirksen aus Berlin. Die Witwe eines Geheimrats war zugleich deutschnational gesinnt und Monarchistin, wie so viele ihrer Zeitgenossen. Im Hotel Kaiserhof, wo auch sonst, lud sie zu ihren »Donnerstag-Soireen«, versammelte um sich lauter prominente Gäste aus Wirtschaft, Politik, Diplomatie und Adel. Dort brachte sie Hitler mit einflußreichen Exzellenzen aus aller Welt zusammen. Sie sorgte dafür, daß er 1922 einen Vortrag im noblen »Berliner Nationalen Klub« halten durfte, wo er dann nützliche Kontakte zu den nationalen Kreisen in Norddeutschland knüpfte.

Zeitweise trafen sich im Haus von Viktoria von Dirksen Hitler, Göring, Goebbels und andere Nazigrößen wöchentlich zu Besprechungen. Viktoria von Dirksen heftete sich bei jedem ihrer Empfänge das Hakenkreuz gut sichtbar an die Brust. Und sie beherrschte es wie keine andere, verzückt die Augen zu verdrehen, sobald jemand in ihrer Umgebung den Namen »Hitler« auch nur beiläufig erwähnte. Hitler hatte eines Tages genug von seiner Verehrerin. Und das ließ er sie am 15. Dezember 1933 auch spüren.

An diesem Abend besuchte die jüdische Gesellschaftsreporterin Bella Fromm ein Konzert im Berliner Theater »Scala«. Über ihre Eindrücke schrieb sie: »Gigli sang für die Winterhilfe. Alles war bombastisch, aber geschickt in Szene gesetzt. Die SA-Horden vor der Scala bereiteten Hitler den Empfang, auf den ›Seine Göttlichkeit‹ Anspruch hat... Ich saß in der Nähe von Hitlers Loge, Nummer sieben. Das Haus war so gestopft voll, daß sich Herren im Frack und Damen in Brokatgewändern bis auf die Bühne drängten. Als sich nach Giglis erstem Lied der Applaus gelegt hatte und alles auf die nächste Arie wartete, setzte plötzlich der Applaus aus Loge Nummer sieben ein. Heftiger Applaus! Hitler ist ein guter Schauspieler. Gigli war vergessen. Die gesamte Zuhörerschaft, sonst tadellos gesetzt in ihrem Benehmen, brach in Jubel aus. Veilchensträuße wurden in die Loge Nummer sieben geworfen. Die Leute kletterten auf Stühle und Geländer, um ihren ›Führer‹ besser sehen zu können. Es machte mein Blut gerinnen... Da saß er, in seiner häßlichen braunen Tracht, zwischen Magda Goebbels und der Gattin des italienischen Botschafters – die Schönen und das Tier. In der nächsten Loge saß zum großen Ärgernis Hitlers Viktoria von Dirksen. Man sagt, daß Hitler es leid sei, so oft in der Nähe dieser ›alten Hexe‹ sitzen zu müssen. Er habe deshalb Befehl gegeben, daß in Zukunft in dieser Hinsicht bessere Anordnungen getroffen werden. Die ›alte Hexe‹, die durch eine solide Logenwand von Ruhm und Ehre getrennt war, schien vor Eifersucht und Neid zu toben.«[13]

Auch Helene Bechstein packte nach der Machtübernahme der Zorn auf jenen Mann, den sie immer »Wölfchen« genannt hatte. Helene gehörte zu den wenigen Frauen, die es wagten, Hitler zu kritisieren. Den Mann, dem sie eine Hundepeitsche geschenkt hatte, nannte sie jetzt »eine schäbige Sorte von Reichskanzler«.[14] Doch diese Einsicht kam reichlich spät. Bei den Bayreuther Festspielen kam es 1933 zu einer letzten Aussprache zwischen Helene Bechstein und ihrem ehemaligen Ziehsohn.[15] Sie ließ Hitler ihre Adresse in Bayreuth zukommen und bat ihn, sie zu besuchen. Hitler ahnte nichts Gutes. Seine Adjutanten bezeichneten Helene schon länger als »Schrecken der Partei«, und es war ihm sichtlich unangenehm, ihr seine Aufwartung machen zu müssen. Er bat die Wagner-Kinder, ihn zu begleiten. Sie sollten Helene Bechstein besänftigen, hatten aber keine Lust dazu. Statt der Kinder nahm Hitler dann einen riesigen Strauß rote Rosen mit auf die Fahrt. Aber die Rosen und die Verbeugung und der Handkuß – all das schien Helene Bechstein plötzlich nicht mehr zu imponieren. Sie sagte ihm ein letztes Mal die Meinung. Das Gespräch dauerte nur wenige Minuten. Danach ist sie ihm nicht mehr begegnet.

IV.
Helene Hanfstaengl
Eine Frau von Welt

Im Bayerischen Hof war ich einmal bei einer Festlichkeit zugegen, der viele schöne Frauen im Schmuck ihrer Brillanten Glanz gaben. Da trat eine Frau herein, so schön, daß neben ihr alles verschwand. Schmuck trug sie nicht. Es war Frau Hanfstaengl.«[1] So schilderte Hitler eine seiner ersten Begegnungen mit jener Frau, die er fortan »die schöne Helena« nannte. Das war in einem Münchener Hotel, aber kennengelernt hatte er sie kurz zuvor im Circus Krone. Dort, wo sonst Clowns und Raubtiere ihre Vorstellungen gaben, hatte er eine Rede gehalten. Danach war sein Parteifreund Ernst Hanfstaengl auf ihn zugekommen und hatte ihm mit stolzem Lächeln seine Frau vorgestellt. Hitler starrte einige Sekunden lang sprachlos nach oben, in das hübsche Gesicht einer großen, schlanken Blondine. Und nur zu gern sagte er zu, als Hanfstaengl ihn einlud, ihn und seine Frau gelegentlich zu besuchen.

Helene gehörte zu den wenigen Frauen in Hitlers Umgebung, die internationales Flair ausstrahlten. Sie war in Bremen als Tochter einer Kaufmannsfamilie zur Welt gekommen, hatte aber einen großen Teil ihrer Kindheit in New York verbracht. Dort hatte sie 1919 den Sohn eines Kunstverlegers kennengelernt, auf einem Wohltätigkeitsball im alten Waldorf-Astoria. Ernst Hanfstaengl, den seine Freunde »Putzi« nannten, leitete in New York die größte Filiale der väterlichen Firma, einen Kunstsalon auf der Fifth Avenue. Nach dem Ersten Weltkrieg galt Hanfstaengl in Amerika als »feindlicher Ausländer«, sein Kunstverlag wurde beschlagnahmt. Eine Weile hielt er sich noch mit einer Malschule über Wasser. Helene heiratete Ernst im Jahre 1920, obwohl er ihr nicht mehr den Lebensstandard von früher bieten konnte. Ein Jahr später kam Sohn Egon auf die Welt. 1922 schließlich brachen die Hanfstaengls zu einer Schiffsreise auf und kehrten nach Deutschland zurück.

Dort wollte sich zu dieser Zeit gerade die amerikanische Botschaft in Berlin ein Bild von den politischen Zuständen in Bayern machen. Ein Botschaftsrat kannte Hanfstaengl aus gemeinsamen Studienzeiten – und so schickten die Amerikaner ihn als Spitzel los. Er sollte in München eine Versammlung im »Kindlbräu« an der Rosenheimer Straße besuchen, sich diesen Hitler mal anhören und seine Eindrücke weitergeben nach Berlin. Noch am selben Abend wurde aus dem Spitzel ein Spezl. Hanfstaengl trat in die Partei ein und wich Hitler fortan kaum noch von der Seite. Der zwei Meter große Mann erfüllte die unterschiedlichsten Aufgaben: Er gehörte ab sofort zu Hitlers Schlägertruppe, machte den Hofnarren und spielte für ihn Klavier.

Helene fand Hitler sofort sympathisch. Verglichen mit ihrem Ernst, einem polternden Riesen, empfand sie ihn als einen »scheuen jungen Mann«.[2] Das war kein Draufgänger, der sie bedrängte, sondern ein schüchterner Mensch, der anfangs allenfalls mal einen verstohlenen

Luis Trenker, Helene und Ernst Hanfstaengl auf der Terrasse des Berghofes auf dem Obersalzberg

Blick in ihren Ausschnitt warf. Bei seinen Besuchen hockte er sich zu Helenes kleinem Sohn auf den Boden und spielte mit ihm. Hitler blökte wie ein Schaf und meckerte wie ein Ziegenbock, er wieherte und muhte, er schnatterte und quakte. Der kleine Egon quietschte vor Vergnügen, seine Mama lächelte gerührt. Und erst das Eisenbahnspiel. Da krabbelte Hitler auf allen vieren herum und ließ Egon unter sich hindurchkriechen. Egon spielte die Eisenbahn, Hitler pfiff dazu wie eine Lokomotive. Täuschend echt konnte er dieses Pfeifen nachmachen, mit einem langgezogenen schrillen Ton.

Adolf Hitler wurde ein regelmäßiger Gast im Hause Hanfstaengl, der, so berichtete Helene später, »die ruhige und behagliche Atmosphäre bei uns genoß. Wenn er wollte, konnte er bei uns ruhig in einer Ecke sitzen, lesen oder sich Notizen machen. Wir haben ihn nicht gefeiert.«[3] Das war auch gar nicht nötig. Es genügte Hitler vollauf, daß die Hanfstaengls ihn bekannt machten mit Professoren, Opernsängern, Malern und Schriftstellern. Helene öffnete ihm die Türen zur Kunst- und Kulturschickeria, zu ungeheuer wichtigen und prominenten Leuten. In dieser Hinsicht ähnelte sie Helene Bechstein und Elsa Bruckmann.

Auch Helene und Ernst Hanfstaengl versuchten vergeblich, aus Hitler einen Mann von Welt zu machen. Sie gaben ihm Nachhilfeunterricht in Englisch, sie erzählten ihm von Amerika – in der Hoffnung, sein enges Weltbild ein klein wenig zu erweitern. Doch Hitler gefiel an Amerika einzig der Ku-Klux-Klan, den er für eine ähnliche Bewegung hielt wie seine NSDAP. Er weigerte sich, tanzen zu lernen, trotz Helenes inständiger Bitten, ihm ein paar Walzerschritte beibringen zu dürfen. Und auch sein Bärtchen wollte er nicht rasieren, unter gar keinen Umständen.

Eines Abends klingelte es plötzlich an der Haustür: Draußen standen ein Arzt, ein Sanitäter und – Adolf Hitler. Helene Hanfstaengl hatte diesen 9. November 1923 in Uffing am Staffelsee verbracht, wo sie und ihr Mann kurz zuvor ein Landhaus gekauft hatten.

Helene erschrak. So hatte sie Hitler noch nie gesehen. Der Mann, der sonst immer so lustige Tierlaute von sich gab, stöhnte jetzt vor Schmerzen. Seine Hose hing in Fetzen an den Beinen, seine schwarze Krawatte war als provisorische Binde um seinen Arm geschlungen. Helene bat ihn und seine Begleiter herein, tischte ihnen rasch eine Brotzeit auf.

Hitler war hingefallen und hatte sich die linke Schulter ausgerenkt. Bei diesem späten Abendessen erzählte er, wie er sich so schwer hatte verletzen können. Er war in München mit einigen Kampfgenossen zur Feldherrnhalle marschiert, um einen Staatsstreich zu inszenieren. Dort standen sie plötzlich vor einer Polizeikette. Schüsse fielen. Hitlers Nebenmann, bei dem er sich eingehakt hatte, stürzte tödlich getroffen zu Boden, riß ihn mit sich. Dabei fiel Hitler unglücklich auf die Schulter. Im allgemeinen Trubel zerrten ihn seine beiden Begleiter aus der Schußlinie und brachten ihn zu einem Fluchtauto, das in der Nähe parkte. Die Helfer schlugen vor, nach Österreich zu fliehen. Aber das wollte Hitler nicht. Er wollte zu Helene Hanfstaengl.

Vier Polizisten waren bei Hitlers Putschversuch gestorben und fünfzehn seiner Kumpane sowie ein Unbeteiligter. Jetzt saß er bei Helene Hanfstaengl, zeigte seinen geschwollenen Arm und klagte über seine unerträglichen Schmerzen und darüber, daß er seinen Leibwächter verloren habe.

Helene merkte ihm an, wie deprimiert er war. Sie ging nach oben ins Dachgeschoß, richtete ihm dort im kleinen Schlaf- und Studierzimmer ihres Mannes ein Bett her. Ernst Hanfstaengl war an diesem Abend übrigens nicht zu Hause. Er hatte den Putschversuch in seiner Münchener Wohnung verschlafen. Aber da er als Hitlervertrauter galt, hatte er sich danach trotzdem Richtung Österreich abgesetzt.

Hitler hüllte in dieser Nacht seinen schmerzenden Körper in eine englische Reisedecke, die Ernst Hanfstaengl gehörte. Zuvor allerdings befahl er dem Sanitäter, sofort nach München zu fahren und dort ein Fluchtauto zu besorgen. Natürlich wußte Hitler, wo ein solcher Wagen zu bekommen war: Bei Helene Bechstein, die ihn zu dieser Zeit noch vollkommen vorbehaltlos verehrte.

Am 11. November, zwei Tage nach Hitlers Flucht, klingelte bei Helenes Schwiegermutter das Telefon. Ein Polizist, der deren Wohnung durchsuchte, kam gerade noch dazu, dem Dienstmädchen nach den Worten »bei uns ist die Polizei« den Hörer aus der Hand zu nehmen.[4] Nach einer kurzen Befragung Helene Hanfstaengls am Telefon ahnte die Polizei bereits, wo Hitler sich versteckte.

Bis zu diesem Moment hatte Hitler vergeblich auf sein Fluchtauto gewartet. Helene ging zu Hitler in die Kammer und warnte ihn, daß die Polizei schon ganz in der Nähe sei. »Die Schweine werden mich niemals festnehmen. Ich erschieße mich!«[5] schrie Hitler und griff zu seinem Browning.

Hitler wollte sich also wieder einmal erschießen. Aber Helene Hanfstaengl »rettete« ihm das Leben – so zumindest beschrieb es Ernst Hanfstaengl später in seinen Memoiren. Sie ging auf ihn zu und entwand ihm mit einem Jiu-Jitsu-Griff (sie hatte in New York einen Kurs besucht) den Revolver. Die Waffe flog durch den Flur und landete in einem Mehlsack.

Danach hielt Helene ihrem Gast einen Vortrag. Sie sprach von der Bewegung der Partei, von den vielen Anhängern und ihrem Glauben an den »Führer«. Sie holte einige Blätter Papier, dazu einen Füllfederhalter und forderte Hitler auf, er solle ihr sein politisches Vermächtnis diktieren, sein Testament. Sie werde es seinem Anwalt übergeben.

Helenes Entschlossenheit verfehlte die Wirkung nicht, und so diktierte Hitler sein politisches Testament. Schnell nahm Helene das Papier und versteckte es, während die Polizisten bereits an die Tür pochten. Dann ging sie hinunter zur Haustür und bat die Polizisten herein. Hitler stand schweigend hinter ihr auf der Treppe.

Während Helene ihm ein kleines Notgepäck für die ersten Tage im Gefängnis zusammenstellte, zog Hitler den weißen Bademantel von Ernst Hanfstaengl aus. Er weigerte sich, einen für ihn zu großen Anzug von Hanfstaengl anzuziehen und ging im Pyjama hinunter. Jemand legte ihm seinen Trenchcoat um die Schultern, an dem noch immer das Eiserne Kreuz befestigt war.[6] Helene brachte noch rasch zwei schottische Reisedecken für Hitler herbei, denn er sollte im Gefängnis nicht frieren. Die Polizisten brachten ihn zum Auto und fuhren mit ihm nach Weilheim. Nur wenige Minuten nach Hitlers Abfahrt traf das Fluchtauto der Bechsteins vor dem Landhaus in Uffing ein.

In Landsberg trat Adolf Hitler in einen Hungerstreik. Und jedem, der es hören wollte, schrie er ins Gesicht: »Ich mache Schluß.« Weder der Gefängnispsychologe schien ihn von diesem Vorhaben abbringen zu können noch der Ehrenvorsitzende seiner Partei. Es gab nur eine, die ihn jetzt noch retten konnte: Helene Hanfstaengl. Sie redete mit seinem Anwalt, der Hitlers Testament entgegennahm und sie zugleich aufforderte: »Rücken Sie ihm den Kopf zurecht. Machen Sie ihm klar, daß Sie ihn nicht deswegen vor dem Selbstmord bewahrt haben, damit er sich jetzt zu Tode hungert.« Helene besuchte Hitler, redete beschwörend auf ihn ein. Kurz darauf beendete Hitler seine einwöchige Fastenkur, er aß wieder mit großem Appetit. Von Selbstmord war keine Rede mehr. Wirklich ernst gemeint waren diese Ankündigungen ohnehin nicht – dazu äußerte Hitler sie viel zu oft und viel zu theatralisch.

Im Gefängnis empfing Hitler mehr als fünfhundert Besucher, darunter auch zahlreiche Gönnerinnen und mütterliche Freundinnen. Angefangen von der alten Carola Hofmann mit ihren Sahnetorten bis hin zu Helene Bechstein, die sich als seine Adoptivmutter ausgab, um zu ihm in die Zelle gelassen zu werden. Ilse Pröhl, die Verlobte von Rudolf Heß, schmuggelte ihm eine Kamera in die Haftanstalt. Winifred Wagner schickte ihm ein großes Weihnachtspaket mit Schreibmaschinenpapier, Kohlepapier, Federhalter, Tinte, Bleistiften und Radiergummi – all das Arbeitsmaterial eben, das er benötigte, um ein Buch über sich und seine Ansichten schreiben zu können.[7] Den Titel hatte er bereits im Kopf: »Viereinhalb Jahre Kampf gegen Lüge, Dummheit und Feigheit«. Sein Verleger machte daraus dann schlicht und einprägsam: »Mein Kampf«.

Auch Carin Göring fuhr zu Hitler nach Landsberg, um ihr großes Idol zumindest gelegentlich ganz aus der Nähe zu sehen. Hitler gab ihr großzügig ein Autogramm – er kritzelte es auf die Rückseite eines Fotos, das ihn vor der Festung in Landsberg zeigte.

Helene Hanfstaengl erwartete Hitler bereits, als er am 20. Dezember 1924 vorzeitig aus dem Gefängnis entlassen wurde. Sie lud ihn für den Heiligen Abend in die neue Villa ein, die die Familie in der Nähe des Münchener Herzogparks bezogen hatte. Hitler hatte sich für seine Gastgeber und den drei Jahre alten Egon eine ganz besondere Weihnachtsüberraschung ausgedacht.

Bevor er sie präsentierte, bat er allerdings seinen alten Freund Ernst Hanfstaengl, ihm auf dem Klavier den »Liebestod« aus »Tristan und Isolde« vorzuspielen. Danach tischte Helene das weihnachtliche Festmahl auf: Truthahn als Hauptgericht, zum Nachtisch dann verschiedene Süßspeisen und Wiener Gebäck. Hitler trank nur wenig Wein. Er hatte im Gefängnis deutlich zugenommen und verzichtete deswegen jetzt immer häufiger auf Fleisch und Alkohol.[8]

Nach dem Essen und der Bescherung war es dann endlich soweit: Adolf Hitler erfreute die Familie mit dem, was er sich unter einem weihnachtlichen Singspiel vorstellte. Er marschierte wie ein Soldat im Zimmer auf und ab. Dazu imitierte er den Schlachtenlärm aus dem Ersten Weltkrieg. Es knatterte, knallte, pfiff und heulte, ganz so, als säßen die Hanfstaengls direkt vorm Schützengraben. Sie hörten unter ihrem Weihnachtsbaum die Salven von Maschinengewehren, die Geräusche von Haubitzen und Mörsern. Hitler ahmte dabei das Geräusch beim Abschuß ebenso perfekt nach, wie das Heulen in der Luft und die Explosion beim Einschlag. Und er beherrschte die unterschiedlichen Töne von französischen, englischen und deutschen Fabrikaten. Einen Weihnachtsabend wie diesen sollte die Familie Hanfstaengl nie wieder erleben.

Einmal kam es zwischen Helene Hanfstaengl und Adolf Hitler zu einer Begegnung, die ihr in ziemlich unangenehmer Erinnerung blieb – während er sie wohl als höchst erotisch empfand.[9] Hitler besuchte an diesem Abend die Hanfstaengls und saß bis spät in die Nacht bei ihnen im Wohnzimmer. Dann verließ Ernst Hanfstaengl für ein paar Minuten das Haus, um ein Taxi für seinen Gast zu rufen. Hitler nutzte die Zeit, indem er vor Helene auf die Knie sank. Er wand sich vor ihren Füßen, bezeichnete sich als ihr »Sklave«, jammerte ihr vor, wie schlimm es für ihn sei, ihr viel zu spät begegnet zu sein. Während Hitler von diesem »bittersüßen Erlebnis« schwadronierte, versuchte Helene verzweifelt, ihn wieder auf die Füße zu bringen. Das gelang ihr gerade noch rechtzeitig vor der Rückkehr ihres Mannes.

Natürlich erzählte sie ihm nach Hitlers Aufbruch sofort, was gerade vorgefallen war. Aber Ernst Hanfstaengl nahm es nicht weiter tragisch, er meinte nur: »Der arme Kerl sitzt in seiner Vereinsamung wie in einer Falle und verspürt von Zeit zu Zeit den Drang, sich in die Rolle eines schmachtenden Minnesängers hineinzusteigern.«[10] An diesem Abend glaubte Hanfstaengl noch, Hitler sei in Helene verliebt. Doch in den folgenden Jahren sollte er Zeuge zahlreicher ähnlicher Szenen werden. Er stand daneben, wenn Hitler alle möglichen Frauen mit Blumen überhäufte oder Handküsse verteilte. Im Laufe der Zeit kam Hanfstaengl zu dem Schluß, dieses sonderbare Verhalten habe doch nichts mit »erotischem Begehren« zu tun, sondern mit einer ganz anderen Form von Lust – nämlich der Lust an Selbstdarstellung. Er hielt Hitler für »organisch impotent«, für jemanden, den nicht die Frauen, sondern nur die eigenen Reden in höchste Erregung versetzten. Helene Hanfstaengl teilte diese Ansicht. Sie sagte später über Hitler: »Er ist ein absolutes Neutrum, aber kein Mann.«

Das Verhältnis zwischen Hitler und den Hanfstaengls kühlte im Laufe der Jahre doch merklich ab. Helene nahm es noch hin, wenn Hitler den devoten Sklaven spielte und sich vor ihr krümmte. Aber sie war nicht bereit, die Rollen zu tauschen, sich ihrerseits dem »Führer« zu unterwerfen, wie Hitler es forderte. Und so kam es im Jahre 1936 bei der Hochzeit eines hohen SA-Mannes zum endgültigen Zerwürfnis. Alle Hochzeitsgäste empfingen den »Führer« mit dem vorgeschriebenen »Heil Hitler«. Nur Helene und ihr Sohn Egon sagten: »Grüß Gott, Herr Hitler.« Der zog sofort seine Hand zurück und würdigte die beiden keines Blickes mehr.

Helene Hanfstaengl trennte sich noch im selben Jahr von ihrem Mann und kehrte mit ihrem Sohn nach Amerika zurück. Ernst Hanfstaengl ließ sich noch ein Jahr Zeit, eher er 1937 Deutschland verließ.

V.
Winifred Wagner
»Nibelungentreue« bis zum Tod

Der Münchener Regisseur Hans-Jürgen Syberberg führte im Jahre 1975 ein schier endloses Gespräch mit einer alten Dame, über die er dann fünf Jahre später in einem Nachruf für den *Spiegel* schrieb: »Winifred Wagner war eine große Frau.«[1] Diese Auffassung teilten fünfunddreißig Jahre nach dem Holocaust nicht alle *Spiegel*-Leser. Denn die »große Frau«, über die Syberberg schrieb, war eine große Verehrerin von Adolf Hitler gewesen. Syberbergs Film über sie dauerte geschlagene fünf Stunden, in deren Verlauf sie unter anderem erzählte:

»Man muß sich vorstellen, in welch einem fürchterlichen Elend sich im Jahr nach dem Ersten Weltkrieg während der Inflation das ganze Volk befand. Man hungerte, man fror, man hatte kein Geld, man hatte nichts zu essen. Es war eine derartige Depression über Deutschland gekommen, dazu dann diese ganz scharf links gerichtete Spartakistengruppe, dann die Räterepublik in München. Das war der reinste Anarchismus. Da war es doch selbstverständlich, daß die deutsch empfindenden Menschen versuchten, sich zusammenzuschließen und auch irgendwie nach einer Führung verlangten. Und als dann in München dieser damals doch völlig unbekannte Hitler auftrat und seine wirklich flammenden Reden hielt und uns quasi versprach, durch eine neue Volksgemeinschaft den Versuch zu machen, uns zu retten – da war man in jeder Hinsicht bereit, sich ihm anzuschließen … Für seine Gedanken und Ideen habe ich mich schon begeistert.«[2]

Winifred Wagner kannte Hitlers Buch »Mein Kampf«, sie wußte, daß er darin die jüdische Rasse als »Parasit« bezeichnete, als »Bazillus«, »Vampir« oder »Spaltpilz«, die er vernichten und ausrotten wollte. Das waren Hitlers Gedanken und Ideen – und Winifred Wagner war nur eine von vielen, die sich dafür begeisterten. Aber sie gehörte zu den wenigen, die von sich sagen konnten, sie hätten »eine rein menschliche, persönliche und vertrauliche Bindung«[3] zu Hitler gehabt.

Um zu verstehen, wie es zu dieser Bindung kommen konnte, müssen wir Winifreds Geschichte von Anfang an erzählen. Sie kam am 23. Juni 1897 in England zur Welt, in Hastings, als Tochter einer deutschen Schauspielerin und eines englischen Ingenieurs und Brückenbauers. Ihr Vater war musisch veranlagt, in seiner Freizeit schrieb er Romane und Musikkritiken. Eigentlich deutete alles auf eine behütete Kindheit hin. Dann aber starben Winifreds Eltern, als sie noch keine zwei Jahre alt war. Das Mädchen kam zu ihrem dänischen Großvater, der in bescheidenen Verhältnissen in London lebte. Der alte Herr fühlte sich jedoch mit der Aufgabe, für ein Kleinkind zu sorgen, hoffnungslos überfordert. Er spielte sogar mit dem Gedanken, sich und das Kind umzubringen.

Dann entschloß er sich, das Mädchen in einem Waisenhaus unterzubringen, das Winifred erst mit zehn Jahren wieder für einige Wochen verließ. Sie erzählte später wenig über diese Zeit, wollte sie wahrscheinlich verdrängen. Zu Beginn des 20. Jahrhunderts waren Waisenhäuser noch häufig Orte, an denen Kinder verwahrt wurden, gedemütigt und mißhandelt. Es spricht vieles dafür, daß Winifred Williams in den entscheidenden, den frühen Jahren ihrer Kindheit ganz ähnliche Erfahrungen machen mußte wie Adolf Hitler. Und möglicherweise haben diese Erfahrungen eine viel engere, wenn auch unbewußte, Bindung geschaffen als die Wagner-Opern, über die sich beide später stundenlang unterhielten.

Im Alter von zehn Jahren durfte Winifred in die Ferien fahren, zu entfernten Verwandten nach Deutschland. Mit einem Namensschild um den Hals stand sie auf dem Bahnhof in Hannover, wo der Pianist und Dirigent Karl Klindworth sie abholte. Er und seine Frau schlossen das blasse, verschüchterte Kind sofort ins Herz. Wenige Jahre später adoptierten sie Winifred.

Karl Klindworth war ein alter Freund von Richard Wagner. Beide lebten in derselben musikalischen Welt, in die nun auch Winifred aufgenommen wurde. Sie besuchte ein Lyzeum in Berlin, aber den größten Teil ihrer Zeit widmete sie der Musik. Ihr Adoptivvater gab ihr Klavierunterricht, und er besuchte mit ihr die besten Konzerte in Berlin. Bei einem dieser Konzerte sah sie mit fünfzehn Jahren zum ersten Mal ihren späteren Ehemann am Dirigentenpult stehen – Siegfried Wagner, den einzigen Sohn des Komponisten. Winifred war hingerissen, nicht nur von dem Konzert, sondern auch von Siegfried. Sie zeichnete die Konturen seines Gesichtes in ihre Schulhefte, gab ihr ganzes Taschengeld für Textbücher der Opern aus, die Siegfried dirigierte. Doch es sollte noch zwei Jahre dauern, bis sie ihm endlich persönlich begegnete.

Kurz nach Winifreds siebzehntem Geburtstag war es soweit: Ihr Adoptivvater nahm sie mit zu den Festspielen nach Bayreuth. Atemlos stieg sie den Grünen Hügel hinauf, wo zwischen den Tannen ein roter Backsteinbau lag. Winifreds Herz klopfte bis zum Hals, als sie die »Gralsburg« betrat. Natürlich wußte sie, daß dieses Bühnenhaus innen die Form eines Cellos hatte, und dennoch war sie von dem Anblick überwältigt. Dann durfte sie bei den Generalproben zuhören, bei denen nur geladene Gäste zugelassen waren.

Die Wagners luden Karl Klindworth und seine Adoptivtochter auch zum Tee in das Haus »Wahnfried«, die Residenz der Familie. Dort zeigte sich nicht nur Siegfried angetan von Winifred, sondern auch seine Mutter, die gestrenge Cosima Wagner. Mit ihrer Erlaubnis, vielleicht sogar auf ihren ausdrücklichen Wunsch hin, bat Siegfried das junge Mädchen von nun an öfter zu den Teestunden in die Villa. Schon kurze Zeit nach seiner ersten Begegnung mit Winifred fuhr er nach Berlin, wo er im Hause Klindworth um Winifreds Hand anhielt – mit Erfolg. Und dennoch drohte die Hochzeit zu platzen – aber das lag nicht an Winifred oder ihren Adoptiveltern, sondern an den Behörden.

Es herrschte nämlich Krieg, und deshalb war Winifred als »feindliche Ausländerin« bei der Polizei registriert. Sie mußte sich jeden Tag zweimal auf der Wache melden. An die Heirat einer Engländerin mit einem Deutschen war nicht zu denken. Winifred beantragte deshalb die preußische Staatsangehörigkeit. Es dauerte drei Monate, bis der Antrag bearbeitet und positiv beschieden war, aber dann stand der Hochzeit nichts mehr im Wege. Schon am folgenden Tag traten Winifred und Siegfried in Bayreuth vor den Traualtar.

Winifred wurde die Sekretärin ihres Mannes, sie organisierte seine Konzerttourneen und begleitete ihn zu

Winifred Wagner, die Schwiegertochter Richard Wagners, Festspielleiterin, um 1930

jedem Auftritt. Ihre wichtigste Aufgabe aber war eine andere: Sie sollte Kinder bekommen und so dafür sorgen, daß die Dynastie der Wagners nicht ausstarb.

Die junge Frau erfüllte ihren Auftrag vorzüglich. Sie brachte zwei Mädchen und zwei Jungen zur Welt. Und auch sonst fügte sie sich wunderbar ein in die strengen Strukturen im Hause »Wahnfried«.

Dort herrschte seit Richard Wagners Tod dessen Witwe Cosima. Je älter sie wurde, desto straffer führte sie ihr Regiment. Alle, außer den Enkelkindern, begegneten ihr vorsichtig und respektvoll, keiner wagte ein lautes oder gar vorlautes Wort in ihrer Nähe. Cosima erhob Wagners Musik zur Religion, ihre Familienmitglieder zu Hohenpriestern, das Festspielhaus zum Tempel. Kritiker und Andersdenkende wurden von vornherein ausgeschlossen oder nach mißliebigen Äußerungen für alle Zeiten vom Grünen Hügel verbannt. Der Wagner-Biograph Joachim Köhler schrieb: »Von Cosima allein ging die Zentralgewalt aus, der sich die Jünger zu beugen hatten. Wie in einer modernen Sekte drängte sich alles um den inneren Kreis, zu dem nur Erwählten Zugang gewährt wurde.«[4] Cosima, die gerne schwarze Schleier trug, machte sich selbst »zum Urbild der Hohen Frau«[5] oder, weniger pathetisch formuliert, zur Vertreterin par excellence einer überlegenen Rasse. Ihr fanatischer Eifer und die Bereitwilligkeit, mit der sich fast alle in ihrer Umgebung diesem Eifer unterwarfen, bereiteten den Boden für Hitlers spätere Auftritte in Bayreuth. Es war kein Zufall, daß er dort zum gerngesehenen Gast wurde.

Winifred lernte Hitler in München kennen, im Salon des Klavierfabrikanten Edwin Bechstein und seiner Frau Helene. Hitler hielt dort einen seiner Vorträge und Winifred war genauso hingerissen wie damals, als sie ihren Mann zum ersten Mal dirigieren sah. Zurück in Bayreuth, schwärmte sie mit glänzenden Augen von dem »Retter Deutschlands«, dem sie begegnet sei. Ihr Mann nahm die Schwärmerei seiner Frau nicht weiter ernst, machte sich sogar hin und wieder über Winifred lustig. Aber er willigte ein, als Winifred diesen Hitler nach Bayreuth einladen wollte.

Am 1. Oktober 1923 machte Adolf Hitler seinen

Antrittsbesuch, zu einer Zeit, als er besonders dringend auf die Unterstützung einflußreicher Kreise angewiesen war. Die Familie wartete gespannt auf den Mann, den Winifred mit so salbungsvollen Worten angekündigt hatte. Aber zur vereinbarten Uhrzeit war auf der Kastanienallee noch nichts von dem Wagen zu sehen. Hitler schien sich schon alle Sympathien der Familie zu verscherzen, bevor er sie überhaupt gewonnen hatte. Immer wieder rannten die Kinder Friedelind und Wolfgang zur Haustür und lugten hinaus. Dann endlich bog das Auto aus der Richard-Wagner-Straße ein. Die Kinder riefen aufgeregt nach ihren Eltern. Als Hitler die Treppe heraufkam, standen alle an der Tür und reichten ihm die Hand.

Winifred strahlte, aber die anderen waren zunächst eher enttäuscht. »Er sah recht gewöhnlich aus«, fand Winifreds Tochter Friedelind, »in seinen kurzen bayerischen Lederhosen, den dicken Wollsocken, einem rotblau karierten Hemd und einer kurzen blauen Jacke, die um seinen mageren Körper schlotterte; die spitzen Backenknochen schienen die hohlen, fahlen Wangen durchbohren zu wollen, seine blauen Augen glänzten unnatürlich in fanatischer Glut; er hatte einen ausgehungerten Blick.«[6]

Hitler fühlte sich offensichtlich unsicher. Er schien verlegen, verbeugte sich ständig, schlich wie ein geprügelter Hund in das Musikzimmer und die Bibliothek, wo er sich staunend umsah. Mit langsamen, vorsichtigen Schritten näherte er sich der Schmetterlingssammlung, die Richard Wagner in Neapel gekauft hatte. Dann trat er vor das letzte Foto, das von Wagner gemacht worden war. Ehrfürchtig und mit offenem Mund stand Hitler davor, wie ein Katholik beim Papst, und fast schien es, als würde er sich in seiner kurzen Lederhose doch ein wenig genieren. Nach einer Weile fand er seine Sprache wieder, erzählte, wie er mit zwölf Jahren zum ersten Mal den »Lohengrin« gehört hatte und daß er Wagner für den größten Deutschen halte, der je gelebt habe.

Selbstverständlich wollte Hitler auch das Grab des Komponisten besuchen, der hinter dem Hause »Wahnfried« im Garten ruhte. Hitler trat alleine vor den schmucklosen Granitstein und blieb mehrere Minuten lang ergriffen stehen. Dann drehte er sich ruckartig um, kehrte zurück in den Kreis seiner Gastgeber. Mit großen Gesten erzählte er nun von dem Staatsstreich, den er noch für dieses Jahr plante, von seiner »Machtergreifung«, durch die er Deutschland retten werde. Und jetzt waren es die Wagners, die ins Staunen gerieten. Friedelind berichtete später: »Wir saßen um ihn herum wie ein Kreis kleiner verzauberter Vögel, die Musik lauschten, achteten dabei gar nicht auf das, was er sagte.«[7]

Gegenüber von »Wahnfried« stand ein Haus, in dem Wagners Tochter Eva mit ihrem Mann lebte, dem britischen Kulturphilosophen Houston Stewart Chamberlain. Dieser Schriftsteller hatte sich völkisch-mystischen Ideologien und einem unverhohlenen Rassismus verschrieben. In seinen Büchern verkündete er die »Arische Weltanschauung«, die Hitler stark beeinflußte und zur philosophischen Grundlage seiner Rassenpolitik machte. Jetzt, bei seinem Besuch in Bayreuth, traf er endlich persönlich mit dem alten, kranken Mann zusammen, dessen Bücher er verschlungen hatte. Bei diesem Treffen waren Chamberlain und Hitler allein, und niemand weiß, worüber sie sprachen. Nach diesem Gespräch konnte der nahezu gelähmte Chamberlain zum ersten Mal seit langer Zeit wieder tief und ruhig schlafen. Er schrieb später einen Dankesbrief an Hitler.

Nach Hitlers erstem Besuch in Bayreuth waren dort die

Meinungen über ihn noch geteilt. Siegfried Wagner schien nicht sonderlich von ihm beeindruckt. Er glaubte nicht, daß Hitler sich durchsetzen würde. Seine achtundzwanzig Jahre jüngere Frau widersprach ihm vehement: »Fühlst du denn nicht, daß er zum Retter Deutschlands bestimmt ist?«[8]

Von nun an sah Winifred ihren Freund Hitler regelmäßig. Sie war auch an jenem 9. November 1923 ganz in seiner Nähe, als Hitler in München zur Feldherrnhalle marschierte.[9] Denn am selben Tag wollte ihr Mann die Uraufführung eines Konzertes dirigieren, das dann kurzfristig abgesagt wurde. Die beiden bewohnten ein Hotelzimmer, von dem aus sie den Platz vor der Feldherrnhalle gut überblicken konnten. Und so hörten sie plötzlich Salven von Maschinengewehren und sahen, wie Menschen hinfielen, wie sie schrien, wie viele in Panik gerieten und alle durcheinanderrannten. Winifred sorgte sich um Hitler, denn sie wußte anfangs nicht, ob ihm etwas passiert war. Sie erfuhr aber schon bald, daß er an der Schulter verletzt war und sich an einem geheimen Ort versteckt hielt. Und sie erfuhr, daß Hitlers Parteifreund Hermann Göring nach Innsbruck geflohen war, wo er in einem Krankenhaus lag.

Daraufhin überredete Winifred Wagner ihren Mann, nach Innsbruck zu fahren und den Verwundeten zu besuchen. Dort bezahlte Siegfried Wagner die Rechnungen von Göring. Außerdem nannte er ihm die Adresse eines Hotels in Venedig, wo er ein Jahr lang untertauchen und kostenlos wohnen konnte.[10]

Drei Tage nach dem gescheiterten Putsch startete Winifred Wagner eine Aktion, mit der sie eine breite Öffentlichkeit auf Hitlers Seite bringen wollte: Sie übergab der Presse einen offenen Brief, den sie im Namen der ganzen

Familie verfaßt hatte. Darin wehrte sie sich gegen Unterstellungen, daß sich Mitglieder aus dem Hause »Wahnfried« an dem Putsch beteiligt hätten. Zugleich aber betonte die Familie Wagner ihr »freundschaftliches Verhältnis« zu Hitler, ihre »Teilnahme und Zustimmung« zu seiner »aufbauenden Arbeit«. Und sie verkündeten, »daß wir, die wir in den Tagen des Glücks zu ihm standen, nun auch in den Tagen der Not ihm die Treue halten«.[11] Der Brief verfehlte seine Wirkung nicht. Schon kurz nach seiner Veröffentlichung begann in Bayreuth eine Unterschriftenaktion, bei der Zehntausende die Freilassung von Adolf Hitler forderten. Siegfried Wagner schrieb an eine Freundin: »Wir halten treu zu ihm, wenn wir auch dabei ins Zuchthaus kommen sollten. Meine Frau kämpft wie eine Löwin für Hitler! Großartig!«[12]

Winifred Wagner unterstützte Hitler und seine Parteifreunde tatkräftig. Sie sammelte Geld, Kleider und Nahrungsmittel für die Familien von Nationalsozialisten, die nach dem Putschversuch im Gefängnis saßen. Der Polizeichef von Bayreuth bestellte sie deswegen zu sich ins Amt. Er ermahnte sie, sofort mit »diesem Unsinn«[13] aufzuhören, ansonsten müsse sie damit rechnen, eines Tages ebenfalls inhaftiert zu werden. Das hielt Winifred jedoch nicht davon ab, wenigstens Hitler ein hübsches Weihnachtspaket zu schicken.

Nach dem Fest setzte sie ihre Spendensammlungen für die verbotene NSDAP fort, allerdings nicht in Bayreuth, sondern in den Vereinigten Staaten von Amerika. Gemeinsam mit ihrem Mann und dem SA-»Führer« Kurt Lüdecke flog Winifred am 28. Januar 1924 nach New York. Offiziell kamen sie, um Sponsoren für die Bayreuther Festspiele zu finden, deren Wiedereröffnung nach zehn Jahren Zwangspause gerade anstand. Nebenbei wollten sie aber auch Geldgeber für Hitler ausfindig machen.

Ein besonderes Auge hatten sie dabei auf Henry Ford geworfen, den Automobilhersteller in Detroit. Der Großindustrielle lud sie tatsächlich auf sein Landgut ein, wo Lüdecke ihm erzählte, weshalb und wofür Adolf Hitler so dringend Geld brauchte. Ob und wieviel Ford schließlich der Partei spendete, das blieb natürlich geheim. Allerdings: Die Nazis verliehen Henry Ford im Jahre 1938 zu seinem fünfundsiebzigsten Geburtstag die höchste Auszeichnung, die an Ausländer vergeben wurde – das Großkreuz des Deutschen Adlerordens.[14]

Nach Hitlers Entlassung aus der Haft am 26.2.1925 besuchte Winifred Wagner die erste Versammlung der neu gegründeten NSDAP. Friedelind Wagner berichtete, ihre Mutter sei der Partei schon 1920 oder 1921 beigetreten, als eines der ersten paar hundert Mitglieder. Winifred selber erzählte dagegen, sie habe ihre Mitgliedsnummer erst 1926 bekommen.

Im Juli 1925 besuchte Hitler erstmals die Festspiele in Bayreuth. Winifred war glücklich. Sie durfte Hitler inzwischen duzen und ihn vertraulich mit dem Namen ansprechen, den er sich selbst gegeben hatte: »Wolf«. Hitler ging bei den Wagners schon bald ein und aus wie ein guter, ein sehr enger Freund der Familie. Er kam nicht nur zu den Festspielen nach Bayreuth, sondern er machte sehr häufig einen Abstecher dorthin, wenn er von München nach Berlin fuhr. Winifred nahm an, daß er in Bayreuth ein wenig ausspannen wollte, ein bißchen Familienleben genießen, das er ja sonst nicht hatte. Häufig plauderte Hitler mit Winifred angeregt über Wagners Musik oder spielte mit den Kindern.

Die übrigens waren von »Onkel Wolf« begeistert. Hitler kam meistens abends, aber egal wie spät es war, er ging jedesmal hinauf ins Kinderzimmer. Die Kinder waren natürlich sofort hellwach. Sie hüpften aufgeregt um den Onkel herum und quengelten so lange, bis er von seinen Abenteuern erzählte. Dann saßen sie da und bekamen eine Gänsehaut, wenn Hitler schilderte, welche Gefahren er auf seinen Reisen überstehen mußte. Er zeigte ihnen seine Hundepeitsche und behauptete, dies sei seine einzige Waffe, mit ihr allein würde er all die bösen Riesen bezwingen, die sich ihm in den Weg stellten. Für die Kinder war es eine fremde, aber ungeheuer spannende Welt, die Hitler ihnen so lebendig beschrieb. Es schien ihnen fast, als käme er aus einem Märchen.

Hitler erzählte den Kindern auch, sein Leben sei in ständiger Gefahr. Und manchmal erweckten seine Besuche in Bayreuth tatsächlich den Anschein, als würde er sich auf der Flucht befinden. Dann fuhr sein Wagen erst weit nach Mitternacht vor, und Hitler schlich sich heimlich ins Haus. Oder er befand sich an einem geheimen Ort. In diesem Fall schlichen die Kinder mit ihrer Mutter zum Auto, fuhren in den Wald oder in ein abgelegenes Lokal, wo sie Hitler trafen. An solche Abenteuer, da waren sich die Kinder einig, reichte keine Klavierstunde heran.

Das Jahr 1930 wurde zum Trauerjahr in Bayreuth: Am 1. April starb Cosima Wagner im Alter von 92 Jahren. Nur vier Monate später, am 4. August, erlag ihr Sohn Siegfried mit 61 Jahren den Folgen einer Embolie. Am Tag nach seinem Tod saß Winifred Wagner um acht Uhr morgens am Schreibtisch ihres Mannes und übernahm seine Arbeit.

In den folgenden Monaten häuften sich Hitlers Besuche im Hause »Wahnfried«.[15] Und mehr noch: Winifred überließ ihm die Villa ihres verstorbenen Mannes neben »Wahnfried«, wo Hitler sich ganz wie zu Hause fühlen durfte. Wenig später kursierte bereits das Gerücht, Winifred wolle sich mit Hitler verloben. Solche Spekulationen gefielen dem Parteichef, obwohl er immer wieder betonte, er wolle nicht heiraten. Falls er sich aber doch zu einer »Vernunftehe« entschließen sollte, dann, so ließ er gegenüber Parteifreunden durchblicken, sei Winifred durchaus eine geeignete Kandidatin. Denn eine Verbindung mit dem Namen Wagner, darüber war sich Hitler im klaren, hätte sein Ansehen beim deutschen Volke noch einmal gewaltig gesteigert.

Siegfried Wagner hatte allerdings vor seinem Tode Vorkehrungen getroffen, die eine solche Heirat unmöglich machten. In seinem Testament stand, daß Winifred die Leitung der Festspiele übernehmen sollte, aber unter einer Bedingung: Sie durfte nicht wieder heiraten. Im Falle einer Eheschließung würde sie enterbt werden.

In den folgenden Jahren, als Hitler um den politischen Durchbruch kämpfte, schrieben sie sich hin und wieder Briefe. Einen davon erhielt Winifred im Berliner Hotel Eden, wo sie sich kurz vor Hitlers »Machtergreifung« aufhielt. Hitler hatte die sechs Seiten offenbar im Dezember 1932 geschrieben, als er seine Partei gerade in einer heftigen Krise sah. Der Brief, den Hitler an Winifred schrieb, hatte ungefähr folgenden Wortlaut:

»Ich habe alle Hoffnungen aufgegeben. Keiner meiner Träume wird sich je verwirklichen. Nach so vielen Jahren endloser Kämpfe ist die Enttäuschung um so größer. Bis jetzt hatte ich noch nicht den Mut verloren. Es war mir gelungen, alles zu retten und wieder aufzubauen, selbst nach 1923, aber jetzt ist mir keine Hoffnung mehr geblieben. Meine Gegner sind zu mächtig. Sowie ich ganz sicher bin, daß alles verloren ist, wissen Sie, was ich tun werde. Ich war immer dazu entschlossen. Ich kann eine Niederlage nicht ertragen. Ich werde mich an mein Wort halten und mein Leben mit einer Kugel beenden. Diesmal wird es ernst, weil ich einfach keinen Ausweg sehe.«[16]

Nur wenige Wochen nach dieser depressiven Stimmung wurde Adolf Hitler zum Reichskanzler ernannt. Aus lauter Freude, und wohl auch aus Dankbarkeit für ihre Unterstützung, schenkte er Winifred ein großes Porträtfoto von sich. Sie bedankte sich in einem Brief mit den Worten: »Hab unendlich Dank, Du Spender solch' namenloser Freude.« Diesen Dank variierte sie über endlose Zeilen hinweg, sie schrieb von einem »Wundergeschenk« und davon, daß sie und ihr Haus nun beschenkt seien »mit der Weihe Deiner ständigen Gegenwart«.[17]

In einem Punkt allerdings wollte Winifred von dieser Weihe nichts wissen, hier hielt sie Hitler und seine Partei in einer gewissen Distanz: Sie weigerte sich, der Reichstheaterkammer beizutreten, der Reichsorganisation deutscher Bühnen unter den Nazis. Damit bewahrte sich Winifred zunächst noch eine gewisse künstlerische Freiheit, verzichtete aber auch auf finanzielle Zuschüsse aus der Staatskasse. Aus den Wagner-Festspielen wurden keine »Reichsfestspiele« und noch nicht einmal »reichswichtige Festspiele«. Winifred legte Hitler nach der Machtübernahme die Besetzungsliste für die Festspiele vor, auf der auch etwa vierzig jüdische Namen standen. Sie erklärte ihm, die Verträge mit den jüdischen Mitwirkenden seien längst unterschrieben und sie wolle diese Verträge auch erfüllen. Zu ihrer Verwunderung war Hitler damit einverstanden.

Trotzdem kamen die Festspiele unter den Einfluß der NSDAP. Hitler vermittelte dem Festspielhaus nämlich

Hitler mit Winifred Wagner im Garten der Villa Wahnfried am Eröffnungstag der Festspiele; links: Wolfgang Wagner und der persönliche Adjutant Hitlers, SA-Obergruppenführer Wilhelm Brückner; rechts: Wieland Wagner

einen neuen künstlerischen Leiter, der ganz und gar auf Parteilinie lag: Heinz Tietjen, der von Hermann Göring geförderte Regisseur, Dirigent und Generalintendant der Preußischen Staatstheater in Berlin.[18] Er wurde Winifreds Liebhaber und der Vormund ihrer Kinder. Außerdem übernahm er binnen kürzester Zeit das eigentliche Kommando in Bayreuth. Der gesamte Stab hatte sich seinen Anordnungen zu beugen. Winifred überließ ihm bereitwillig die Herrschaft hinter den Kulissen. Mit den Kindern allerdings bekam er immer wieder Streit. Besonders Friedelind hatte nur Verachtung übrig für Tietjen, in dem sie nichts weiter sah als einen angepaßten Erfüllungsgehilfen, einen kleinen, dünnen Mann mit dicken Brillengläsern. Ihn vor allem machte sie dafür verantwortlich, daß die Atmosphäre im Festspielhaus zunehmend vergifteter wurde. Die Künstler waren keine große Familie mehr, sondern es bildeten sich kleine Cliquen. Es gab Musiker, die bei den Nazis sehr angesehen waren, und andere, in deren Nähe zu oft gesehen zu werden allmählich gefährlich wurde. Jeder mißtraute dem anderen, keiner wußte, ob der gute Freund von gestern vielleicht heute schon ein Spitzel war.

Winifred Wagner schien die Veränderungen nicht zu bemerken. Sie kaufte nach wie vor in Bayreuth in jüdischen Geschäften ein, lobte aber zugleich den Nationalsozialismus. Natürlich fand sie nicht alles gut, was die Nazis anstellten, aber das waren für sie eben Fehler der Partei, die ohne das Wissen von Adolf Hitler geschahen. Der »Führer« selbst stand für Winifred außerhalb jeder Kritik.

Dabei bekam sie durchaus mit, daß Hitler sich keineswegs besser benahm als seine Horden, die auf den Straßen immer mehr Angst und Schrecken verbreiteten. Wie ausfallend Hitler werden konnte, erlebte Winifred zum Beispiel am 1. April 1933 mit, an dem Tag, als der Boykott gegen jüdische Geschäfte und Einrichtungen begann. Während draußen die ersten Steine flogen, lud Hitler zum Mittagessen in die sogenannte »Neue Reichskanzlei«. Zu den Gästen gehörten auch Winifred und Friedelind Wagner, die gerade ihre Osterferien in Berlin verbrachten. Staunend blickten sie in der Empfangshalle auf die vielen Tische, die überhäuft waren mit Geschenken von Hitlers Verehrerinnen: zahllose gestickte und gemusterte Kissen, Decken, Stoffe, auf denen Hakenkreuze in allen nur denkbaren Variationen ins Auge stachen. Beim Mittagessen saß Winifred rechts neben Adolf Hitler. Und so wurde sie Zeugin, wie Hitler bei einem Wutanfall jede Kontrolle über sich verlor. Mit Schaum vor dem Mund, das Gesicht zu einer Fratze verzerrt, beschimpfte Hitler seinen Adjutanten. Friedelind fürchtete, der »Führer« sei wahnsinnig geworden. Sie warf ihrer Mutter einen besorgten Blick zu, aber Winifred saß da, als hörte sie nichts. Ganz ruhig blickte sie auf ihren Teller. Hitlers Anfall dauerte ungefähr zehn Minuten lang, dann sackte er keuchend und erschöpft zusammen. Niemand sagte etwas.[19]

Am nächsten Tag erhielt Winifred, die im Hotel Eden wohnte, ein Telegramm. Absender war der Dirigent Arturo Toscanini, der zum künstlerischen Stab der Festspiele gehörte. Er protestierte entschieden dagegen, wie die NSDAP mit jüdischen Künstlern umsprang, und kündigte an, seine Teilnahme an den Bayreuther Festspielen abzusagen. Winifred rief Hitler an, der zunächst beleidigt schien, dann aber doch ein Antworttelegramm an den Dirigenten schicken ließ, der in der ganzen Welt ein hohes Ansehen genoß. Hitler bat Toscanini, sich seine Absage noch einmal zu überlegen. Ein paar Tage später schickte er noch einen Brief hinterher, in dem er Toscanini versicherte, wie glücklich er sich schätzen würde, ihn in Bayreuth begrüßen zu dürfen. Aber Toscanini ließ sich nicht umstimmen, zumal in Deutschland inzwischen auch Bücher verbrannt wurden und erste Auftrittsverbote gegen jüdische Künstler ergingen. Am 9. Juni 1933 sagte Toscanini seine Teilnahme an den Bayreuther Festspielen endgültig ab.

Adolf Hitler machte in diesem Jahr die Festspiele von Bayreuth zu seiner ganz persönlichen Bühne. Seinen Aufmarsch auf dem Grünen Hügel beschrieb Friedelind Wagner so: »Gegen Mittag raste ein Wagen mit brüllenden SS-Männern durch die Straße, gefolgt vom Wagen des Führers, und dahinter kam ein Zug von vier oder fünf Wagen, ebenfalls dichtbesetzt mit SS-Männern, viele von ihnen auf den Trittbrettern stehend und wie Ameisen an die Karosserie angeklammert. Vor jeder Straßenecke schossen zwei dieser Wagen voraus und sperrten die Seitenstraße ab, bis der Führer-Wagen vorüber war, dann nahmen sie wieder ihren Platz im Zug ein. Während die Menge ›Heil Hitler‹ brüllte, raste der Wagen mit unglaublicher Geschwindigkeit weiter und fuhr in den Garten von Wahnfried ein; die Adjutanten sprangen heraus. Hitler besuchte uns das erste Mal, seit er ›arriviert‹ war.«[20]

Wie zehn Jahre zuvor besichtigte Hitler noch einmal die Bibliothek. Aber diesmal blieb er nicht ehrfürchtig und schweigend vor Wagners Schmetterlingssammlung stehen, sondern er hielt eine seiner typischen Reden. Er redete von der Macht, die er noch vergrößern und an der er zweiundzwanzig Jahre lang bleiben wollte. Nach diesem Auftritt im kleinen Kreis fuhr er weiter zum Festspielhaus. Wieder fuhren SS-Männer voraus, die sich dann seitlich postierten, während Hitler die Stufen zum Eingang hinauflief. Winifred führte ihn und seine Begleiter ins Fürstenzimmer, einen Salon, der einst für König Ludwig II. eingerichtet worden war. Dann wurde auf Winifreds Zeichen hin zur Bühne telefoniert, die Vorstellung konnte beginnen.

Friedelind Wagner war von Hitlers offiziellem Auftreten in Bayreuth längst nicht so beeindruckt wie ihre Mutter. »Es war das erste Mal, daß ich Hitler im Frack sah«, schrieb sie in ihren Erinnerungen, »er trug seinen Zylinder nicht mehr wie ein Schornsteinfeger im Genick, fühlte sich aber sichtlich unbehaglich in seiner neuen Eleganz. Mutter und die Familie waren voll des Lobes über sein Aussehen, doch ich bemerkte, daß der Frack schlecht gearbeitet war und daß der eine Aufschlag zwei Fingerbreit höher saß als der andere. Immerhin hatte sich sein Aussehen unzweifelhaft gebessert; seine Fingernägel waren manikürt und nicht mehr bis zur Haut abgeknabbert.«[21]

Nicht nur der Kritiker von der englischen Zeitung *Manchester Guardian* fand hinterher, er habe einem »Hitlerfestival« beigewohnt. Auch von den zweitausend Opernbesuchern ärgerten sich zumindest einige, daß sie eineinhalb Stunden lang auf den ersten Geigenstrich hatten warten müssen, so lange eben, bis der verspätet eintreffende »Führer« seinen Platz eingenommen hatte.

Für derlei Privilegien bedankte sich Hitler, indem er in den folgenden Jahren jede Neuinszenierung in Bayreuth mit 50 000 Reichsmark aus seinem Privatvermögen förderte. Wenn der Kartenverkauf einmal schlecht lief, ließ er die Restkarten vom Reich aufkaufen.[22]

Auch im Jahre 1934 zog er wieder lärmend in Bayreuth ein – kurz zuvor, am 30.6.1934, hatte er den sogenannten »Röhmputsch« niederschlagen und Dutzende von SA-Angehörigen ermorden lassen. Winifred bat ihre Bekannten, dieses heikle Thema bei Hitlers Besuch nicht zu berühren. Doch der kam von selber darauf zu sprechen und meinte beschwichtigend, es seien ja nur siebenundsiebzig Menschen hingerichtet worden. Darunter auch ein gewisser Willi Schmidt aus München. Bei ihm, räumte Hitler ein, habe es die SS »etwas eilig« gehabt, denn dieser Mann hatte mit der SA gar nichts zu tun. Aber es gebe so viele Willi Schmidts in München, da sei es eben »unvermeidlich«, auch einmal den Falschen zu treffen. Er habe jedoch sofort veranlaßt, daß die Witwe und ihre Kinder eine staatliche Pension erhielten.[23]

Friedelind Wagner, die als Kind so gerne Hitlers Abenteuergeschichten gelauscht hatte, hörte ihm mittlerweile nur noch fassungslos zu. Sie fand sein Auftreten »ekelhaft«, aber es gab niemanden in Bayreuth, der diese Auffassung teilte. Auch ihre Mutter nicht. Die sorgte immer noch voller Freude dafür, daß Hitler sich bei den Festspielen ein wenig von seiner anstrengenden Arbeit erholen konnte. Nach den Aufführungen saß sie oft bis vier Uhr morgens mit Hitler vor dem Kamin, wo auf seinen ausdrücklichen Wunsch hin immer ein Feuer brannte, auch bei großer Hitze. Er legte die Holzscheite nach, stocherte in der Asche und erzählte von seinen politischen Visionen.

Zum fünfzigsten Geburtstag von Adolf Hitler, im Jahre 1939, ließ sich Winifred ein ganz besonderes Geschenk für ihn einfallen, das ihm dann im Namen des Verbandes der Deutschen Industrie überreicht wurde: Originalpartituren von Richard Wagner. Der Komponist hatte die Blätter einst dem bayerischen König Ludwig II. geschenkt. Später wanderten sie in den sogenannten »Wittelsbacher Ausgleichsfonds«, aus dem die deutsche Wirtschaft sie nun für eine Million Reichsmark herauskaufte. Die Partituren wurden in eine hübsche Kassette gelegt und Hitler in der Reichskanzlei überreicht.

Später wollte Winifred ihren Freund überreden, die wertvollen Dokumente dem Richard-Wagner-Archiv in Bayreuth zu überlassen. Doch Hitler weigerte sich. Es bedeute ihm sehr viel, erklärte er Winifred, die Handschriften des Komponisten in seiner Nähe zu haben. Erst Jahre später ließ er sich umstimmen, nachdem Winifreds Sohn Wolfgang in Polen schwer verwundet worden war. Hitler besuchte Wolfgang Wagner im Lazarett und versprach ihm, er könne die Partituren abholen. Doch es kam nicht mehr dazu. Nach Kriegsende blieben die Partituren verschollen.

Das Verhältnis zwischen Winifred und ihrer Tochter Friedelind wurde immer angespannter, je länger sich Hitler an der Macht befand. Der Krieg, den Hitler verschuldete, gab Friedelind schließlich den letzten Anstoß, Deutschland zu verlassen. Sie wandte sich an Arturo Toscanini, der ihr dabei half, zunächst in die Schweiz zu emigrieren. Winifred versuchte, ihre Tochter zurück nach Berlin zu holen. Sie reiste ihr nach Zürich hinterher, wo es im Februar 1940 zu einem letzten Treffen kam. Dort überschüttete Winifred ihre Tochter mit Vorwürfen und beschuldigte sie, im Dienst des »internationalen Judentums« zu stehen. »Du bist wahnsinnig, Mausi«, brüllte sie ihre Tochter an, »und durch und durch egoistisch. Du denkst auch nicht einen Augenblick an das Unglück, das du deiner Familie zufügst.« Winifred verlangte von ihrer Tochter, sofort nach Deutschland zurückzukehren, wo sie »an einem sicheren Ort hinter Schloß und Riegel« gehalten werden sollte. Falls sie sich weigern sollte, würde der Befehl erteilt, daß sie »bei der ersten Gelegenheit vertilgt und ausgerottet« würde.

Friedelind war entsetzt. Was sie da von ihrer Mutter hörte, das war die Sprache der Nazis. Aber sie dachte gar nicht daran, sich einschüchtern zu lassen. »Seit langem habe ich bereits ein Visum nach England«, erklärte sie ihrer Mutter, »und von dort gehe ich nach Amerika. Es ist alles geregelt.«

»Wie kannst du, eine Deutsche, in ein feindliches Land reisen?« fragte Winifred. Sie schnappte nach Luft, stammelte hilflos: »Der Führer ... der Führer ... was soll ich ihm sagen?«[24]

Das war Friedelind ziemlich egal. Ihr Entschluß stand fest, auch wenn sie damit zum schwarzen Schaf in der Familie wurde. Denn außer ihr dachte keiner aus der Wagner-Dynastie daran zu emigrieren.

Im Juli 1940 besuchte Adolf Hitler die Festspiele in Bayreuth zum letzten Mal. Danach kam er nicht mehr dazu, obwohl die Festspiele auch während des Krieges stattfanden. Sie hießen jetzt eben »Kriegsfestspiele«. Die künstlerischen Mitarbeiter wurden eigens dafür freigestellt. Das Publikum waren keine Opernfreunde in Frack und Abendkleid mehr, sondern jetzt humpelten Verwundete auf den Grünen Hügel, und Krankenschwestern schoben Kriegsinvalide in ihren Rollstühlen vor sich her. Noch 1942, als in Auschwitz die Häftlinge in Zwangsarbeiter und Todeskandidaten eingeteilt wurden, schrieb Winifred Wagner an Hitler: »Die Tatsache, daß auch in diesem Sommer das Festspielhaus auf Deinen Befehl hin seine Pforten wieder öffnen kann, erfüllt uns mit Stolz und Dankbarkeit.«[25] Die letzte Aufführung der »Kriegsfestspiele« fand im August 1944 statt. Im Frühjahr 1945 rollten dann alliierte Panzer durch Bayreuth, amerikanische Soldaten eroberten die »Gralsburg«.

Winifred Wagner wurde von den Alliierten als »belastet« eingestuft, sie zählte für die Ankläger der Spruchkammer zu den »frühesten und standhaftesten Unterstützern Adolf Hitlers«. Allerdings konnte sie im Sommer 1947 bei ihrer Verhandlung nachweisen, daß sie nicht nur Hitler unterstützt, sondern auch Menschen vor dem Konzentrationslager bewahrt hatte. Deshalb wurde sie 1948 in zweiter Instanz als »minderbelastet« eingestuft und zu einer Geldstrafe verurteilt: Sie mußte 60000 Mark in einen Wiedergutmachungsfonds einzahlen. Das Bühnenhaus wurde bis 1951 von einem Treuhänder verwaltet. Dann wurde es an die Familie zurückgegeben, nachdem Winifred Wagner auf die Leitung der Festspiele verzichtet hatte – zugunsten ihrer Söhne Wieland und Wolfgang.

Bis zum Jahre 1957 lebte Winifred Wagner zurückgezogen in einem kleinen Haus im Fichtelgebirge. Danach zog sie wieder in den »Siegfriedflügel« des Hauses »Wahnfried«. Dreißig Jahre lang gab sie nach Kriegsende keine Interviews, bis sie sich 1975 vor Syberbergs Kamera äußerte. Sie starb im Alter von 82 Jahren am 5. März 1980 in Überlingen am Bodensee.

Ihr Sohn Wolfgang Wagner erklärte nach ihrem Tod: »Winifred Wagner und Adolf Hitler – das ist etwas von eigener Art ... Meine Mutter machte nie einen Hehl daraus, daß sie sofort von seiner Persönlichkeit fasziniert war und daß dies der Beginn einer lebenslangen Freundschaft gewesen ist. Seltsam und paradox, daß meine Mutter, die als geborene Engländerin demokratisch dachte und in keiner Weise autoritätsgläubig war, einem Diktator aufsaß ... Hitler – das war für sie in erster Linie und vor allem anderen die Privatperson, mit der sie sich gut verstand, der sie sich freundschaftlich verbunden fühlte und der sie immer und überall bis ans Ende die ›Nibelungen-Treue‹ hielt ...«[26]

VI.
Henriette Hoffmann
Fast wie eine Tochter

Henriette Hoffmann war gerade acht Jahre alt, als ihr Adolf Hitler zum ersten Mal begegnete. Sie traf ihn 1921 in einem Münchener Café, in dem hauptsächlich Künstler und Literaten verkehrten. Eine Weile saß Hitler fast jeden Tag dort auf einer Plüschbank, las Zeitung oder sah den anderen Gästen beim Schachspielen zu und beim Billardspiel. Wahrscheinlich entwickelte er an diesem Ort auch einen großen Teil seiner politischen Visionen.

Der Name dieses Cafés in der Schellingstraße 33 schien dafür jedenfalls so passend wie kein anderer: »Café Größenwahn«.

Der Vater von Henriette, der Fotograf Heinrich Hoffmann, hatte genau über dem Café Größenwahn sein Atelier, das er von dem Maler Franz Marc übernommen hatte. Hoffmann, ein lebenslustiger, rundlicher Kerl mit roter Alkoholnase, saß ebenso wie Hitler regelmäßig im »Größenwahn«. Seine Tochter schaute dort ab und zu bei ihm vorbei, brachte ihm ein Telegramm oder eine Botschaft oder achtete womöglich auch nur darauf, daß er nicht gar zuviel Bier trank. Folglich kam sie ein paarmal an Hitlers Tisch vorbei, der ihr zunächst gar nicht besonders auffiel.

Das änderte sich, nachdem Hitler zum ersten Mal die Wohnung seines Parteigenossen Hoffmann betrat. Henriette gab ihm die Hand, und ihr Vater forderte sie auf: »Mach einen Knicks.«[1] Henriette gehorchte. Mit diesem Knicks begann eine ziemlich sonderbare Beziehung zwischen den beiden, die noch viele Jahre andauern sollte.

Die Hoffmanns waren eine alte hessische Fotografenfamilie. Henriettes Großvater hatte einen der ersten Fotoapparate besessen, ein schweres Monstrum. Immerhin brachte er es damit zum Hoffotografen am bayerischen Königshof. Er schoß Porträts vom Prinzregenten Luitpold von Bayern und auch von dessen Sohn, König Ludwig III., dem letzten bayerischen König.

Henriettes Vater Heinrich begann seine Karriere 1905 als Sensationsfotograf: Er schlich durch den Park des Schlosses Fürstenberg in Donaueschingen – dabei gelang ihm eine Aufnahme von Wilhelm II. und einem seiner Jagdgäste, dem Zaren Nikolaus II. Daneben machte der Fotoreporter auch Porträtaufnahmen von Prominenten wie dem Operntenor Enrico Caruso und dem Dichter Joachim Ringelnatz. Im Jahre 1920 trat Heinrich Hoffmann in die NSDAP ein. Anfangs zierte sich Hitler noch, sich fotografieren zu lassen – er fürchtete, die Polizei könnte die Fotos für Fahndungszwecke verwenden. Deshalb hetzte er im Torbogen der ersten Parteigeschäftsstelle schon mal seine Begleiter auf Hoffmann, die ihm die Platte abnahmen. Später allerdings erwählte Hitler ihn zu seinem Leibfotografen, der nach Kräften mithalf, ein geschöntes Bild des »Führers« in die Welt zu tragen.[2]

Etwa drei bis vier Jahre nach Hitlers erstem Besuch bei den Hoffmanns klingelte es erneut an der Tür. Henriette öffnete, machte einen Knicks und bat Hitler herein. Sie sagte ihm, ihr Vater schlafe gerade, aber das schien Hitler nicht zu stören. Heinrich Hoffmann war zu dieser Zeit mit Illustriertenbeilagen beschäftigt, er mußte sehr früh aufstehen und gönnte sich deshalb täglich einen Mittagsschlaf. Hitler wollte warten, bis er aufwachte. Er ging an den Arbeitstisch und betrachtete neugierig die Fotos, die dort lagen. Henriette zog sich derweil ins Nebenzimmer zurück, wo sie am Klavier üben sollte. Als Hitler ihr folgte, sagte sie zu ihm: »Klavierspielen ist einfach das Langweiligste auf der Welt.« – »Das darfst du nie mehr sagen«[3], erwiderte er und sah Henriette durchdringend an. Er nahm einen Hocker, schob ihn ans Klavier, setzte sich neben Henriette. Dann fing er an zu spielen, die »Annenpolka« von Johann Strauß. Henriette gefiel die Melodie, sie stand auf und wollte dazu tanzen. Doch Hitler sagte zu ihr: »Du mußt zuhören.« Danach erzählte er ihr die Geschichte der Nibelungen, die Sage vom Schatz am Grunde des Rheins, von den Rheintöchtern und vom Zwergenkönig Alberich. Henriette fand die Geschichten, die Hitler erzählte, wundervoll. Schließlich fragte er sie: »Was kennst du an Musik?«

Den ganzen Winter über verbrachten Hitler und Henriette immer wieder einen Nachmittag zusammen. Als das Mädchen zwölf war, nahm Hitler sie sogar mit nach Bayreuth. Kein Wunder, daß Henriette begeistert war, denn: »Hitler spielte mir gegenüber nie eine Vaterrolle. Er behandelte mich wie einen Kameraden, absolut gleichwertig und überhaupt nicht überheblich – nie mit erhobenem Zeigefinger.« So charakterisierte sie die Rolle Hitlers in ihren Memoiren.

Hitler wurde der wichtigste Mann in Henriettes Leben, im Leben eines Kindes, das so gerne schon Frau sein wollte. Sie sah zu ihm auf, bewunderte und verehrte ihn. Und Hitler hatte mit Henriette einen kleinen Menschen vor sich, in dessen Gegenwart er sich überlegen fühlte, den er formen und erziehen konnte. Hier stand er nicht schüchtern und scheu herum wie bei den anderen Frauen, sondern er konnte dominieren, und das tat er sehr geschickt, denn das Mädchen merkte es nicht.

Was für ein verklemmtes Verhältnis Hitler dagegen zu erwachsenen Frauen hatte, erlebte die etwa zwölf Jahre alte Henriette an einem Silvesterabend. Da gab ihr Vater eine Party, zu der er zahlreiche hübsche Mädchen einlud, Modelle, die er für seine Illustriertenbeilagen fotografiert hatte. Die Mädchen trugen freche Kurzhaarschnitte, sie hielten lange Zigarettenspitzen zwischen den Fingern, und sie brachten Schallplatten mit, auf denen die neuesten Revuelieder zu hören waren. Henriette legte die Platten auf ein blaues Koffergrammophon, das sie mit einer Kurbel aufzog. Die Wohnung war mit Ilexsträußen geschmückt. Im Türrahmen zwischen zwei Zimmern hing ein großer Busch wilder Misteln, deren Beeren weißlich schimmerten.

Zu dem Fest war auch Adolf Hitler eingeladen. Er schlenderte durch die geschmückten Räume und schaute sich um. Genau unter dem Mistelbusch blieb er stehen. Außer ihm wußten alle auf dieser Party, was es mit dem Busch auf sich hatte. Alle kannten den Brauch, wonach man denjenigen küssen darf, der unter den Misteln stehenbleibt.

Prompt stürzte eines der Mädchen auf Hitler zu, es war Else, »eines der schönsten Mädchen mit einem Kleid mit goldenen Fransen und den ersten Seidenstrümpfen«.[4] Sie umarmte Hitler und gab ihm einen zarten Kuß auf den Mund. Daraufhin wurden Hitlers Lippen noch etwas schmaler als sonst. Ohne ein Wort zu sagen, drehte er sich um, riß seinen Trenchcoat vom Kleiderhaken, setzte den schwarzen Hut auf. Sekunden später verschwand Adolf Hitler grußlos in der Nacht.

Mit Henriette aber war er nach wie vor gerne zusammen. Er korrigierte ihre Schulaufgaben, gab ihr Zeichenunterricht, besuchte mit ihr die Museen in München. Doch nicht nur in »geistiger«, auch in sportlicher Hinsicht kümmerte sich Hitler mehr und intensiver um Henriette, als es ihrem Vater jemals in den Sinn gekommen wäre. Nicht Heinrich Hoffmann, sondern Adolf Hitler schenkte dem Mädchen seine ersten Skier und zur Firmung einen Tennisschläger. Hitler dachte sich Turnübungen für Henriette aus, die er ihr in der Wohnung ihres Vaters zeigte. Während das Mädchen die Übungen wiederholte, sah Hitler ihr aufmerksam zu.

Meistens kam Hitler zu Henriette nach Schwabing. Doch gelegentlich besuchten sie und ihr Vater ihn auch in seiner Wohnung in der Thierschstraße. Einen solchen Besuch beschrieb Henriette in ihren Lebenserinnerungen so: »Damals kamen wir nach einem Regensturm im offenen Wagen an. Das Auto durfte nie geschlossen werden, und so nahm Hitler meinen Vater und mich mit hinauf in sein Zimmer. Er gab mir ein Handtuch, damit ich meine langen, nassen Haare trockenrubbeln konnte. An einer leeren Schreibtischecke bereitete er Tee. Er hatte eine alte, weißblaue Teekanne. Tassen aus verschiedenen, sicher längst verschollenen Servicen. Alles war sehr primitiv, und doch wärmte er die Kanne an und benahm sich feierlich wie ein japanischer Teemeister. Aus einer Blechdose holte er Zwieback, und der Tee war dunkel und duftend.«[5]

Henriette erlebte Hitler aus nächster Nähe, und er war für sie vier Jahre lang eine der wichtigsten Bezugspersonen.

Als ihre Mutter starb, war er es – nicht etwa Henriettes Vater –, der die Fünfzehnjährige darüber unterrichtete. Und welches Interesse verfolgte Hitler, indem er sich so intensiv mit dem minderjährigen Mädchen beschäftigte? »Es gibt nichts Schöneres als einen Menschen zu erziehen«[6], lautete einer seiner Lieblingssätze. Und das gelang ihm bei Henriette Hoffmann vortrefflich. Bereits in jungen Jahren, einer wichtigen Phase ihres Lebens, wurde sie von der Naziideologie geprägt. Ob Hitler in bezug auf das Mädchen auch sexuelle Ziele verfolgte, sei dahingestellt. Zumindest erzählte sie von derartigen Absichten des »Herrn Hitler«. Eine solche Szene habe sich nach einer Abendgesellschaft im Hause Hoffmann abgespielt, nachdem die Gäste einschließlich ihres Vaters die Wohnung verlassen hatten und sie allein zu Hause war. Wenig später habe es geklingelt. Es war Hitler, der seine Peitsche vergessen hatte: »Ja, da hing sie am Garderobenhaken, die kurze, lederne Peitsche, die gleichzeitig Hundeleine war … Herr Hitler trug den englischen Trenchcoat und hielt seinen grauen Veloursbut in der Hand. Und nun sagte er etwas, das gar nicht zu ihm paßte, und er sagte es ganz ernst: ›Wollen Sie mich nicht küssen?‹ Er sagte Sie. Was für eine Vorstellung: Herrn Hitler küssen!« Das Mädchen war wie vom Donner gerührt und sagte: »Nein, bitte, wirklich nicht, Herr Hitler, es ist mir unmöglich.«[7]

Hitler schwieg. Er klopfte mit der Peitsche gegen seine Handfläche und schwieg. Dann drehte er sich um und ging die Treppe hinunter. Als Henriette dem heimkeh-

Henriette Hoffmann und Baldur von Schirach, Hochzeitsfoto

renden Vater von dem Vorfall berichtete, kanzelte dieser sie ab mit den Worten: »Du bildest Dir wohl Schwachheiten ein. Und nun marsch ins Bett!«

Hitler kam weiterhin zu Besuch, und Henriette ließ sich von ihm erziehen. Als Hitler dann häufiger zu politischen Veranstaltungen durch Deutschland reiste, da sorgte er dafür, daß Henriette zum Begleittroß gehörte. Sie fuhr im Wagen ihres Vaters mit nach Nürnberg und nach Weimar und in all die anderen Städte, in denen Hitler auftrat. Mit neunzehn Jahren trat sie der NSDAP bei.

Hitler durfte Henriette nie küssen, aber er durfte ihr wenigstens den Mann aussuchen, den sie später heiratete. Sie war nicht das einzige Mädchen in seinem Umfeld, auf das er ein Auge geworfen hatte und das er dann mit einem Mann aus der Partei verkuppelte, den er für eine gute Partie hielt. Henriette brachte er mit Baldur von Schirach zusammen, der nach Hitlers Auffassung gleich drei Vorzüge in sich vereinigte: Er stammte aus einem Adelsgeschlecht, war wohlhabend und vor allem ein fanatischer Anhänger der Partei. Hitler trat selbstverständlich als Trauzeuge auf, als Henriette Hoffmann und Baldur von Schirach 1932 in München heirateten. Im Jahr darauf machte Hitler dem Bräutigam ein verspätetes Hochzeitsgeschenk, ernannte ihn zum »Jugendführer des Deutschen Reiches«. Im Jahre 1940 stieg von Schirach dann auf zum Gauleiter und Reichsstatthalter von Wien, dessen schmutzigste Aufgabe darin bestand, alle jüdischen Einwohner der Stadt zu vertreiben oder sie in ein Konzentrationslager zu schicken.

Henriette residierte mit ihrem Mann in verschiedenen Schlössern, führte ein Leben wie eine Märchenprinzessin – prunkvoll, luxuriös –, ein gekünsteltes Dasein inmitten des Schreckens. Hin und wieder besuchte sie Hitler auf dem Obersalzberg, wo es nicht weniger gekünstelt zuging. Hitler unterhielt sich immer noch gerne mit ihr. Und sie durfte sogar ungestraft Themen ansprechen, über die andere lieber schwiegen. So legte sie beim »Führer« ein gutes Wort für die moderne Kunst ein, oder sie warnte ihn davor, die Klöster in Österreich zu schließen. Hitler reagierte dann nicht, wie sonst so häufig, mit einem Wutausbruch, sondern er nannte Henriette nur scherzhaft »Kassandra«. Dabei ließen es dann beide bewenden.

Henriette hätte wohl gegen das Morden protestiert, aber sie bekam, wie so viele andere auch, lange Zeit nichts davon mit. In ihren Residenzen ahnte sie angeblich nicht, was den Juden in Wien alles widerfuhr, obwohl ihr Mann derjenige war, der die Befehle für ihre Vertreibung erteilte. Zumindest hat sie das später behauptet. Erst im Jahre 1943 bemerkte Henriette durch einen Zufall, welche

Henriette von Schirach mit ihren Kindern Klaus und Angelika

Grausamkeiten ihr Freund und Lehrmeister Adolf Hitler zuließ.

Im April dieses Jahres unternahm sie eine Reise nach Holland, das von den Deutschen besetzt war. Eines Nachts in ihrem Hotel wachte sie plötzlich auf. Sie hörte Geräusche von draußen. Laute Stimmen, Männerstimmen, die Befehle brüllten, und Frauenstimmen, die sehr verzweifelt klangen. Henriette stürzte ans Fenster und schaute hinaus. Ihre Augen brauchten einige Sekunden, um in der Dunkelheit zu erkennen, was sich unten auf der Straße abspielte. Da standen Hunderte von Frauen mit ihren Kindern und hielten ein paar armselige Kleiderbündel in ihren Händen. Männer in Uniformen liefen auf und ab, sie trieben die Frauen und Kinder in Richtung der Bahngleise. Dann hörte Henriette aus der Ferne eine schneidende Kommandostimme: »Arier zurückbleiben!«[8] Die Lokomotive pfiff einen langgezogenen schrillen Ton. Der Zug setzte sich langsam in Bewegung, fuhr über eine Brücke hinaus in die Dunkelheit.

Am nächsten Morgen erkundigte sich Henriette beim Hotelpersonal, was es denn mit diesem geheimnisvollen Aufmarsch auf sich gehabt habe. Aber niemand wollte etwas dazu sagen, nicht der Portier, nicht der Nachtkellner. Erst ein Freund, der Henriette an diesem Morgen abholte, klärte sie auf: »Das war ein Abtransport von Jüdinnen. Die Frauen kommen in ein Frauenlager, die Männer in ein Männerlager.«

»Und die Kinder?« fragte Henriette.

Der Freund zuckte mit den Schultern.

»Tun das die Deutschen?«

»Wer sonst.«

»Weiß Hitler das?«

»Du kannst es ihm ja erzählen, wenn er es nicht weiß.«[9]

Genau das nahm Henriette von Schirach sich auch vor. Sie sah sich als Frau ohne jedes Amt, aber auch als eine Frau, die mit Hitler befreundet war. Sie wollte ihn auf diesen Transport ansprechen, obwohl sie wußte, daß bei Hitler alle Gesprächsthemen tabu waren, die mit Juden zusammenhingen. Kurz nach ihrer Rückkehr aus Holland fuhr sie gemeinsam mit ihrem Mann auf den Obersalzberg.

Am Karfreitag des Jahres 1943 sprach sie mit Hitler. Und zum ersten Mal seit zweiundzwanzig Jahren geriet sie mit ihm in Streit. Der Wortlaut jenes Gesprächs ist in ihren Memoiren aufgezeichnet:

»Sie kommen aus Holland?« wollte Hitler von ihr wissen.

Und sie antwortete: »Ja, deshalb bin ich hier, ich wollte Sie sprechen, ich habe schreckliche Dinge gesehen, ich kann nicht glauben, daß Sie es wollen ...«

»Es ist Krieg.«

»Aber es waren Frauen«, sagte sie, »ich sah, wie ein Trupp von Frauen, ich sah, wie arme, hilflose Frauen weggeführt wurden, abtransportiert in ein Lager. Ich glaube nicht, daß sie zurückkommen werden, man hat ihnen ihr Eigentum weggenommen, ihre Familien gibt es nicht mehr ...«

Hitler schrie sie an: »Sie sind sentimental, Frau von Schirach! Was gehen Sie die Jüdinnen in Holland an!« Und weiter erinnerte sich Henriette von Schirach: »Da ich aufgesprungen war, ergriff er meine Handgelenke und umspannte sie mit beiden Händen – wie früher, wenn er wollte, daß ich mich auf ihn konzentrierte. Dann ließ er mich los und bildete mit seinen Händen zwei Schalen, die er, während er laut und eindringlich auf mich einsprach, wie eine Waage auf und ab bewegte: ›Jeden Tag fallen

Zehntausende meiner kostbarsten Männer, Männer, die es nie wieder gibt, die Besten. Die Balance stimmt dann nicht mehr, das Gleichgewicht in Europa stimmt nicht mehr. Denn die anderen fallen nicht. Sie leben, die in den Lagern, die Minderwertigen leben, und wie schaut es dann in Europa in hundert Jahren aus? In tausend? Ich bin nur meinem Volk verpflichtet, niemand sonst. Sollen Sie mich vor der Welt zum Bluthund machen, wenn der Bolschewismus siegt. Was schert mich das, ich lege keinen Wert auf Nachruhm!‹«

Hitler sah sie an mit diesem starren, durchdringenden Blick, der für ihn so typisch war. Dann sagte er die letzten beiden Sätze, die Henriette von ihm persönlich hören sollte: »Sie müssen hassen lernen. Ich mußte es auch.«

Jetzt erwiderte Henriette seinen Blick. Hitler hatte ihr einmal erzählt, man müsse einem Menschen direkt in die Pupillen sehen, wenn man ihn bezwingen wolle. Jetzt blickte sie in seine Pupillen. Und ganz leise, so, daß nur Hitler es hören konnte, flüsterte sie: »Ich gehöre nicht mehr an Ihren Tisch.«[10] Mit diesen Worten stürmte sie aus der Halle.

Henriette von Schirach war bei ihrem Gespräch mit Hitler nicht allein mit ihm. Um den Kamin waren siebzehn Männer versammelt, von denen keiner aufsprang, um Partei für sie zu ergreifen. »Hitler war eingekreist, was hätte er tun können«, schrieb Henriette, »aber die Männer sahen krampfhaft ins Feuer oder zu Boden.«

Diese von Henriette von Schirach geschilderte Szene, in der sie heroisch wagte, Kritik an der Judenverfolgung zu äußern, sollte später relativiert werden. In einem Interview, das Jochen von Lang mit den Schirachs führte, stellte sich heraus, daß »nur die Form des Abtransportes sie empört hatte, das Treibergeschrei der Polizisten, ihre

Fußtritte für die Langsamen, das Jammern der Gequälten. Der Vorgang widersprach ihrer Überzeugung, daß die Deutschen zwar streng, aber gerecht mit den Juden verführen.«[11]

Auch die angebliche Verbannung des Ehepaares von Schirach entsprach nicht den Tatsachen, denn bereits Ende Juni 1943 speiste Baldur von Schirach wieder auf dem Obersalzberg und vermittelte ein Treffen zwischen Hitler und dem norwegischen Dichter Knut Hamsun.[12]

Auf der anderen Seite haben mehrere Zeitzeugen bestätigt, darunter Hitlers Sekretärin Christa Schroeder, daß es zu einer ernsthaften Auseindersetzung zwischen Henriette und Hitler gekommen sei, die den »Führer« sichtlich verstimmte.[13] Und Joseph Goebbels schrieb über den Vorfall in sein Tagebuch, Henriette habe sich benommen wie eine »dumme Pute«.[14] Natürlich wurde Henriette von Schirach später zu Recht vorgeworfen, sie hätte ihre Augen ein klein wenig früher öffnen und wahrnehmen können, was um sie herum vorging. Und es erscheint nur schwer vorstellbar, daß sie so gar keine Ahnung von den menschenverachtenden Befehlen ihres Mannes hatte. Nein, Henriette von Schirach blieb bis zuletzt eine unbelehrbare Anhängerin Hitlers.[15] Bereits in ihrer frühen Jugend wurde sie von der Welt der Nationalsozialisten geprägt: In ihrem Elternhaus traf sich regelmäßig der engste Kreis um Hitler, und sie war gerade mal acht Jahre alt, als Hitler in ihr Leben trat und versuchte, dieses Leben nach seinen Vorstellungen zurechtzubiegen.

Henriette von Schirach ließ sich im Oktober 1950 von ihrem Ehemann scheiden, der zu den zweiundzwanzig Männern gehörte, die vor dem Internationalen Gerichtshof in Nürnberg als Hauptkriegsverbrecher angeklagt wurden. Baldur von Schirach wurde zu zwanzig Jahren Zuchthaus verurteilt, die er auch bis zum letzten Tag im Kriegsverbrechergefängnis in Berlin-Spandau absaß. Henriettes Vater Heinrich Hoffmann wurde im Dezember 1945 von einer Spruchkammer der Alliierten zu zehn Jahren Arbeitslager verurteilt, außerdem wurde sein beträchtliches Vermögen beschlagnahmt.

Henriette von Schirach selbst wurde von den Alliierten als »minderbelastet« eingestuft. Außer ihrer Parteimitgliedschaft und ihrer Ehe mit Baldur von Schirach konnte ihr nichts Belastendes nachgewiesen werden. Sie wurde zu einer Sühnestrafe in Höhe von zweitausend Mark verurteilt.

Nach dem Zweiten Weltkrieg arbeitete sie unter anderem als Werbeberaterin für den Film- und Theaterregisseur Eric Charell, der sich in den zwanziger Jahren in Berlin mit großen Shows einen Namen gemacht hatte, den sogenannten Ausstattungsrevuen. Im Jahre 1956 brachte Henriette von Schirach unter dem Titel »Der Preis der Herrlichkeit« ein Buch mit ihren Lebenserinnerungen heraus, das in der Öffentlichkeit mir viel Skepsis aufgenommen wurde.

Sie starb im Alter von 78 Jahren am 27. Januar 1992.

VII.
Maria Reiter
Enttäuschte Gefühle

Maria Reiter und ihre Schwester Anni rannten zur Ladentür und schauten hinaus auf die Maximilianstraße in Berchtesgaden. Die beiden Mädchen kicherten aufgeregt. Noch nie hatten sie einen richtig berühmten Menschen gesehen, aber jetzt war einer im Hotel Deutsches Haus abgestiegen, in jenem Hotel, dessen Zimmer direkt über ihrem Geschäft für Modewaren lagen. Die Schwestern lugten hinüber zum Hoteleingang, und da sahen sie ihn auch schon: Etwas kleiner und unauffälliger, als sie ihn sich vorgestellt hatten, mit einem hellen Hut auf dem Kopf und einer Reitpeitsche in der Hand. Er trug eine Windjacke, um die er einen Ledergürtel geschnallt hatte, dazu kurze Breeches, die so ähnlich wie Reithosen aussahen, und hellgraue Wollstrümpfe. Was der sechzehn Jahre alten Maria jedoch am stärksten und angenehmsten an diesem Adolf Hitler auffiel, war etwas ganz anderes: sein Hund. Ein deutscher Schäferhund, der folgsam neben seinem Herrn herlief. Maria war beeindruckt von diesem Hund, sie fand ihn wunderschön.[1]

In diesen Tagen, Ende September 1926, machte Maria

gerade eine schwere Zeit durch. Zwei Wochen zuvor war ihre Mutter an Kehlkopfkrebs gestorben. Maria hatte bis Ende 1925 eine Klosterschule der Englischen Fräulein besucht, in dem oberbayerischen Wallfahrtsort Altötting. Nachdem die Mutter erkrankt war, hatte der Vater Maria zurück nach Berchtesgaden geholt. Ihre ältere Schwester Anni führte das Modegeschäft ihrer Mutter weiter, und Maria sollte ihr beim Verkauf helfen.

Marias Vater hatte vor Jahren den Ortsverein der SPD in Berchtesgaden mitbegründet. Er hielt nicht viel von diesem marktschreierischen Politiker, den plötzlich alle unbedingt sehen wollten. Sogar seine eigenen Töchter.

Ein paar Tage nach Hitlers Ankunft gingen Maria und Anni im nahen Kurpark spazieren. Sie führten Marco aus, ihren eigenen Schäferhund. Der rannte plötzlich los, er hatte einen Artgenossen entdeckt, mit dem er spielen wollte. Die beiden Schwestern rannten hinterher. Und als sie ihren Hund eingeholt hatten, da standen sie vor Adolf Hitler.

Die drei kamen ins Gespräch, wie es unter Hundehaltern so üblich ist. Hitler tätschelte Marco und verriet den Namen seines eigenen Hundes: Prinz. Maria und Anni lächelten. Sie fühlten sich geschmeichelt, daß so ein prominenter Politiker sich mit ihnen über Schäferhunde unterhielt.

Zwei Tage später erschien Hitler im Laden der Schwestern. Nicht alleine, sondern in Begleitung von Max Amann. Der Vizefeldwebel aus dem Ersten Weltkrieg leitete inzwischen den parteieigenen Verlag. Amann plauderte mit Anni, Hitler wandte sich der blonden Maria zu. Er lud sie zu einem Spaziergang ein. Maria wäre gerne mitgegangen, aber ihre Schwester protestierte, denn immerhin gab es da einen beträchtlichen Altersunterschied: Hitler war siebenunddreißig, Maria sechzehn Jahre alt.[2] Daraufhin lachte Hitler schallend und verließ das Geschäft. Offensichtlich ging ihm Maria, die mit kindlicher Begeisterung an seinen Lippen hing, nicht mehr aus dem Kopf, denn wie sein Vater bevorzugte auch er Frauen, die erheblich jünger waren als er und die er besser dominieren konnte. Später sollte sich dasselbe Muster in den Beziehungen zu Geli Raubal und Eva Braun wiederholen.[3] Schon am Nachmittag desselben Tages startete Hitler einen neuen Versuch, Maria näherzukommen.

Und wieder schickte er Max Amann vor. Der betrat zum zweiten Mal an diesem Tag das Geschäft, aber jetzt kam er nicht einfach so, sondern in offizieller Mission. Er lud Anni und Maria für den Abend zu einer Parteiversammlung ein, zu der eigentlich nur Mitglieder der NSDAP Zutritt hatten. Die beiden Mädchen fanden das spannend. Sie überlegten nicht lange und sagten zu.

Der Auftritt der beiden sorgte für Aufsehen. Im Versammlungslokal hockten rund vierzig Nationalsozialisten an den Biertischen, jeder von ihnen kannte die Reiter-Töchter und ihren Vater. Jeder wußte, dieser Vater war einer der führenden Sozialdemokraten im Ort. Natürlich ging ein Raunen durch den Saal, fast alle reckten ihre Hälse und grinsten. Für Anni und Maria war ein Tisch reserviert, an den sie sich setzten, während Hitler bereits oben auf dem Podium stand. Als er die beiden sah, eilte er an den Tisch, verbeugte sich erst vor Anni, dann vor Maria. Und so laut, daß jeder es hören konnte, sagte er zu ihr: »Ich kann Ihnen überhaupt nicht sagen, wie ich mich freue, daß Sie hierhergekommen sind.«[4] Maria wurde verlegen. Alle sahen jetzt zu ihr her, es kam ihr vor, als ginge es Hitler nicht um Politik, sondern alleine darum, sie zu erobern. Für sie alleine schien diese Versammlung stattzufinden, für Maria Reiter, ein einfaches blondes Mädchen vom Lande.

Während seiner Rede schaute Hitler immer wieder zu Maria hin, ihr war, als würde er sie geradezu fixieren. Das war ihr furchtbar unangenehm. Sie schämte sich, wäre am liebsten unsichtbar gewesen, aber zugleich war sie auch stolz. Denn dieser berühmte Mann da vorne behandelte sie in diesem Moment wie eine erwachsene Frau.[5]

Nach dem offiziellen Ende der Versammlung trat Hitler wieder zu Maria an den Tisch. Er bat sie, noch ein wenig zu bleiben, lud sie ein zu Kaffee und Kuchen, die in einem Nebenzimmer serviert wurden. Dabei erzählte er ihr, was er schon der greisen Carola Hofmann und vielen anderen Frauen weisgemacht hatte – daß sie nämlich wunderschöne Augen habe, die gleichen Augen wie seine Mutter. Maria gefiel das. Dann schilderte Hitler mit einem gequälten Unterton in der Stimme, wie seine Mutter an Brustkrebs gestorben war. Und Maria konnte so gut mitfühlen mit diesem Mann, der das gleiche durchgemacht hatte wie sie selbst. Als Hitler sie schließlich fragte, ob er sie ans Grab ihrer Mutter begleiten dürfe, da durchströmte Maria ein wunderbares, ein ganz warmes Gefühl.

Noch am selben Abend lernte sie allerdings einen weniger charmanten Adolf Hitler kennen, einen Hitler, der ihr das Blut in den Adern gefrieren ließ. Maria und Anni wollten noch eine Bekannte besuchen, und sie erlaubten Hitler und Amann, sie zu begleiten. Unterwegs ging Hitlers Hund auf den der Mädchen los. Daraufhin hob Hitler seine Peitsche und schlug zu. Einmal, zweimal, dreimal, immer und immer wieder, wie ein Wahnsinniger. Er schlug und trat diesen Hund, wie auch sein Vater geschlagen und getreten hatte. Das Tier jaulte auf. Kurz zuvor hatte Hitler noch erzählt, der Hund sei sein treuester Begleiter, ohne ihn könne er nicht leben. Und jetzt packte er das Tier an der Halskette und schüttelte es beinahe zu Tode. Hitler war sichtlich erregt, er konnte sich kaum beruhigen. Maria erschrak. Niemals hätte sie diesem Mann zugetraut, daß er so roh, so rücksichtslos auf ein Tier eindreschen könnte. Als Hitler sich wieder halbwegs beruhigt hatte, fragte sie ihn: »Wie kann man nur so brutal sein und seinen Hund so schlagen?« – »Das war notwendig«[6], erwiderte Hitler kurz. Damit war das Thema für ihn erledigt.

Der Abend wurde dann doch noch ganz nett. In der Wohnung der Bekannten plauderte Hitler wieder so freundlich, als hätte es die Szene mit dem Hund nie gegeben. Maria hing gebannt an seinen Lippen, um Mitternacht tranken dann alle gemeinsam noch einen Tee. Beim Abschied erlebte Maria dann allerdings noch einmal einen plötzlichen Stimmungswechsel bei Hitler, der ihr sehr sonderbar vorkam.

Maria reichte ihm die Hand, doch Hitler war damit nicht zufrieden. Er wollte sie küssen. Sie weigerte sich, sie kannte ihn ja erst seit wenigen Tagen. Im Bruchteil einer Sekunde verfinsterte sich sein Blick, er starrte sie böse an. »Heil!« rief er, wandte sich ruckartig von Maria ab und riß den Vorhang zur Seite, der den Salon vom Vorzimmer trennte. Max Amann, der gerade noch mit Anni geflirtet hatte, eilte beflissen herbei, reichte Hitler Mantel und Hut. Sekunden später waren die beiden Herren verschwunden.

Doch bereits am nächsten Morgen gegen zehn Uhr stand Max Amann schon wieder bei den Schwestern im Laden. »Fräulein Reiter, was haben Sie gestern bloß mit Herrn Hitler getan?« flötete er. »Ich kenne Herrn Hitler schon sehr lange – aber so etwas habe ich mit ihm noch nicht erlebt. Herr Hitler hat mir sein Herz ausgeschüttet. Glauben Sie mir, der Mann hat Feuer gefangen.«[7]

Am folgenden Sonntag fuhr ein schwarzer Mercedes mit offenem Verdeck bei Maria und Anni vor. Hitlers Fahrer Emil Maurice lenkte den Wagen, der Parteichef setzte sich neben Maria auf die Rückbank. Hitler schlug einen Ausflug an den Starnberger See vor. Schon die ersten Minuten dieser Fahrt, erzählte Maria später, hätten ihr dünnes Eis gebrochen.

Drei Tage nach dem Spaziergang am See besuchte Maria gegen Mittag mit Hitler das Grab ihrer Mutter. Eine Zeitlang standen beide schweigend davor. Dann sagte Hitler plötzlich zu dem Mädchen: »Ich möchte haben, daß du mich ›Wolf‹ nennst.«[8] Hitler mochte diesen Namen besonders gern. Der Wolf war ein Tier, mit dem er sich verbunden fühlte, bei dem er die gleichen Eigenschaften vermutete wie bei sich selbst. Einige seiner Hauptquartiere nannte er später »Wolfsschanze«, »Wolfsschlucht« und »Wehrwolf«. Bei der Reichswehr hatte er Kameraden bespitzelt und seine Berichte unter dem Decknamen »Wolf« weitergegeben. »Wolf« – so durften ihn jetzt seine Freunde nennen, auch Maria Reiter.

Nach dem Friedhofsbesuch ging die Fahrt weiter zu einem entlegenen Wald hinter Bischofswiesen. Dort stiegen Hitler und Maria aus. Sie wollten alleine sein, ein wenig durch den Jungwald streifen. Hitler legte seinen Arm um Marias Schultern. Die beiden erreichten eine Waldlichtung. Dort stand eine Tanne, groß und majestätisch. Hitler schob Maria vor diesen Baum und sagte ihr, sie dürfe sich jetzt nicht mehr vom Fleck rühren. Langsam ging er rückwärts, sah sie dabei an wie ein Maler sein Modell. Dabei schüttelte er ganz leicht seinen Kopf.

Maria glaubte, Hitler sei übergeschnappt. »Was soll ich denn eigentlich hier unter dieser großen Tanne?« fragte sie. – »Nichts«, antwortete Hitler, »du sollst nur stehenbleiben, so, wie ich dich hingerichtet habe.« Und dann sagte er noch zu ihr: »Jetzt bist Du meine Waldfee.« So betrachtete er sie eine ganze Weile. Dann ging er auf sie zu, zog sie an sich, gab ihr einen Kuß. Maria war in diesem Moment glücklich. Sie war verliebt. Sie öffnete ihr Herz, als sie hörte, wie Hitler zu ihr sagte: »Ich könnte dich jetzt zerdrücken.«[9]

Hitler erzählte Maria, sie sei seine Idealfrau. Er redete von der Familie, die er mit ihr gründen wollte, von den blonden Kindern, die er mit ihr haben würde. Maria träumte von der Heirat mit dem Mann, den sie »Wolf« nennen durfte. Aber nach den ersten Treffen sah sie ihn nur noch selten. Hitler hatte kaum noch Zeit für Maria, er wurde ja dauernd von der Partei in Anspruch genommen. Sie saß unterdessen daheim in Berchtesgaden und nähte zwei Sofakissen, auf die sie Hakenkreuze stickte. Zwischen beiden setzte aber eine rege Korrespondenz ein.

Am 23. Dezember 1926 erschien er auch zu Marias siebzehntem Geburtstag. Er schenkte ihr eine goldene Armbanduhr und feierte Weihnachten mit ihr. An Heiligabend überreichte Maria ihm die Sofakissen. Und auch er hatte sich eine ganz besondere Weihnachtsüberraschung ausgedacht: Er schenkte Maria die beiden Bände von »Mein Kampf«, in feines, rotes Ziegenleder gebunden und mit einer Widmung versehen.

Wenige Wochen später aber, am 8. Februar 1927, schickte Hitler Maria einen Brief, der nach Abschied klang:

»Mein liebes, braves Kind! Aus Deinen schmerzlich lieben Zeilen erfuhr ich erst, wie unrecht es war, daß ich

Dir nicht gleich nach meiner Rückkunft schrieb«, begann Hitler seine letzten Zeilen an Maria Reiter und fuhr fort: »Ehe ich nun zu dem Inhalt Deiner letzten Briefe übergehe, will ich Dir erst danken für das liebe Geschenk, mit dem du mich überrascht hast. Ich war wirklich glücklich, dieses Zeichen Deiner zärtlichen Freundschaft zu mir zu erhalten. Ich habe nichts in meiner Wohnung, dessen Besitz mich mehr freuen würde! Ich muß dabei immer an Dein freches Köpfchen und Deine Augen denken…

Was nun Deine persönlichen Schmerzen betrifft, so darfst Du mir ruhig glauben, daß ich sie Dir nachfühle. Aber Du sollst Dein Köpflein deshalb nicht traurig hängen lassen und mußt nur sehen und glauben: wenn auch die Väter ihre Kinder selbst manches Mal nicht mehr verstehen, da sie älter geworden sind, nicht nur an Jahren, sondern auch im Empfinden, so meinen sie es doch nur so recht herzlich gut mit ihnen. So glücklich mich Deine Liebe macht, so innig bitte ich Dich für uns, nur noch auf Deinen Vater zu hören. Und nun mein liebes Goldstück, nimm die herzlichsten Grüße von Deinem immer an Dich denkenden Wolf.«[10]

Maria Reiter hörte nicht auf ihren Vater, der sich wohl gewünscht hätte, sie würde den Kontakt zu Hitler endlich abbrechen. Statt dessen fuhr sie im März 1927 nach München. Sie traf sich mit Hitler zum Mittagessen in einem Café. Wieder einmal hing sie an seinen Lippen, lauschte, wie er von einer größeren Wohnung erzählte, die er bald mieten wollte. »Du darfst nie mehr weggehen von mir, Mimi«, versuchte er sie zu überzeugen, »hast du gehört? Wenn ich jetzt meine neue Wohnung bekommen werde, mußt du bei mir bleiben… Wir werden alles gemeinsam aussuchen, die Bilder, die Stühle, ich sehe schon alles vor mir.«[11]

Maria war selig. Sie fuhr wieder heim nach Berchtesgaden, wo sie warten wollte, bis Hitler sie zu sich holte. Aber er holte sie nicht. Im April besuchte er sie noch einmal, schlenderte Arm in Arm mit ihr durch den Ort, vertröstete sie. Danach ließ er nichts mehr von sich hören.

Maria wartete. Drei Monate lang fragte sie sich Tag für Tag, warum Adolf Hitler, der ihr den Hof gemacht hatte, sich überhaupt nicht mehr bei ihr meldete. Kein Besuch, kein Brief, keine Nachricht. Nichts. Als hätte er sie nie gekannt. Noch ahnte Maria nicht, daß Hitler für sein plötzliches Schweigen gute Gründe hatte.

Im Juli erfuhr sie dann von ihrer Schwester, daß Hitler gerade in Berchtesgaden war. Natürlich rechnete Maria mit seinem Besuch, sie saß in ihrem Zimmer und wartete auf ihn. Doch er kam nicht. Tagelang saß Maria da und starrte an die Wand. Dabei kam ihr irgendwann der Gedanke: Tot sein. Am liebsten würde sie tot sein. Sie stand auf und holte eine Wäscheleine.

In den Monaten zuvor waren in der Parteizentrale der NSDAP mehrere anonyme Briefe eingegangen, deren Verfasser behaupteten, Adolf Hitler würde sich mit minderjährigen Mädchen herumtreiben, er würde junge, unschuldige Mädchen verführen. Die unbekannten Schreiber nannten auch einen ganz konkreten Fall, ein sechzehn Jahre altes Mädchen[12] aus Berchtesgaden. Hitler erzählte Marias Schwager von diesen Briefen. Sie könnten, behauptete er, den ganzen Erfolg der Partei gefährden – und deswegen sei es besser, wenn er und Maria sich längere Zeit nicht sehen würden.

Maria band die Wäscheleine um die Türklinke ihres Zimmers. Das andere Ende verknotete sie zu einer Schlinge, die sie sich um den Hals legte. Dann ließ sie sich fallen. Die Schlinge um ihren Hals zog sich zu.

In diesem Moment klopfte Marias Schwager an die Zimmertür. Da sich niemand rührte, trat er einfach ein. Er fand Maria und rettete ihr in letzter Sekunde das Leben.

Der Kontakt zwischen Hitler und Maria beschränkte sich in den folgenden Monaten auf ein paar Briefe und Glückwunschkarten. Zu Marias Geburtstag schickte Hitler einen Aquamarin-Anhänger, zu Weihnachten lila Briefpapier, auf dem in goldenen Buchstaben ihre Initialen gedruckt waren.

Danach hörte Maria Reiter lange Zeit nichts mehr von Adolf Hitler. Erst wieder im August 1928. Da bekam sie überraschende Post vom Amtsgericht Berchtesgaden. Im Auftrag von Adolf Hitler forderte ihr Schwager sie auf, eine eidesstattliche Versicherung zu unterschreiben, wonach zwischen ihr und Hitler nie etwas vorgefallen sei, keinerlei Bindung bestehe oder jemals bestanden habe.

In diesem Sommer hatte Maria Reiter in Innsbruck einen jungen Hotelier kennengelernt, mit dem sie sich verlobte. Zunächst zog sie aber nach Linz, wo sie eine Hotelfachschule besuchte. Im Frühjahr 1930 heiratete sie den Hotelbesitzer in Innsbruck. Hitler schickte den beiden als Hochzeitsgeschenk ein silbernes Tablett mit zwei Teetassen.

Aber Maria wurde in dieser Ehe nicht glücklich. Nach einem Jahr verließ sie nach einer heftigen Auseinandersetzung ihren Mann. Sie fuhr nach München, dort traf sie sich mit Hitlers Adjutanten Julius Schaub. Er begleitete sie zu seinem Chef, der inzwischen in die neue Wohnung gezogen war, von der er Maria erzählt hatte: eine Neun-Zimmer-Wohnung am Prinzregentenplatz 16.

Über das, was nun folgte, gingen später die Meinungen auseinander. Maria selbst behauptete, sie sei über

Nacht bei Hitler in seiner Wohnung geblieben. »Er drückte mich wieder an sich«, erzählte sie, »Wolf faßte mich immer fest. Ich ließ alles mit mir geschehen.«[13] Und er versprach ihr einmal mehr, von jetzt an für sie zu sorgen, ihr alles zu bieten, wenn sie nur bei ihm bliebe. Gegen diese Aussage spricht, daß Hitler zu dieser Zeit bereits mit einer anderen Frau zusammenlebte, mit Geli Raubal, seiner Nichte. Womöglich bekam sie von Hitlers Treffen mit Maria wenig oder gar nichts mit. Es kann aber auch sein, daß diese Begegnung längst nicht so leidenschaftlich ausfiel, wie Maria es hinterher schilderte. Oder sie könnte zu einem anderen Zeitpunkt stattgefunden haben oder nur in Marias Wunschträumen. Was in dieser Nacht wirklich geschah, konnten die Historiker nie mit letzter Sicherheit klären. Fest steht nur: Maria war auch im Sommer 1931 immer noch hoffnungslos in Adolf Hitler verliebt.

Dieses Gefühl ließ in den folgenden Jahren dann aber wohl doch ein wenig nach. Der Kontakt zwischen beiden riß allerdings nie ganz ab. Im Jahre 1934 besuchte Maria den Mann, der inzwischen Reichskanzler geworden war, noch einmal in seiner Wohnung am Prinzregentenplatz. Und wieder einmal bat er sie, für immer bei ihm zu bleiben. Diesmal gab ihm Maria einen Korb. Sie wollte »heiraten und Kinder haben wie andere Frauen auch«[14], erklärte sie ihm, eine ganz normale Ehe führen und sich nicht als heimliche Geliebte verstecken lassen. Als Hitler das hörte, bekam er einen Wutanfall. Er schrie sie an, genauso laut, wie er damals seinen Schäferhund angeschrien hatte. Maria hatte diese Szene mit dem Hund nie vergessen, eine Szene, die ihr schon damals eine Warnung hätte sein können. Sie verließ Hitlers Wohnung ohne den leisesten Wunsch, dort einzuziehen.

Kurz nach ihrer Scheidung von dem Innsbrucker Hotelier heiratete sie den SS-Hauptsturmführer Kubisch. Obwohl sie glaubte, sich innerlich von Hitler gelöst zu haben, besuchte sie ihn im Jahre 1938 noch ein letztes Mal in seiner Wohnung.

»Bist du glücklich?« fragte Hitler sie.

»Ja«, antwortete Maria, »nur mein Mann wird zu oft versetzt.«

»Ich werde Himmler Anweisung geben, ihn in Wien zu stationieren.«

Maria nickte dankbar. Dann stellte sie die Gegenfrage: »Und bist du glücklich, Wolf?«

»Nein, wenn du die Eva meinst«, antwortete Hitler kurz und hastig. Es schien, als sei er nicht sonderlich gut auf Eva Braun, seine Geliebte, zu sprechen. »Ich sage ihr jeden Tag, sie soll sich einen jungen Burschen nehmen. Ich bin jetzt schon zu alt.«[15]

Hitler ließ Marias Mann tatsächlich nach Wien versetzen. Er starb beim Überfall auf Frankreich. Zum Trost schickte Hitler der Witwe seines Soldaten hundert rote Rosen.

Maria Reiter sah Hitler nach 1938 nie wieder. Nach dem Zusammenbruch des Dritten Reiches zog sie mit Hitlers Schwester Paula zusammen, die in der Nähe von Berchtesgaden ein Haus gemietet hatte. Über ihre Beziehung zu Hitler verlor Maria Reiter viele Jahre lang in der Öffentlichkeit kein Wort. Das änderte sich erst im Jahre 1959: Da führte sie ein langes Gespräch mit einem *Stern*-Reporter über die große, unglückliche Liebe ihres Lebens.

Zumindest hatte Maria es irgendwann geschafft, ihre seelische Abhängigkeit von Adolf Hitler zu überwinden. Das gelang nicht jeder Frau, die sich aus seiner Umklammerung befreien wollte.

VIII.
Geli Raubal
Traumfrau mit tragischem Ende

Ein dunkler Schatten lag von Anfang an über dem Leben von Angelika Raubal. Ein Schatten, der schon heraufzog, noch ehe sie geboren war. Heute weiß man, wie sehr sich das Seelenleben einer Schwangeren auf das Kind in ihrem Leib auswirkt. Angelikas Mutter erfuhr nahezu gleichzeitig von ihrer Schwangerschaft und davon, daß ihre Stiefmutter unheilbar krank war. In den folgenden Wochen saß sie oft am Krankenbett der Frau, die sie wie ihre eigene Mutter liebte. Sie bangte, betete und hoffte. Aber sie konnte im Grunde genommen nichts tun, sie mußte hilflos mit ansehen, wie es der Mutter von Tag zu Tag schlechter ging. Das qualvolle Sterben von Klara Hitler zog sich wochenlang hin, bis zum 21. Dezember 1907. Und ihre Tochter erlebte dieses Sterben bis zur letzten Sekunde mit. Danach trauerte sie um ihre Mutter, um eine Frau, die nicht im hohen Alter sanft entschlafen war, sondern die mit gerade einmal siebenundvierzig Jahren einen schmerzvollen Tod sterben mußte, so schmerzvoll wie ihr ganzes Leben. Angelikas Mutter weinte und trauerte zu einer Zeit, in der das Kind in ihrem Bauch seine ersten Strampelbewegungen machte.

Am 4. Juni 1908 kam Angelika Maria Raubal in Linz zur Welt, als zweites von drei Kindern. Ihre Eltern nannten sie »Geli«, und diesen Namen sollte sie zeitlebens behalten. Ab und zu kam Gelis Onkel zu Besuch, Adolf Hitler, aber es waren keine Besuche, die angenehm und harmonisch verlaufen wären. Denn Gelis Vater, ein Steuerbeamter, stritt sich häufig mit dem jungen Hitler, für dessen künstlerische Ambitionen er nur Hohn und Spott übrig hatte.

Geli lernte ihren Vater nicht kennen, denn er starb bereits im Jahre 1910. Ihre Mutter hatte also innerhalb von nicht einmal drei Jahren die beiden wichtigsten Menschen in ihrem Leben verloren, ihre Mutter und ihren Mann, und jetzt stand sie alleine mit drei kleinen Kindern da. Aber irgendwie schaffte sie es zurechtzukommen. Geli besuchte sogar, damals für Mädchen noch eine Seltenheit, das Akademische Gymnasium in Linz, das das größte Renommee hatte mit den höchsten Anforderungen, und legte dort die Matura ab, die österreichische Reifeprüfung. In der Deutschprüfung wählte sie als Aufsatzthema: »Drei Gnaden gab uns Gott in dieser Welt der Not: Ideal, Liebe und Tod.«[1] Es war kein Zufall, daß sie sich gerade für dieses Thema entschied.

Zuvor allerdings hatte Geli mehrmals die Schule gewechselt. Ihre Mutter hatte das Mädchen, getrieben von einem großen Ehrgeiz und später mit der Unterstützung ihres Halbbruders, zu einer Schulausbildung genötigt, die Geli meist nur mit mangelhaftem Erfolg bewältigte.[2]

Nach außen hin schien Geli es gut zu verkraften, daß sie ohne Vater aufwuchs, und doch hatte der frühe Verlust dieses Vaters verhängnisvolle Auswirkungen auf ihr Leben.

Im Juli 1924 traf Geli nach vielen Jahren ihren Onkel wieder, der im Gefängnis von Landsberg gerade eine mehrjährige Haftstrafe absaß. Sie besuchte ihn gemeinsam mit ihrer Mutter und dem älteren Bruder. Offenbar machte Hitler dabei einen guten Eindruck auf das sechzehn Jahre alte pubertierende Mädchen. Denn sie besuchte ihn wieder – bei einer Klassenfahrt nach München, die sie mit ihrer Abschlußklasse unternahm, nachdem Hitler aus der Haft entlassen worden war. Die Schüler wohnten dabei in meist recht bescheidenen Privatquartieren. Für Geli allerdings ließ Hitler seine guten Beziehungen spielen. Er brachte seine Nichte beim Verlegerpaar Bruckmann am Karolinenplatz in deren prachtvollen Villa unter.

Im März 1927 zog Gelis Mutter auf den Obersalzberg, wo sie Hitlers Haushalt führte, zunächst in seinem Wochenendhaus »Wachenfeld«, später auch in der ausgebauten Festung. Geli zog im Herbst dieses Jahres ebenfalls um, nach München, um Medizin zu studieren. Von da an sah sie ihren Onkel regelmäßig. Und Adolf Hitler fing an, zunächst noch kaum merklich, die Rolle eines Ersatzvaters zu spielen.

Geli wohnte längere Zeit in einer Pension in der Königinstraße, nicht weit entfernt vom Englischen Garten. Das Medizinstudium gefiel ihr nicht sonderlich, und so brach sie es noch im ersten Semester wieder ab.[3] Geli träumte von einer anderen Laufbahn: Sie wollte Sängerin werden. Auf der Bühne stehen, von vielen Menschen bejubelt und geliebt werden, das war Gelis großer Traum. Doch ihr fehlte das Geld, um eine Gesangs- und Musikausbildung zu finanzieren. Ihre Mutter konnte eine solche Ausbildung von ihrer Witwenrente nicht bezahlen.

Doch da gab es ja noch den Onkel, der inzwischen über

Geli Raubal im Abendkleid im Atelier Hoffmann

ein stattliches Einkommen verfügte und der kaum eine Opernaufführung ausließ. Dieser Onkel erklärte sich gerne bereit, den teuren Unterricht für Geli zu bezahlen.

1929 engagierte Hitler den Kapellmeister Adolf Vogel, einen angesehenen Lehrer, der schon berühmte Sängerinnen ausgebildet hatte. Doch Vogel mühte sich vergeblich mit Geli ab – es fehlte ihr schlicht an Talent und dem nötigen Stimmvolumen für eine Opernsängerin. Doch weder Hitler noch seine Nichte wollten das so recht einsehen, und so übte Geli schon bald mit einem neuen Gesangslehrer. Aber auch der hegte nach wenigen Unterrichtsstunden keinerlei Hoffnungen mehr, Geli könnte jemals in einer Oper von Richard Wagner auftreten, wie sie und ihr Onkel sich das erträumten. Dieser Musiklehrer, Hans Streck, beklagte sich einmal bei Ernst Hanfstaengl: »Geli ist zweifellos die faulste Schülerin, die ich je gehabt habe, und täte ich es nicht auch Hitler zuliebe, so hätte ich sie längst hinausgeworfen. Die halbe Zeit ruft sie an und sagt, sie könne nicht kommen, und wenn sie mal erscheint, dann kommt sie ungeübt und profitiert von der Stunde so gut wie nichts.«[4] Immerhin, Hitler zahlte jeden Monat das Honorar für die vergeblichen Stunden. Manchmal schlich er sich in die Wohnung des Musiklehrers, lauschte von der Diele aus heimlich dem Gesang seiner Nichte. Streck ertappte ihn dabei. Der Musiklehrer fand, Hitler benehme sich »wie ein verliebter Schulbub«[5], sein Verhalten sei alles andere als normal.

Hitler nahm Geli auch häufig mit zu seinen Wochenendausflügen an die bayerischen Seen. So saß sie im selben schwarzen Mercedes, in dem auch Maria Reiter schon mit Hitler spazierengefahren war. Neben Hitler und seinem Fahrer Emil Maurice gehörten noch ein paar andere Leute bei diesen Ausflügen zur Stammbesetzung: Die Herren waren durch Adjutant Wilhelm Brückner und den Parteifotografen Heinrich Hoffmann vertreten, die auf den mittleren Autositzen Platz nahmen. Hinten auf den Rücksitzen drängten sich dann die Mädchen. Außer Geli waren das zumeist Henriette Hoffmann, Hitlers Sekretärin Christa Schroeder und Anni Rehborn, eine Spitzenschwimmerin, die 1924 auf der Einhundert-Meter-Strecke in zwei Disziplinen die Deutsche Meisterschaft gewonnen hatte, nämlich im Kraul- und im Rückenschwimmen. Ihr Foto war auf der Titelseite der *Berliner Illustrierten* erschienen, und seither wurde sie von Hitler und seinen Gefolgsleuten hofiert.

Diese Gesellschaft fuhr in der zweiten Hälfte der zwanziger Jahre häufig an den Chiemsee, wo Maurice dann am Seeufer einen Grill aufbaute. Oder er holte seine Gitarre aus dem Kofferraum und sang irische Volkslieder. Die Mädchen, so beschrieb Henriette Hoffmann es später, suchten oft einen Badeplatz auf, der hinter Büschen versteckt lag: »Wir schwammen nackt und ließen uns von der Sonne trocknen; wir hatten den Ehrgeiz, ganz braun zu werden. Einmal setzte sich ein Schwarm von Schmetterlingen auf die nackte Geli.«[6] Hitler hielt sich dabei von den Mädchen fern. Er selbst schwamm nie und zeigte sich auch nicht in der Badehose – es wäre ihm peinlich gewesen, so viel von sich und seinem Körper preiszugeben. Statt dessen saß er in seiner kurzen Lederhose unter den Tannen und las Bücher. An besonders heißen Tagen zog Hitler Schuhe und Strümpfe aus und stapfte mit bloßen Füßen durch das seichte Wasser.

Zu dieser Zeit, vor ihrem zwanzigsten Geburtstag, war Geli im großen und ganzen noch ein fröhliches Mädchen. Sie hatte ihre melancholischen Seiten, aber sie lachte auch viel, fand leicht Kontakt, flirtete gern. Bei einer Fahrt

Auf der Fahrt zu den Festspielen bei einem Picknick; von links: Henriette Hoffmann, Wilhelm Brückner, Ilse Müller (Tochter des Druckereibesitzers Adolf Müller, mit dem Rücken zur Kamera), Geli Raubal, Adolf Hitler, Heinrich Hoffmann, Lotte Müller (Tochter von Adolf Müller), Chauffeur Julius Schreck, Julius Schaub und Erna Hoffmann, Frau des Fotografen

durch das bayerische Oberland hielt Hitlers Mercedes einmal in einem Dorf, in dem junge Burschen und Mädchen nach altem Brauch gerade ein Johannisfeuer angezündet hatten. Einer aus der Dorfjugend packte Geli an der Hand und forderte sie auf, mit ihm über die Flammen zu springen. Hitler sah mit steinerner Miene zu. Geli kam mit dem jungen Mann nicht mehr ins Gespräch, denn Hitler drängte plötzlich sehr ungeduldig zum Aufbruch. Es schien, als sei er eifersüchtig.

Die jungen Männer in Gelis Alter verliebten sich reihenweise in sie, denn Geli hatte nicht nur eine herzliche Ausstrahlung, sie galt auch als gutaussehend. Die hohen Wangenknochen verliehen ihrem Gesicht einen slawischen Einschlag. Geli war groß, schlank, sie hatte warme, rehbraune Augen, dazu dichtes, nahezu schwarzes Haar. So entsprach sie keineswegs dem blonden, nordischen Frauentyp der Nazis. Eher sah sie aus wie eine Jüdin. Und trotzdem sollte sie die einzige Frau sein, von der Hitler später behauptete, er hätte sie gerne geheiratet.[7]

Es gab noch jemanden in Hitlers Nähe, der dieselben Pläne hatte: Emil Maurice, sein Fahrer, der schon in Landsberg mit ihm im Gefängnis gesessen war. Maurice hatte schon immer einen Blick für schöne Frauen. So war er es zum Beispiel gewesen, der Anni Rehborn nach ihren Siegen bei der Deutschen Meisterschaft einen Brief geschrieben und ihr gratuliert hatte – später hatte er sie dann in München getroffen und sie auch Hitler vorgestellt. Und jetzt, während der Sommerausflüge an den Chiemsee, hatte Maurice sich irgendwann in Geli verliebt. Und sie erwiderte seine Liebe. Hitler hatte nichts davon bemerkt. Als Maurice es ihm erzählte, da glaubte der Fahrer in der ersten Sekunde noch, er würde Hitler damit eine Freude machen. Doch schon in der zweiten Sekunde fürchtete er um sein Leben.

Maurice wußte, daß Hitler immer wieder hübsche Mädchen mit seinen Parteigenossen bekannt machte und die Paare dann zu einer baldigen Heirat drängte. Auch ihn selbst hatte der Parteichef schon ermahnt, bald zu heiraten, und ihm versprochen, dann jeden Tag zu ihm und seiner Gemahlin zum Essen zu kommen. Irgendwie hatte Maurice das falsch verstanden. Er glaubte allen Ernstes, Hitler würde ihn zu einer Hochzeit mit Geli beglückwünschen: »Ich folgte seinem Wunsch und bat Geli – nur sie kam für mich in Frage – meine Frau zu werden ... und sie nahm freudig an.«[8]

Statt ihn zu beglückwünschen, bebte Hitler. Seine blauen Augen funkelten böse, über seiner Nasenwurzel grub sich eine tiefe Furche in die Stirn, wie so oft, wenn er in Wut geriet. Er packte Maurice, der schlanker und größer als Hitler war, schüttelte ihn durch, wie sonst seinen Schäferhund. Maurice bekam plötzlich panische Angst davor, Hitler könnte jetzt gleich zur Pistole greifen und ihn erschießen.

Doch Hitler ließ ihn am Leben. Er bestand allerdings darauf, die Verlobung zu annullieren, zumindest so lange, bis Geli einundzwanzig Jahre alt und damit volljährig war. Während dieser zweijährigen Wartefrist durfte sich Geli nicht mehr alleine mit Maurice treffen. Außerdem mußten beide versprechen, ihre Beziehung bis dahin absolut geheimzuhalten.

Geli sollte auch ihr Studium fortsetzen (diese Bedingung erfüllte Hitlers Nichte offensichtlich nicht), und außerdem engagierte Hitler eine »Anstandsdame«, um geheime Rendezvous zu verhindern.

Geli und Maurice blieb nichts anderes übrig, als Hitlers Forderungen zu erfüllen. Geli war damit die Gefangene ihres Onkels. Zu Weihnachten 1927 schrieb sie ihrem Geliebten folgenden Brief:

»Mein lieber Emil! Drei Briefe hat mir der Postbote von Dir schon gebracht, aber noch nie habe ich mich so gefreut wie über den letzten. Vielleicht ist darin der Grund zu sehen, daß wir in den letzten Tagen so viel Leid erlebt haben. Ich habe in diesen zwei Tagen so viel gelitten wie nie bisher. Aber es mußte so kommen und es war bestimmt gut für uns beide. Ich habe jetzt das Gefühl, daß uns diese Tage verbunden haben für immer. Über eines müssen wir uns klar werden. Onkel Adolf verlangt, daß wir zwei Jahre warten. Bedenke, Emil, zwei volle Jahre, in denen wir uns nur hie und da küssen dürfen und immer unter der Obhut Onkel Adolfs. Du mußt arbeiten, um für uns beide eine Existenz zu schaffen, und dabei dürfen wir beide uns nur in Gegenwart anderer sehen …«[9] Dennoch schien Geli Onkel Adolf nicht wirklich böse zu sein. Immerhin durfte sie in München bleiben, und die beiden konnten sich weiterhin sehen, Onkel Adolf war »ja goldig«.

Maurice versah seinen Dienst bei Hitler, als wäre nichts geschehen. Aber es fiel ihm immer schwerer. Denn Hitler schikanierte seinen ehemals besten Freund, wo er nur konnte. Hitler redete kaum noch mit Maurice, er zahlte den Lohn zu spät oder gar nicht. Maurice vermutete, daß Hitler selbst in Geli verliebt war. Zum Ende des Jahres 1927 entließ er seinen Fahrer fristlos. Außerdem verbannte er ihn aus der Partei, entzog ihm alle Ämter. Maurice klagte beim Arbeitsgericht in München auf eine Lohnfortzahlung von dreitausend Reichsmark. Dabei landete er zumindest einen Teilerfolg: Das Gericht sprach ihm eine Abfindung in Höhe von fünfhundert Reichsmark zu. Mit diesem Geld machte er sich in München als Uhrmacher selbständig.[10]

Die Taktik Adolf Hitlers ging auf, die Beziehung zwischen Geli und seinem Chauffeur überstand die Schikanen nicht. Maurice war kein Mensch, der lange warten konnte, und wahrscheinlich hatte er auch Angst vor Hitler, den er ja so gut kannte wie nur wenige andere. Er sagte später, er hätte sich schon deshalb von Geli lösen müssen, weil sie ihn sonst »in den Abgrund gezogen« hätte.[11]

Nachdem die Beziehung zwischen Geli und Maurice von Hitler vereitelt worden war, kam es keineswegs zum offenen Bruch zwischen Onkel und Nichte. Im Gegenteil, Geli wurde nun zu Hitlers ständiger Begleiterin.

Hitler und seine Nichte 1929 auf einem Wochenendausflug in den bayerischen Bergen

Der Verleger Hugo Bruckmann hatte Hitler Ende 1928 endlich die Wohnung verschafft, auf die er so lange gewartet hatte: Eine Neun-Zimmer-Wohnung in Münchens vornehmem Stadtteil Bogenhausen. Die Wohnung lag direkt neben dem Prinzregententheater, im zweiten Stock eines Eckhauses, das umgeben war von hohen Bäumen. Zusammen mit Hitler zog ein Ehepaar ein – den Mann beschäftigte er als Diener, seine Frau als Köchin und Haushälterin. Eine Putzfrau wohnte ebenfalls mit im Haus. Als Untermieterin nahm er die Frau auf, die ihm in der Thierschstraße das Zimmer vermietet hatte.

Seine Möbel ließ Hitler von dem Architekten Ludwig Troost entwerfen, der in München für zahlreiche Parteibauten verantwortlich zeichnete, darunter das »Haus der Deutschen Kunst«, das nach dem Ende der Naziherrschaft umbenannt wurde in »Haus der Kunst«. Hitler liebte wuchtige, schwere Möbel in strengen Formen, große, dunkle Schränke und Regale aus edlen Hölzern und klobige Stehlampen. In der Wohnung herrschte eine schwere, düstere Grundstimmung, und diese Stimmung wurde noch verstärkt durch die Ölbilder, die Hitler aufhängen ließ: Porträts von seiner Mutter, vom Fürsten Bismarck in Uniform, von Friedrich dem Großen. In Hitlers Arbeitszimmer hing ein früher Kupferstich von Albrecht Dürer, der drei Gestalten abbildete, die durch eine gebirgige Landschaft reiten: »Ritter, Tod und Teufel«.

In diese Wohnung zog am 5. Oktober 1929 auch Geli Raubal ein. Sie bekam das schönste Zimmer, ein Eckzimmer mit hellgrünen Tapeten, das sie ganz nach ihrem Geschmack einrichten durfte. Sie stattete es mit antiken Möbeln aus Salzburg aus, einem Bauernschrank, einer Truhe und einer bemalten Kommode. Als Kontrast dazu hängte Geli ein Aquarell ihres Onkels an die Wand, das eine vom Krieg verwüstete Landschaft in Belgien zeigte.

Ihrer Freundin Henriette Hoffmann fiel auf, wie sie immer ernster und verschlossener wurde, je länger sie bei Hitler wohnte. Dabei erweckte sie bei vielen Leuten, die ihr nur oberflächlich begegneten, durchaus den Eindruck, als ginge es ihr gut. Sie bummelte häufig mit Hitler durch Schwabing, sie besuchte mit ihm Kino und Theater, war an seiner Seite bei Premieren in der Oper, wo sie in der sechsten Reihe ihre Stammplätze hatten. Nach der Aufführung gingen sie oft in die »Osteria Bavaria«, Hitlers Lieblingslokal in der Schellingstraße. Hitler leistete seiner Nichte gelegentlich bei ihren Einkäufen Gesellschaft, er stand daneben, wenn sie zahllose Hüte anprobierte und ihr dann doch keiner gefiel. Wenn sie aber etwas kaufte, dann zahlte Hitler selbstverständlich die Rechnung. Geli unternahm viel in dieser Zeit, aber stets in Begleitung von

Herren, die wesentlich älter waren als sie selbst: entweder ihrem Onkel oder einem seiner Wachmänner, die er abkommandiert hatte, um auf Geli aufzupassen. Mit jungen Männern ihres Alters war Geli nie unterwegs, zumindest nicht in München.

Hitler war ausgesprochen stolz auf seine hübsche Nichte, er zeigte sie gerne vor. Und so nahm er sie auch mit zu den Treffen seiner Partei, wo sonst nur Männer zugelassen waren. Alle drehten sich nach Geli um, alle schwärmten für sie. Joseph Goebbels, der spätere Propagandaminister, schrieb in sein Tagebuch: »Den Abend mit Hitler und Geli. Viel erzählt und gelacht.« Und ein anderes Mal notierte er: »Der Chef ist da mit seiner schönen Nichte, in die man sich fast verlieben möchte.«[12] Dieses Kompliment besagte allerdings nicht viel, denn Goebbels war bekannt dafür, daß er mit jeder Frau ins Bett wollte, die er kriegen konnte.

Auch die Tatsache, daß Geli sich ihrem Onkel 1929 als Aktmodell zur Verfügung stellte, deutet darauf hin, daß sie seit dem erzwungenen Bruch mit Maurice eine enge Beziehung zu Hitler eingegangen war. Ungeklärt ist jedoch, ob sie tatsächlich seine Geliebte war. Sicherlich hat sie das privilegierte Leben an seiner Seite und den Ruhm des Onkels naiv genossen.[13]

Dieses Leben hatte allerdings auch seine Schattenseiten. Schon wenige Wochen nach ihrem Einzug bei Hitler konnte sie keinen unbeobachteten Schritt mehr tun. Der Onkel ließ ihre Post kontrollieren, sie bewachen und bespitzeln. Er erlaubte ihr zwar, auf den Ball des Deutschen Theaters zu gehen, aber dort saßen dann zwei Leibwächter neben ihr in der Loge. Ein Fotograf durfte ein Foto von ihr machen, aber selbst das mußte sie tags darauf ihrem Onkel vorlegen. Heinrich Hoffmann wagte es,

Geli Raubal vor dem Haus Wachenfeld (später Berghof), Berchtesgaden

Hitler darauf anzusprechen, wie einsam und unglücklich Geli war, wie sehr sie sich nach ein bißchen Freiheit sehnte. Doch Hitler antwortete nicht, sondern er hielt eine Rede. »Gelis Zukunft liegt mir so sehr am Herzen«, hob er an, »das wissen Sie, sie ist das Kostbarste und Liebste, das ich habe, ich sehe meine Aufgabe darin, sie zu beschützen, ich nehme für mich das Recht in Anspruch, auf sie aufzupassen und die Bekannten für sie auszusuchen. Was Geli für Einschränkungen hält, ist weise Überlegung. Ich möchte nicht, daß sie in die Fänge eines Abenteurers gerät.«[14]

Wahrscheinlich unternahm Geli hin und wieder eine Reise in ihren Heimatort Linz oder nach Wien. Solche Fahrten waren die einzigen Gelegenheiten, ein wenig Freiheit zu schnuppern. Und möglicherweise hat sie diese auch genutzt, um endlich einmal Männer kennenzulernen, die nicht aus Hitlers direktem Umfeld kamen. Darüber, wer diese Männer gewesen sein könnten, gab es später verschiedene Gerüchte. Henriette Hoffmann behauptete, Geli habe einen jungen Mann in Wien kennengelernt. Hitlers Sekretärin Christa Schroeder schließlich fand kurz vor Kriegsende einen Brief in den Geheimakten ihres Chefs, der von einem Kunstmaler aus Linz stammen sollte. Der heimlich Geliebte schrieb in diesem Brief:

»Jetzt sucht Dein Onkel, der sich des Einflusses auf Deine Mutter bewußt ist, ihre Schwäche mit grenzenlosem Zynismus auszunutzen. Unglücklicherweise sind wir erst nach Deiner Großjährigkeit in der Lage, auf diese Erpressung zu antworten. Er legt unserem gemeinsamen Glück nur Hindernisse in den Weg, obwohl er weiß, daß wir füreinander geschaffen sind. Das Jahr der Trennung, das uns Deine Mutter noch auferlegt, wird uns noch inniger aneinander binden. Da ich selbst stets bemüht bin, geradlinig zu denken und handeln, fällt es mir schwer, das von anderen Menschen nicht anzunehmen. Ich kann mir jedoch die Handlungsweise Deines Onkels nur aus egoistischen Beweggründen Dir gegenüber erklären. Er will ganz einfach, daß Du eines Tages keinem anderen gehören sollst als ihm ... Dein Onkel sieht in Dir immer noch das ›unerfahrene Kind‹ und will nicht verstehen, daß Du inzwischen erwachsen bist und Dir selbst Dein Glück zimmern willst. Dein Onkel ist eine Gewaltnatur. In seiner Partei kriecht alles sklavisch vor ihm. Ich verstehe nicht, wie seine scharfe Intelligenz sich noch darüber täuschen kann, daß sein Starrsinn und seine Ehetheorien sich an unserer Liebe und an unserem Willen brechen werden. Er hofft, daß es ihm in diesem Jahr gelingen wird, Deinen Sinn zu ändern; aber wie wenig kennt er Deine Seele.«[15]

Am 18. September 1931 kam es zwischen Hitler und seiner Nichte zu einem heftigen Streit.[16] Worum es dabei ging, darüber gab es sehr unterschiedliche Aussagen. Geli wollte nach Wien fahren, soviel scheint sicher, aber Hitler war entschieden dagegen. Er selbst sagte später aus, Geli habe ihren ersten Auftritt als Sängerin geplant, zugleich aber Angst davor gehabt. Um sicherer zu werden, wollte sie in Wien noch einige Gesangsstunden bei einem Musikprofessor nehmen. Hitler war damit einverstanden, bestand aber darauf, daß Gelis Mutter sie begleitete. Das wollte Geli nicht, und deshalb sprach sich Hitler schließlich gegen den Reiseplan aus. Geli war darüber etwas ungehalten, aber wirklich aufgeregt hat sie sich nach Hitlers Maßstäben nicht.

Die *Münchener Post*, eine sozialdemokratische Zeitung, erfuhr dagegen »von informierter Seite« einen ganz anderen Grund für Gelis Reisepläne[17]: Geli wollte sich in Wien verloben. Nur deswegen habe sie mit Hitler gestritten, und das bereits zum wiederholten Male.

Nach diesem Streit verließ Hitler kurz vor fünfzehn Uhr die Wohnung am Prinzregentenplatz. Vor dem Haus stand bereits sein schwarzer Mercedes. Bevor Hitler die Autotür aufriß, drehte er sich noch einmal kurz um und winkte hinauf zum Fenster. Dann stieg er ein, setzte seine Lederkappe auf und gab das Zeichen zur Abfahrt.

Drinnen in der Wohnung rannte Geli in diesen Minuten von ihrem eigenen Zimmer in das von Adolf Hitler. Dabei begegnete sie der Köchin, die sich darüber wunderte, wie aufgeregt Geli war. Nach kurzer Zeit kam das Mädchen wieder heraus, eilte zurück in ihr Zimmer und sperrte zu. Anni Winter, die Köchin, rätselte noch, was Geli wohl in Hitlers Zimmer gesucht hatte. Aber sie sollte erst am nächsten Tag darauf kommen, was es war: Hitlers Pistole.

Geli zögerte noch. Vielleicht ging sie noch einmal ans Fenster und schaute hinaus auf den Prinzregentenplatz. Auf ihrem Schreibtisch fand die Polizei später einen angefangenen Brief, der an eine Freundin in Wien gerichtet war. Geli berichtete darin von ihrer geplanten Reise nach Wien. Von einer Reise in den Tod schrieb sie kein Wort.

Geli Raubal setzte sich auf das Sofa, nahm die Pistole und richtete sie auf die Brust. Das kalte Metall der Mündung berührte ihre Haut knapp über dem Ausschnitt ihres Kleides. Die Waffe zeigte schräg nach unten. Geli wollte sich ganz offensichtlich ins Herz schießen. Gegen siebzehn Uhr drückte sie ab.

In diesem Moment vernahm Maria Reichert, die ehemalige Vermieterin Hitlers, im Zimmer nebenan einen »kleinen Krach«, der sich anhörte, als wäre etwas umgefallen. Maria Reichert dachte sich nichts dabei, auch kam ihr nicht der Gedanke, daß es sich um einen Schuß handeln könnte. Die Kugel aus der Pistole der Marke »Walther«, Kaliber 6,35 Millimeter, verfehlte das Herz. Sie drang oberhalb des Herzens ein, durchbohrte die Lunge, blieb in der linken Rückenseite stecken, ein paar Zentimeter oberhalb der Hüfte. Geli fiel mit dem Gesicht auf den Boden, direkt vor dem Sofa. Sie erstickte. Das schrieb der Polizeiarzt, der sie später untersuchte, in seinem Bericht.

Während Geli starb, saß Adolf Hitler im Auto und fuhr

in Richtung Nürnberg. Dort übernachtete er wie immer im Hotel Deutscher Hof. Am nächsten Morgen fuhr er weiter. Die Fahrt sollte nach Bayreuth gehen. Aber dort kam Hitler an diesem Tag nicht mehr an.

Am 19. September 1931 gegen halb zehn Uhr morgens betrat Anni Winter das Zimmer von Adolf Hitler. Sie bemerkte, daß seine Pistole nicht mehr in dem offenen Schrank lag, wo sie eigentlich hingehörte. In diesem Moment fiel der Haushälterin wieder ein, wie aufgeregt Geli am Tag zuvor gewesen war – und es beschlich sie ein sonderbares Gefühl. Sie ging nach nebenan, um nachzusehen, ob mit Geli alles in Ordnung war. Aber ihre Zimmertür war verschlossen. Daraufhin alarmierte Anni Winter ihren Mann.

Auch der klopfte ein paarmal an Gelis Tür, aber er bekam keine Antwort. Also holte er einen Schraubenzieher, mit dem er das Schloß aufbrach. »Als ich die Tür geöffnet hatte«, so gab Georg Winter noch am selben Tag der Polizei zu Protokoll, »trat ich in das Zimmer und fand Raubal am Boden liegend als Leiche vor.«[18] Daraufhin eilte er sofort ans Telefon und rief bei der Dienststelle im fünften Polizeibezirk an. Zwei Kriminaloberkommissare eilten zum Tatort. Kurz nach ihnen traf der Polizeiarzt ein. Er besah sich die Einschußstelle. In Gelis Gesicht entdeckte er dunkle, bläuliche Totenflecke, »die davon herrühren, daß Raubal mit dem Gesicht zu Boden verschied und in dieser Lage etwa siebzehn bis achtzehn Stunden liegenblieb«.[19] Gestorben war sie nach Meinung des Arztes und der Polizeibeamten durch Selbstmord.

Nur wenige Minuten nachdem Hitler in Nürnberg losgefahren war, ging im Deutschen Hof ein dringender Anruf für ihn ein. Ein Angestellter des Hotels setzte sich in ein Taxi und raste Hitlers Mercedes hinterher. Wenig später wußte Hitler, was mit Geli geschehen war. Er ließ seinen Fahrer wenden und nach München zurückfahren.

Unterwegs geriet der Wagen in eine Geschwindigkeitskontrolle: Zwei Polizisten drückten um 13 Uhr 37 in einem Dorf bei Ingolstadt auf ihre Stoppuhren und stellten fest, daß Hitlers Wagen mit 55,3 Stundenkilometern durch den Ort raste, nahezu doppelt so schnell wie erlaubt.[20] Etwa zur gleichen Zeit fuhr in München ein Leichenwagen langsam vom Prinzregentenplatz zum Ostfriedhof. Dort wurde der Leichnam Gelis, der in einem Zinksarg lag, in die Leichenhalle gebracht.

Hitler ließ sich sofort in seine Wohnung fahren. Kurz nach seiner Ankunft schickte er gegen fünfzehn Uhr einen Boten zur Polizeidirektion und ließ den Beamten ausrichten, er stehe jetzt für eine Stellungnahme zur Verfügung. Eine halbe Stunde später traf ein Kriminaloberkommissar bei Hitler ein und nahm seine Aussagen auf.

Hitler erzählte von Gelis geplanten Gesangsstunden in Wien, von ihrer Angst vor ihrem ersten Auftritt als Sängerin. Und er erinnerte sich auch, daß Geli einmal an einer spiritistischen Sitzung teilgenommen und ihm nach dem Tischerücken erzählt hatte, sie werde sicher keines natürlichen Todes sterben. Im übrigen gehe ihm ihr Ableben sehr nahe.

Das war nicht viel. Auch von den übrigen Hausbewohnern konnte niemand der Polizei stichhaltig erklären, welches Motiv Geli für ihren Selbstmord gehabt hatte. Sie alle behaupteten in nahezu identischen Worten, sie könnten keinen Grund angeben, weshalb sich Fräulein Raubal erschossen habe. Ernst Hanfstaengl vermutete später, Hitlers Vertrauensleute hätten den Hausangestellten ihre Aussagen vor ihrer Vernehmung in den Mund gelegt.[21]

Zwei Tage später, am 21. September 1931, brachte die

Münchener Post einen groß aufgemachten Bericht über den rätselhaften Tod von Hitlers Nichte. Das Blatt schrieb von der »heftigen Auseinandersetzung« zwischen Geli und Hitler. Und weiter hieß es: »Am Samstag, 19. September, wurde bekannt, daß Fräulein Geli in der Wohnung mit der Schußwaffe Hitlers in der Hand erschossen aufgefunden wurde. Das Nasenbein der Toten ist zertrümmert, die Leiche trug auch andere schwere Verletzungen. Aus einem Brief an eine in Wien wohnende Freundin geht hervor, daß Fräulein Geli die feste Absicht hatte, nach Wien zu gehen. Zur Absendung des Briefes kam es nicht. Die Mutter des Fräuleins, eine Stiefschwester des Herrn Hitler, wohnt in Berchtesgaden; sie wurde nach München gerufen. Herren aus dem Braunen Haus haben dann beraten, was als Ursache des Selbstmordes veröffentlicht werden soll. Man einigte sich darauf, den Tod Gelis mit unbefriedigten künstlerischen Leistungen zu begründen.«[22]

Die schweren Verletzungen Gelis, von denen die Zeitung wußte, legten den Verdacht nahe, Geli könnte ermordet worden sein. Die Staatsanwaltschaft beauftragte deshalb sofort den Polizeiarzt, die Leiche Gelis noch einmal nach Spuren zu untersuchen, die auf Einwirkung durch äußere Gewalt hindeuten könnten. Der Arzt konnte jedoch nichts Auffälliges entdecken. »Im Gesicht, besonders an der Nase, waren keine Verletzungen, verbunden mit irgendwelchen Blutungen festzustellen«, schrieb er in seinem Bericht. »Daß die Nasenspitze leicht plattgedrückt war, ist lediglich eine Folge des stundenlangen Aufliegens des Gesichts am Boden.«[23] Auch die beiden städtischen Leichenfrauen, die Geli gewaschen und aufgebahrt hatten, wurden vernommen. Beide sagten aus, sie hätten

»außer der Einschußöffnung auf der Brust« keine Verletzungen wahrgenommen.

Damit war für die Justiz die Sache erledigt, die »Haltlosigkeit der Darstellungen der *Münchener Post*« erwiesen. Hitler schickte der Zeitung eine Gegendarstellung, die auch gedruckt wurde. Noch am 21. September gaben die Ermittlungsbehörden Gelis Leichnam zur Bestattung frei, eine Woche später legte die Polizeidirektion in München ihren Abschlußbericht vor. Eine Obduktion wurde nicht beantragt und folglich auch nicht gemacht. Die Tote wurde auffallend schnell nach Wien überführt.

Die Beerdigung fand am Nachmittag des 23. September statt. Adolf Hitler kam nicht zum Begräbnis seiner Nichte, weil er »dazu physisch und psychisch nicht in der Lage war«[24], lautete die Erklärung von Gelis Bruder Leo. Er schickte die Führer von SA und SS nach Wien, Ernst Röhm und Heinrich Himmler, um an seiner Stelle einen Kranz niederzulegen. Hitler selbst verbrachte die Tage nach Gelis Tod am Tegernsee, im Haus seines Verlegers Adolf Müller. Dort schien es ihm ähnlich miserabel zu gehen wie nach dem gescheiterten Putsch von 1923. Er wollte kaum etwas essen und niemanden empfangen. Hitler sprach sogar davon, die Politik an den Nagel zu hängen. Die Leute in seiner Umgebung fürchteten schon, er könnte sich umbringen.

Doch bereits einen Tag nach Gelis Beerdigung hielt Hitler vor 10 000 Anhängern eine zündende Rede. Von einer Depression war nichts mehr zu spüren. Auf einer Parteiveranstaltung in Hamburg redete er, als wäre nichts gewesen. Es waren erst wenige Tage vergangen, seit eine junge Frau sich das Leben genommen hatte, die ihm so nahegestanden war. Aber jetzt schrie er wieder und tobte, er machte die Juden zu den Schuldigen an allem

Elend dieser Welt – und zehntausend Leute jubelten ihm zu.

In den folgenden Wochen und Monaten wucherten die Gerüchte, wie und weshalb Geli gestorben sein könnte. Hitlers politische Gegner streuten aus, er selbst habe sie womöglich im Affekt erschossen. Aus Kreisen seiner eigenen Partei verlautete dagegen, Geli Raubals Tod sei nur ein tragischer Unfall gewesen, sie habe mit der Waffe gespielt, und dabei sei der Schuß losgegangen. Viele Historiker gehen bis heute von einem Selbstmord aus. Und der hatte zu tun mit der Abhängigkeit, die zwischen Geli und Hitler bestand, aus der sich Geli ganz offensichtlich befreien wollte – auch wenn sie dafür sterben mußte.

Hitlers Haushälterin Anni Winter zufolge hatte Geli sich aus Eifersucht umgebracht. Sie erzählte über die letzten Minuten, in denen sie die junge Frau lebend sah: »Bevor Geli sich in ihr Zimmer einschloß, half sie mir noch, im Zimmer ihres Onkels aufzuräumen. Ich sah, wie sie die Taschen einer seiner Jacken durchsuchte und dabei einen Brief fand. Später konnte ich den Brief, der mit der Hand auf blaues Papier geschrieben war, lesen. Geli hatte ihn in vier Teile zerrissen und gut sichtbar auf ein Tischchen gelegt, offenbar in der Absicht, die Blicke ihres Onkels darauf zu lenken.«[25]

Der Brief stammte von Eva Braun, und Anni Winter erinnerte sich an folgende Zeilen daraus: »Lieber Herr Hitler, ich danke Ihnen nochmals für die wunderschöne Einladung ins Theater. Ich werde diesen Abend so bald nicht vergessen. Ich bleibe in Dankbarkeit für Ihre Freundlichkeit und zähle die Stunden bis zu einem Wiedersehen. Ihre Eva.«

Geli las diesen Brief, zerriß ihn und sagte dann zu Anni Winter: »Wirklich, mit meinem Onkel verbindet mich

Büste von Geli Raubal, posthum von Prof. Liebermann

nichts mehr.«[26] Es waren die letzten Worte, die Anni Winter von Geli vernahm.

Der Brief von Eva Braun blieb spurlos verschwunden. Es ist keineswegs sicher, ob es ihn wirklich gegeben hat, denn Anni Winter verhielt sich ihrem Arbeitgeber gegenüber ausgesprochen loyal. Es wäre auch denkbar, daß sie den Brief erfunden hatte, um von Gelis Fluchtplänen und von ihrem lautstarken Streit mit Hitler abzulenken. Eine Frau, die sich wegen einer Nebenbuhlerin erschoß, war für Hitler weniger peinlich als eine Frau, die ihn einfach sitzenlassen wollte wegen eines anderen Mannes. Das Verhältnis, das Hitler zu Geli hatte, war nach den Recherchen des Historikers Ian Kershaw »intensiver als jede andere menschliche Beziehung«[27], die er jemals einging. Auch intensiver als seine Beziehung zu Eva Braun. Kershaw erkannte in der Beziehung zwischen Hitler und Geli »Merkmale einer starken, zumindest latenten sexuellen Abhängigkeit.«[28] Und er gelangte zu dem Fazit: »Menschlich war es eine selbstzerstörerische Beziehung und politisch, abgesehen von einem kurzlebigen Skandal, ein Strohfeuer.«[29]

So schwer sich Hitler mit der lebendigen Geli auch getan hatte – nach ihrem Tod machte er aus ihr eine Heilige. Er verklärte sie zu einer Traumfrau, mit der es keine andere aufnehmen konnte. Jetzt war es auch völlig unverfänglich für ihn zu verkünden, er hätte sie am liebsten geheiratet. Der Mann, für den es keine Liebe gab, konnte plötzlich behaupten, diese wunderbare Geli sei die große und einzige Liebe seines Lebens gewesen. Das Zimmer, in dem Geli gewohnt hatte, machte er zum Schauplatz eines Totenkults.[30] Nichts in diesem Zimmer durfte mehr berührt oder verändert werden. Gelis Möbel, ihre Kleider, selbst die Schreibstifte – alles mußte genau so bleiben wie an jenem Tag, als Geli sich erschossen hatte. Außer Hitler durfte nur Anni Winter das Zimmer betreten, um frische Blumen auf die Tische zu stellen.

Wie von seiner Mutter ließ er auch nach einem Foto von seiner Nichte ein Ölbild malen, das von da an gut sichtbar in seinem Berghof bei Berchtesgaden hing. Ein Bildhauer modellierte eine Büste von Geli, die in Berlin in der Neuen Reichskanzlei aufgestellt wurde wie ein Denkmal.

Das Trauerjahr für Geli war noch nicht vergangen, da faßte bereits ein anderes junges Mädchen den Entschluß, sich wegen Adolf Hitler umzubringen.

IX.
Eva Braun
Warten bis in den Tod

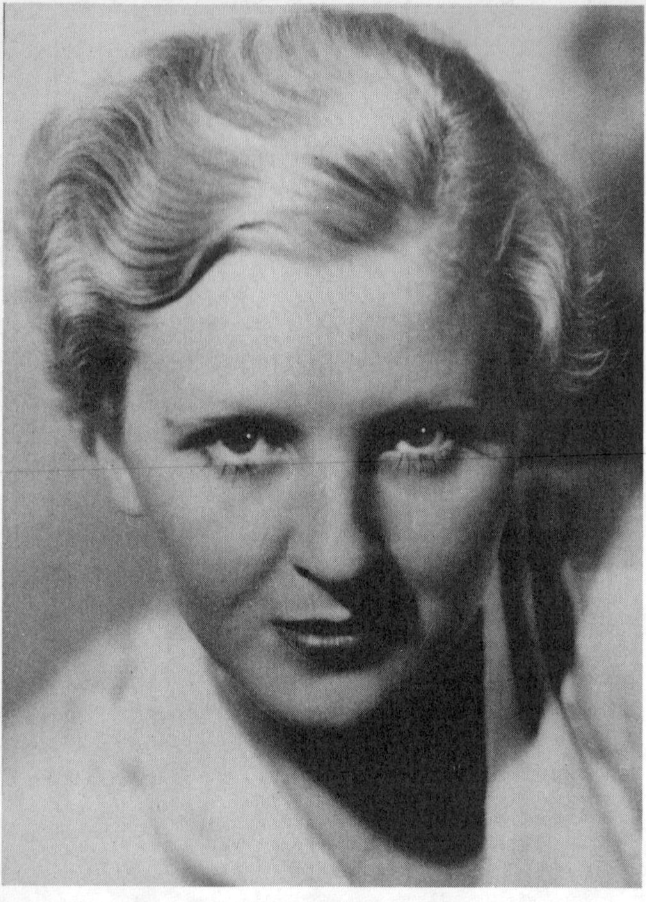

Eva Braun war am Ziel ihrer Wünsche: Endlich hatte er »ja« gesagt, der Mann, den sie seit vielen Jahren heiraten wollte. Ihr halbes Leben lang hatte sie gewartet, gehofft und wieder gewartet – und immer wieder hatte sie erleben müssen, daß ihm die Politik und die Macht offenbar wichtiger waren als das Zusammensein mit ihr. Was er genau machte, das wußte sie so wenig wie viele andere, aber daß er sie nicht heiraten wollte, das wußte sie genau. Aber dann, im April 1945, hatte er es sich doch noch überlegt. Eva Braun sollte endlich Eva Hitler werden.

Die Hochzeit sollte am 28. April stattfinden. Joseph Goebbels hatte es irgendwie geschafft, im zerbombten und zerstörten Berlin einen Mann aufzutreiben, der dazu befugt war, als provisorischer Standesbeamter zu fungieren: den Gauamtsleiter Walter Wagner. Er gehörte zu denen, die auch jetzt noch, wo schon überall russische Granaten einschlugen, die braune Parteiuniform trugen, dazu eine Armbinde des Volkssturmes. Wagner eilte also in den Bunker unter der Reichskanzlei. Neben dem Brautpaar und Wagner waren Goebbels und Bormann als Zeugen anwesend.[1]

Der Bräutigam hatte seine Uniform angezogen, die Braut trug ein hochgeschlossenes, schwarzes Seidenkleid, dazu ein goldenes Armband mit grünen Turmalinen, eine Halskette mit Topasanhänger und eine Brillantspange im blonden Haar.

Walter Wagner begann seine Trauungsansprache laut Protokoll mit den Worten: »Ich komme nunmehr zum feierlichen Akt der Eheschließung. In Gegenwart der obengenannten Zeugen ... frage ich Sie, Mein ›Führer‹ Adolf Hitler, ob Sie gewillt sind, die Ehe mit Fräulein Eva Braun einzugehen. In diesem Falle bitte ich Sie, mit ›ja‹ zu antworten.«

Hitler gab sein Jawort, und Wagner fuhr fort: »Nunmehr frage ich Sie, Fräulein Eva Braun, ob Sie gewillt sind, die Ehe mit Meinem Führer Adolf Hitler einzugehen. In diesem Falle bitte ich auch Sie, mit ›ja‹ zu antworten.« –

»Nachdem nunmehr beide Verlobte die Erklärung abgegeben haben die Ehe einzugehen, erkläre ich die Ehe vor dem Gesetz rechtmäßig für geschlossen.«[2]

Im Anschluß daran bat Wagner das Paar zur Unterschrift. Eva war so aufgeregt, daß sie die Heiratsurkunde fast mit dem falschen Namen unterschrieben hätte. Sie hatte bereits ein B aufs Papier geschrieben, als ihr gerade noch rechtzeitig einfiel, daß sie ja von nun an Hitler hieß. Sie strich das B wieder durch und unterschrieb mit dem richtigen Namen. Der Standesbeamte setzte das Datum ein und legte die beiden Blätter übereinander. Zu früh, wie er kurz darauf bemerkte. Die Tinte war nämlich noch nicht trocken, deswegen verwischte das Datum. Walter Wagner sah auf die Uhr. Es war bereits fünf Minuten nach halb eins, also schon der 29. April. Er besserte das Datum aus, trug aber jetzt, Ordnung mußte sein, statt der 28 eine 29 ein.

Hitler zitterte – nicht vor Aufregung, sondern weil er ein kranker Mann war. Vermutlich litt er an Parkinson. Eva Braun hakte sich bei ihm ein und ließ sich hinüber in die Privaträume führen. Dann wurde gefeiert. Neben den Trauzeugen waren Magda Goebbels und zwei von Hitlers Sekretärinnen geladen. Es wurde ein eher ruhiges Hochzeitsfest, versteht sich, die Gäste stießen mit ihren Gläsern nicht auf eine glückliche Zukunft an, sondern sie erinnerten sich melancholisch vergangener Zeiten.

Bald darauf diktierte Hitler sein politisches Testament, und erst nach vier Uhr in der Früh zog sich das Brautpaar in Evas Schlafzimmer zurück. Einen Tag lang wollten sie noch hier in Berlin bleiben, danach aufbrechen zu ihrer Hochzeitsreise, die sie weit weg führen sollte, weit über die immer enger werdenden Grenzen des Deutschen Reiches hinaus. Eva wußte schon seit einiger Zeit, wohin diese Reise sie und ihren Bräutigam führen würde. In den Tod. Aber ohne diese Reise, und das ahnte sie wohl auch, hätte es nie eine Hochzeit mit Adolf Hitler gegeben.

Bis zum Ende des Dritten Reiches wußten nur wenige, daß Eva Braun überhaupt existierte. Unauffällig, wenn auch nicht gerade anspruchslos, hatte sie in Hitlers Schatten gelebt. Hatte sich von ihm herbeizitieren lassen, wenn er sie sehen wollte, hatte sich zurückgezogen, wenn er befahl, sie solle sich gefälligst unsichtbar machen. Nach dem Zweiten Weltkrieg, als bekannt wurde, daß es da eine Frau in Hitlers Nähe gegeben hatte, eine Frau, die ihn als »Geliebten« bezeichnete, da war das Erstaunen groß. Der Autor Volker Elis Pilgrim empfand bei der Beschäftigung mit dieser Frau »als erstes Abscheu, Ekel, Zorn …«.[3] Und dennoch, Eva Braun war wohl eine ganz gewöhnliche Frau, ziemlich durchschnittlich, ein Mensch wie Millionen andere auch. Es war kein Zufall, daß kaum jemand sie wahrnahm, die Frau, die sehr oft mit Hitler im selben Theater saß, wenn auch nicht bei ihm in der Loge.

Eva Braun verliebte sich in Hitler, obwohl er nicht attraktiv aussah, obwohl er dreiundzwanzig Jahre älter war, obwohl er sie vernachlässigte, obwohl er ein grausamer Diktator war. All das nahm Eva bereitwillig in Kauf, denn Hitler verkörperte etwas, das viele Menschen als eine geradezu magische, mystische Ausstrahlung empfanden: Eine ganz besondere Faszination schien von Hitler auszugehen. Was aber diese Faszination ausmachte, für Eva wie für so viele andere, war auch etwas ganz Schlichtes: Adolf Hitler sagte ihr, was gut und was böse ist, was sie tun und was sie lassen sollte. Das war einer der Gründe, weshalb er bei Kindern so gut ankam. Hitler war der Vater, der alles wußte und der dafür sorgte, daß alles gut wird. Er nahm Eva, er nahm seinem Volk alle Verantwortung ab und lud sie auf seine eigenen Schultern. Eva Braun erlag also dieser Faszination und war somit ein Kind ihrer Zeit.

Dieses Kind kam am 6. Februar 1912 im Münchener Stadtteil Schwabing zur Welt. Eine Hausgeburt, die ohne Komplikationen ablief. Draußen regnete es in dieser Nacht, ein feiner, kalter Nieselregen, der auch in den nächsten Tagen noch anhielt. Um 2 Uhr 32 tat Eva in der Drei-Zimmer-Wohnung in der Isabellastraße 45 ihren ersten Schrei. Kurz danach wachte ihre Schwester auf, die vier Jahre alte Ilse, und wollte wissen, was eigentlich los sei. Sie strahlte, als man ihr das Schwesterchen zeigte, und versprach, sie werde ihr Leben lang auf Eva aufpassen.

Evas Vater, der Gewerbelehrer Friedrich Braun, war

enttäuscht. Er hatte sich so sehr einen Sohn gewünscht. Nicht für sich selbst, sondern für seinen König. Braun war nämlich ein überzeugter Monarchist. Seinen Sohn wollte er Rudolf nennen, das stand schon lange fest. Rudolf, nicht Adolf. Über einen Mädchennamen hatte er ebenfalls nachgedacht, denn er hatte schon befürchtet, daß es wahrscheinlich nichts werden würde mit dem Namen Rudolf. Seine Frau kam nämlich aus einer Familie, in der lauter Töchter geboren wurden. Er entschied sich für Eva, weil dieser Name in seinen Augen nicht gar zu katholisch klang. Er selbst war evangelisch, hatte aber seinen Schwiegereltern bei der Heirat versprechen müssen, seine Kinder im katholischen Glauben zu erziehen.[4]

Friedrich Braun führte mit seiner Ehefrau Franziska, die er Fanny nannte, eine geradezu mustergültige Ehe. Er sorgte als Beamter für das Einkommen der Familie, sie kümmerte sich um die Kinder. Streit, so erzählte Fanny Jahre danach dem Historiker Nerin E. Gun, habe es zwischen ihr und ihrem Mann nie gegeben. Gun schrieb nieder, was Eva Brauns Mutter ihm erzählte: Das Mädchen Franziska Kronburger aus dem Dorf Geiselhöring in der Oberpfalz war ungemein sportlich – ebenso wie später ihre Tochter –, konnte hervorragend skifahren und schwimmen. Auf den Skiern hatte sie 1905 eine Meisterschaft gewonnen, im Wasser hatte sie einmal jemandem das Leben gerettet. Außerdem war sie bemerkenswert schön, hatte noch im hohen Alter sehr feine Züge, war lebhaft und geistesgegenwärtig. Und mit all ihrer Lebhaftigkeit erzählte sie dem Historiker, wie sie als junges Mädchen nach München ging, wie sie dort bei ihren drei Schwestern wohnte und in einem Modeatelier arbeitete. Sie lernte Friedrich Braun kennen, der einen Brief an ihren Vater schrieb und ihn darin um die Hand seiner Tochter bat. Im Juli 1908 war dann Hochzeit, bei der Fanny das Hochzeitskleid ihrer Großmutter trug, das sie wiederum aufbewahrte für ihre Töchter. Ein Jahr später wurde Ilse geboren, danach Eva, die runde, rosige Pausbäckchen hatte und deren Lachen die ganze Wohnung erhellte.[5]

Dann kam der Erste Weltkrieg, und die Brauns mußten ihr Dienstmädchen entlassen. Statt dessen nahmen sie einen Untermieter auf, und Fanny nähte Soldatenuniformen und Schirme für Nachttischlampen. Friedrich Braun folgte dem Ruf seines Kaisers, er zog an die Front in Flandern. Nach seiner Heimkehr lebte die Familie zwar nicht fürstlich, aber es ging ihr bei weitem besser als dem Durchschnitt. Eva spielte mit Puppen und gedieh prächtig. Manchmal führte sie Märchenspiele auf – die schöne Prinzessin spielte Eva, die Rolle des verzauberten Prinzen mußte die Hauskatze übernehmen.

Alles in allem erlebte Eva Braun den Erzählungen ihrer Mutter nach eine überaus glückliche Kindheit, und sie hatte ganz wunderbare Eltern. Allerdings war sie schon als kleines Kind ein wenig launenhaft. Gun vermerkte dazu beiläufig: »Einmal tauchte die Mutter ihren Kopf in eine Schüssel mit kaltem Wasser – umsonst, Eva gab ihre Launen nicht auf. Vom Vater bekam sie manche Tracht Prügel, wenn sie die Schule schwänzte. Aber Strafe beeindruckte sie nicht.«[6] Wie oft verprügelte der Vater seine Tochter? Wie lange drückte die Mutter den Kopf des kleinen Mädchens unter Wasser? Solche Fragen stellte der Historiker Gun leider nicht. Die Antworten darauf hätten vielleicht erhellen können, wieso Eva später zweimal vergeblich versuchte, sich umzubringen, oder wieso sie, sobald jemand sie bat, sich bei Hitler für einen Menschen in Bedrängnis einzusetzen, lediglich die Finger auf die Lippen legte und so ihr Schweigen signalisierte. Mangelte es ihr an Mitgefühl? Fast schien es, als würde ein Menschenleben nichts für sie zählen, weder das Leben anderer noch ihr eigenes.

Eva begriff früh, wie sie sich durch kleine Tricks das Leben leichter machen konnte. Schon mit vier Jahren schützte sie Magenschmerzen vor, wenn sie kein Püree aus Steckrüben oder keine Haferschleimsuppe essen wollte. In der ersten Schulklasse luchste sie beim Mittagessen den anderen ihren Nachtisch ab. Den Anfang ihrer Schulzeit verbrachte Eva nicht in München, sondern bei den Eltern ihrer Mutter in der Oberpfalz, wo sie ganz in der Nähe eine Klosterschule besuchte. Die Nonnen konnten sich nicht mehr allzu gut an Eva Braun erinnern. Nur eines war ihnen im Gedächtnis geblieben: Eva war »äußerst gefräßig«.[7]

Nach dem Besuch der Volkschule kehrte sie zu ihren Eltern zurück. Ihre damaligen Spielkameraden beschrieben sie als ein wildes Kind, das viel herumtobte und ständig Streiche ausheckte. Eva benahm sich wie ein richtiger Lausbub, und es schien fast, als wollte sie der Junge sein, den ihr Vater sich so gewünscht hatte. »Wir spielten hier auf dem Platz immer Schlagball«, erzählte einer ihrer Spielkameraden später, »Eva tobte dabei herum und wälzte sich mit den anderen unter wildem Geschrei auf der Erde. Wenn ihre Mutter sie abends vom Balkon aus zum Essen rufen wollte, hatte sie Mühe, ihre Tochter wiederzuerkennen.«[8] Und einer von Evas Lehrern aus der Volksschule erinnerte sich: »Ein wildes Kind, das in der Stunde oft abgelenkt war, nie seine Aufgaben lernte und am liebsten Sport trieb. Darin war sie allerdings die Beste. Sonst war sie faul. Sie konnte sich aber durchschlagen, weil sie intelligent war.«[9]

Eva wechselte auf das Lyzeum, wo sie keine hervorragende, aber doch eine gute Schülerin war. Auch hier bescheinigten ihr die Lehrerinnen, sie habe viel »Blödsinn« angestellt, sei aber intelligent gewesen. Sie las am liebsten Karl-May-Bücher und später auch die Erzählungen von Oscar Wilde, nachdem ein Lehrer eine davon mit der Klasse im Unterricht besprochen hatte.

Im Jahre 1925, als es wirtschaftlich wieder bergauf ging, zogen die Brauns in eine größere Wohnung in der Hohenzollernstraße 93, zweiter Stock. Sie konnten sich jetzt auch wieder ein Dienstmädchen leisten. Eva und ihre beiden Schwestern nahmen Mal- und Musikunterricht, im Teenageralter gingen sie zur Tanzstunde.

Einer von Evas Jugendfreunden weihte einmal sein neues Motorrad ein. Während er noch stolz die Vorzüge seiner Maschine erklärte, sprang Eva plötzlich auf das Motorrad, gab Gas und fuhr davon. Sie drehte einige Runden im Viertel, obwohl sie nie zuvor so ein Zweirad gelenkt hatte. Nach einer Weile kehrte sie zurück und meinte herablassend: »Ein Motorrad ist nicht chic. Ich ziehe Luxuslimousinen vor.«[10] Diese Vorliebe behielt sie ihr Leben lang bei.

Eva spielte leidenschaftlich gerne Theater. Daheim in der Wohnung ihrer Eltern inszenierte sie Vorstellungen, zu denen sie ihre Freunde einlud. Als Eintrittspreis verlangte sie meistens einen »Brasilianer«, ein mit Schokoladencreme gefülltes Kuchenstück, das sie besonders gerne aß. Als Kostüm verwendete sie alte Kleidungsstücke ihrer Eltern, die sie vom Dachboden holte.

Zum Ende ihrer Ausbildung, 1928, schickten Evas Eltern sie noch einmal auf eine Klosterschule. Bei einem katholischen Orden, den »Englischen Fräulein« in Simbach am Inn, sollte Eva eine Handelsschulausbildung absolvieren.[11] Auch dort spielte sie voller Begeisterung in den Theaterstücken mit, die an der Schule aufgeführt wurden. Außerdem besuchte sie regelmäßig den Gottesdienst. Und noch etwas blieb den Ordensschwestern, die Eva unterrichteten, im Gedächtnis: »Freundinnen besaß sie nicht.«[12]

Eva haßte diese Schule von Anfang an. Die strengen Regeln gefielen ihr nicht, und vor allem nicht die vielen Mädchen um sie herum. Evas Benehmen war längst noch nicht damenhaft, sondern das eines Jungen – und sie wollte auch lieber mit Jungen zusammensein. Eigentlich sollte sie zwei Jahre lang auf der Klosterschule bleiben, aber sie weigerte sich. Ihrer Mutter drohte sie damit, einfach zu verschwinden und in Wien oder Berlin ein neues Leben anzufangen.

Bevor es soweit kam, gab ihre Mutter lieber nach. Eva durfte im Juli 1929 das Kloster verlassen und in ihr Elternhaus zurückkehren, mit einem Abschlußzeugnis in der Tasche, aber noch ohne Berufserfahrung. Ihre ältere Schwester arbeitete als Sprechstundenhilfe bei einem jüdischen Arzt – das brachte Eva auf den Gedanken, sich im selben Beruf zu versuchen, und auch sie bekam eine Stelle in einer Arztpraxis.[13]

Dort allerdings hielt Eva es nur wenige Wochen lang aus. Sie fand es furchtbar, dauernd einen Schwesternkittel tragen zu müssen, und es langweilte sie entsetzlich, die ganze Zeit im Vorzimmer zu sitzen. Die Fragen der Patienten gingen ihr auf die Nerven, den Anblick von Blut und von eitrigen Wunden konnte sie nur schwer ertragen. Sie kündigte.

Ihr Traum vom Leben war wesentlich glanzvoller als der eher nüchterne Alltag einer Arzthelferin. Eva sah zwar ein, daß sie praktische Berufserfahrung sammeln mußte, auf die ihre Eltern so drängten, aber dann wollte sie ihrer eigentlichen Berufung folgen und Filmschaupielerin werden. Sie hörte gerne Jazzmusik, sah sich amerikanische Filme und Musicals an. Im Juni 1929 wurde in Deutschland der erste amerikanische Tonfilm gezeigt, »Der singende Narr«, mit dem Kabarettisten und Jazzsänger Al Jolson in der Hauptrolle. Jolson spielte darin einen weißen Sänger, der als schwarzer Sänger auftritt. Eva war fasziniert von der Stimme des Sängers, aber auch von seiner Verkleidung. Bei einem Fest schlüpfte sie in die Rolle von Al Jolson. Eva, eine junge Frau, verwandelte sich in einen weißen Mann, der sich in einen Schwarzen verwandelt. Mit tiefer, rauchiger Stimme sang sie das Lied vom »Sonnyboy«. Am Ende kam sie zu ihrer Mutter und ihrer Schwester an den Tisch: Die beiden hatten sie nicht erkannt.[14]

Solche Bühnenerfolge machten auf Evas Vater nur wenig Eindruck. Er weigerte sich, seiner Tochter eine Schauspielausbildung zu bezahlen – obwohl er durch eine Erbschaft wohlhabend geworden war. Lieber kaufte er sich von einem Teil des Geldes einen BMW, damals noch ein seltener Luxus. Zu seinen Töchtern war er ebenso streng wie zu seinen Schülern, auch dann noch, als die schon längst keine kleinen Mädchen mehr waren. Er las ihre Briefe, kontrollierte ihre Anrufe, schrieb ihnen genau vor, wie lange sie abends weggehen durften. Um zehn Uhr abends schaltete er den Strom ab. Eva und ihre Schwestern kauften sich Taschenlampen, um heimlich unter der Bettdecke zu lesen. Noch mit zwanzig Jahren mußte Eva spätestens um zweiundzwanzig Uhr zu Hause sein – wenn sie sich verspätete, bekam ihr Vater einen Zornesausbruch. Immer wieder mußte sie sich Vorwürfe von ihm anhören.

Eva Braun unter den Zuschauern beim letzten Reichsparteitag 1939; neben ihr Anny Brandt, die Frau von Hitlers Arzt; hinter ihr Unity Mitford

Nach Evas Kündigung in der Arztpraxis fragte Friedrich Braun beim Inhaber eines Fotogeschäftes an, ob er eine Stelle für seine Tochter frei hätte. Heinrich Hoffmann bat Eva daraufhin zum Vorstellungsgespräch.

Für diesen Termin machte Eva sich hübsch. Sie hatte sich in den Monaten seit ihrem Schulabgang gründlich verändert, kam jetzt nicht mehr wie ein junger Mann daher, sondern so, wie die Leute das von einer jungen Dame erwarteten. Sie puderte sich das Gesicht und benutzte einen Lippenstift, wenn auch relativ sparsam. Anstatt lange Zöpfe zu tragen, wie in der Klosterschule, ließ sie ihr hellbraunes Haar, das sie später blond färbte, offen auf die Schultern fallen. Noch immer war Eva ein wenig rundlich, aber sie bemühte sich, das zu ändern. Um eine bessere Figur zu bekommen, trieb sie Gymnastik. Sie war auch Mitglied im Schwabinger Turnverein, wo sie die Übungen am Barren besonders geschickt absolvierte.

Eva Braun ging also zum Bewerbungsgespräch in die

Schellingstraße. Vor einem grauen Gebäude mit der Hausnummer 50 blieb sie stehen. Ihr Blick fiel auf das Schild über der Eingangstür: »Heinrich Hoffmann, Kunstphotographie«. Der Inhaber führte zu dieser Zeit noch einen kleinen, bescheidenen Laden. Erst Jahre später sollte er als »Reichsbildberichterstatter«, den die Leute hinter vorgehaltener Hand »Reichstrunkenbold« nannten, Millionen verdienen. Hoffmann stellte vorzugsweise junge Mädchen ein, die sich finanziell ausnutzen ließen, ohne ihm Ärger zu machen. Eva Braun bekam bei ihm sofort eine Stelle. Offiziell wurde sie, entsprechend ihrem Abschluß auf der Klosterschule, als Buchhalterin geführt. Aber vermutlich wurde sie als Mädchen für alles eingesetzt: Sie verkaufte Filme, schrieb Rechnungen, erledigte die Post und arbeitete gelegentlich auch in der Dunkelkammer mit.

Von Politik hatte Eva keine Ahnung. Auch für die Aufmärsche der Nationalsozialisten interessierte sie sich bis dahin nicht im geringsten. Sie bekam nichts davon mit, daß nur ein paar Häuser neben Hoffmanns Fotoatelier der *Völkische Beobachter* gedruckt wurde, das offizielle Organ der NSDAP. Ebensowenig wußte sie, daß Heinrich Hoffmann, ihr netter, rundlicher Chef, der Partei schon vor Jahren beigetreten war. Eva Braun war mit ihren siebzehn Jahren ein völlig naives, ahnungsloses Mädchen, das sich gerne über Mode und über Filmstars unterhielt. Sie achtete nicht sonderlich auf die Leute, die in den Laden kamen, um sich von ihrem Chef fotografieren zu lassen. Normalerweise wäre ihr auch jener Adolf Hitler nicht aufgefallen, der an einem Freitag im Oktober 1929 plötzlich vor ihr stand.

Eva selbst schilderte diese erste Begegnung später ihrer Schwester: »Ich war nach Feierabend im Geschäft geblieben, um einige Papiere einzuordnen, und stieg gerade auf eine Leiter, weil die Ordner oben auf dem Schrank standen. Da kommt der Chef herein und mit ihm ein Herr von gewissem Alter mit einem komischen Bart und einem hellen englischen Mantel, einen großen Filzhut in der Hand. Die beiden setzen sich in die andere Ecke des Zimmers, mir gegenüber. Ich schiele zu ihnen hinüber, ohne mich umzudrehen und merke, daß der Mann auf meine Beine schaut. Ich hatte gerade an dem Tag meinen Rock kürzer gemacht und fühlte mich nicht ganz wohl, weil ich nicht sicher war, ob ich den Saum richtig hingekriegt hatte.«[15]

Eva stieg die Leiter langsam wieder herunter. Ihr Chef stellte sie diesem seltsamen Herrn vor: »Herr Wolf – unser braves kleines Fräulein Eva.« Eva reichte dem Herrn die Hand und lächelte. Ihr Chef schickte sie in die Wirtschaft um die Ecke. Sie sollte Bier und Leberkäse besorgen.

Nach ihrer Rückkehr verspeiste sie hungrig ihre eigene Portion, trank dazu auch ein paar Schlucke Bier, denn sie wollte nicht unhöflich sein.

»Der alte Herr machte mir Komplimente«, beschrieb sie den weiteren Verlauf dieser Begegnung, »wir unterhielten uns über Musik und über ein Stück im Staatstheater, glaube ich. Dabei verschlang er mich ständig mit den Augen. Dann – es war schon spät – wollte ich gehen. Er bot mir an, mich in seinem Mercedes nach Hause zu bringen, aber ich lehnte ab. Stelle dir das Gesicht von Papa vor!«

Als Eva gerade das Geschäft verlassen wollte, hielt Hoffmann sie fest. Er zog sie in eine Ecke und fragte leise: »Hast du denn nicht erraten, wer dieser Herr Wolf ist?«

»Nein«, antwortete Eva.

Hoffmann konnte es kaum fassen: »Schaust du nie

unsere Fotos an«, brummte er, »es ist der Hitler. Unser Adolf Hitler!«

»Ah?« sagte Eva. Diesen Namen hatte sie schon einmal gehört. Aber so richtig konnte sie ihn nicht einordnen. Daheim fragte sie ihren Vater: »Du Papa, wer ist das eigentlich, der Adolf Hitler?«

Die Mundwinkel von Friedrich Braun zuckten verächtlich nach unten. »Hitler?« sagte er. »Ja, ja, das ist so ein junger Dachs, der glaubt, die Weisheit mit Löffeln gefressen zu haben!«

Allmählich wurde Eva Braun neugierig.

Zunächst sah sie Hitler nur gelegentlich, eben dann, wenn er ins Fotostudio kam. Er wechselte ein paar höfliche Worte mit ihr, wie mit den anderen Angestellten auch. Sein erstes Geschenk für sie war eine Art Autogrammkarte, ein Foto, das ihn im Braunhemd zeigte. An den unteren Rand hatte er geschrieben: »Weihnachten 1929 – Adolf Hitler«. Eva bewahrte das Foto in ihrem Tagebuch auf.

Im folgenden Jahr brachte Hitler kleine Geschenke – manchmal Blumen oder Bonbons – mit ins Fotostudio. Einmal schenkte er ihr eine gelbe Orchidee, deren Blütenblätter Eva trocknete und aufhob. Ab und zu bekam sie Theaterkarten von ihm und bedankte sich mit einem Knicks. Von einer richtigen Affäre mit Hitler konnte jedoch zu dieser Zeit noch keine Rede sein. Evas Leben war noch nicht von ihm abhängig. Sie ging hin und wieder mit Henriette Hoffmann tanzen, traf sich im Winter mit Gleichaltrigen zum Schlittschuhlaufen oder ging im Sommer mit ihnen schwimmen. In jener Zeit lernte sie einen jüdischen Medizinstudenten kennen, der ihr erster Liebhaber wurde – eine langfristige Liebesbeziehung entwickelte sich daraus allerdings nicht.[16]

Es dauerte über ein Jahr, bis Hitler anfing, sich etwas eingehender für Eva zu interessieren. Dem Fotografen Hoffmann fiel auf, daß er sich schon vor seinen Besuchen im Fotostudio nach der »kleinen Eva Braun« erkundigte, von der er behauptete, sie mache ihm Spaß. Bald darauf nannte er Eva »meine schönste Nixe bei Hoffmann«[17], und eines Tages lud er sie in die Oper ein. Hin und wieder ging Hitler mit Eva zum Eis essen, traf sich mit ihr in einem Café – allerdings heimlich, so, daß nur wenige Leute davon erfuhren. Die Frau, mit der sich Hitler öffentlich zeigte, war zu dieser Zeit Geli Raubal. Umgekehrt wollte auch Eva verhindern, daß etwa ihr Vater von ihren gelegentlichen Treffen mit Hitler erfuhr. Das hätte ihr nur riesigen Ärger eingebracht.

Auch nach dieser ersten Verabredung dauerte es vermutlich eine ganze Weile, bis Eva Braun sich wirklich in Hitler verliebte. Bei ihrer ersten Begegnung fand sie ihn zu alt, zu häßlich, sie wäre wohl noch nicht auf die Idee gekommen, jemals etwas mit ihm anzufangen. Dann aber merkte sie, wie prominent dieser Mann war. »Hitler imponierte ihr«, schrieb Hoffmanns Tochter Henriette später, »die Zeitungen berichteten über ihn. Er hatte einen schwarzen Mercedes, einen Schäferhund und einen Chauffeur, und konnte, wenn er wollte, so reizende Komplimente machen.«[18] Hitler war reich und gerade dabei, ein berühmter Mann zu werden – und alleine damit übte er eine ungeheuere Anziehungskraft aus, auf Eva genauso, wie auf zahllose andere Frauen. Dazu kam Evas schwieriges Verhältnis zu ihrem Vater, das sich auch in ihrer späteren Beziehung mit Hitler spiegelte. Eva wollte wohl insgeheim von Hitler geliebt werden wie das kleine Mädchen von seinem Papa. Seine merkwürdige Art, die keine wirkliche Nähe aufkommen ließ, entsprach in gewisser Weise auch dem oberflächlichen Lebensstil, den Eva pflegte.

Hitler vermied es, Eva Braun und Geli Raubal jemals zusammentreffen zu lassen, und tatsächlich sind sich beide nie begegnet. Eva besuchte Hitler kein einziges Mal in seiner Wohnung am Prinzregentenplatz, solange Geli noch lebte. Und Geli kam nie in das Fotostudio von Heinrich Hoffmann. Allerdings wußte jede von der Existenz der anderen. Hitlers Bekanntschaft mit Eva Braun gehörte möglicherweise zu den Auslösern für Gelis Selbstmord im September 1931.

Als Geli gestorben war, teilte Hitler seinen Schmerz mit Eva Braun. Er sprach mit ihr über seine Nichte und darüber, wie ihn ihr Tod erschütterte. Eva versuchte daraufhin, Geli nachzuahmen, sie versuchte, Hitler die Frau zu ersetzen, die ihm offenbar am meisten bedeutete. Eva legte sich dieselbe Frisur zu wie Geli, sie kleidete sich ähnlich, ja, sie ahmte sogar ihre Bewegungen nach. Sie nahm in ihr eigenes Leben hinein, was immer sie von Geli wußte. Und auch sie versuchte, sich das Leben zu nehmen, genauso, wie Geli es getan hatte.

In den Monaten zuvor hatte sie offenbar geglaubt, bald die Frau an Hitlers Seite werden zu können. Sie besuchte ihn ein paarmal in seiner Wohnung, erzählte ihren Freundinnen hinterher, Hitler sei in sie verliebt. Wahrscheinlich wurde sie Anfang 1932 tatsächlich seine Geliebte. Dennoch nahm er die Begegnungen mit Eva nicht weiter ernst, jedenfalls nach Aussage seiner Sekretärin Christa Schroeder.[19] Hitler verbrachte das Jahr 1932 hauptsächlich damit, in ganz Deutschland, das er als seine wahre Braut bezeichnete, politische Veranstaltungen abzuhalten. Schon deswegen konnte er sich nicht mit der

Frage beschäftigen, ob in München vielleicht ein einsames Mädchen auf Liebesbeweise von ihm wartete.

Eva wurde immer verzweifelter. Und Henriette Hoffmann, die mit Geli befreundet war, tat alles, um diese Traurigkeit noch zu verstärken. Sie machte sich einen Spaß daraus, Eva ständig neue Fotos zu zeigen, auf denen Hitler mit schönen Frauen an seiner Seite zu sehen war. Eva wartete auf Briefe, wenigstens auf kurze Nachrichten, aber sie wartete meistens vergeblich. Deshalb beschloß sie im Herbst 1932, einen Schuß abzufeuern, der möglicherweise ihr eigenes Leben beenden, auf jeden Fall aber Hitler an einer empfindlichen Stelle treffen sollte. Sie kannte ja seine Reaktion nach dem Selbstmord von Geli. Und ganz sicher hoffte sie, er würde bei ihr ähnlich reagieren und endlich seine Gefühle zu ihr entdecken.

Am 1. November 1932, an Allerheiligen, unternahmen Evas Eltern gerade eine Reise zur Familiengruft. Sie waren also nicht in der Wohnung, die Gelegenheit für Eva schien günstig. Sie wußte, wo ihr Vater seine Pistole aufbewahrte: in der Nachttischschublade. Eva nahm die Waffe, setzte sich damit auf das Bett in ihrem Zimmer. Es war kalt in dieser Nacht und das Zimmer nicht geheizt. Die Pistole in Evas Hand hatte das Kaliber 6,35 Millimeter, exakt dasselbe Kaliber, mit dem sich auch Geli erschossen hatte. Aber anders als Geli setzte Eva den Lauf nicht an die Brust, sondern seitlich an den Hals. Nach Mitternacht drückte sie ab.

Es war ein Streifschuß, aber es fehlten trotzdem nur wenige Millimeter, und Eva hätte ihre Halsschlagader getroffen. Sie blutete ziemlich stark und verlor für eine Weile das Bewußtsein. Trotz des hohen Blutverlusts gelang es ihr, nachdem sie wieder zu sich kam, einen Arzt zu rufen, der die Verletzte in ein Krankenhaus einliefern ließ. Und bald stand fest: Evas Verletzung war nicht lebensbedrohlich.

Ilse erzählte später, ihre Schwester habe Hitler vor ihrem Selbstmordversuch einen Abschiedsbrief geschrieben, den er am nächsten Morgen erhielt. Daraufhin kam er sofort mit einem großen Blumenstrauß in die Klinik. Er erkundigte sich beim Stationsarzt, ob der Selbstmordversuch echt oder nur vorgetäuscht war. Der Arzt versicherte, sie habe auf ihr Herz gezielt und hätte auch sterben können. Hitlers Sekretärin allerdings wußte nichts von einem solchen Besuch im Krankenhaus. Nach Christa Schroeders Erinnerung erfuhr Hitler erst durch seinen Fotografen Heinrich Hoffmann von dem Selbstmordversuch, und er sei darüber sehr überrascht gewesen. Das erste Wiedersehen mit Eva fand erst nach ihrer Entlassung aus dem Krankenhaus statt, und zwar in Hoffmanns Privathaus. Dort habe sich Eva vor Hitlers Eintreffen von einer Freundin auf »leidend« schminken lassen.[20] Ganz bleich, mit dunklen Schatten unter den Augen, kam sie die Treppe herunter.

Die Wunde an Evas Hals verheilte schnell, es blieb nur eine kleine, unauffällige Narbe zurück. Ihren Eltern, die ja von ihrer Verliebtheit nichts wußten, erzählte sie, der Schuß habe sich versehentlich gelöst, als sie die Waffe untersuchen wollte. Aus Neugierde. Niemals habe sie einen Selbstmordversuch unternehmen wollen.[21]

Hitler kümmerte sich nach Evas Warnschuß etwas mehr um sie, sah sie aber nach wie vor selten.[22] Nach der »Machtergreifung« im Januar 1933 wohnte er überwiegend in Berlin. Eva lebte noch immer bei ihren Eltern in München. Um wenigstens mit ihrem »Führer« telefonieren zu können, ließ sie in ihrem Zimmer ein eigenes Telefon installieren.[23] Sie bekam deswegen Ärger mit ihren

Eltern, die solchen Luxus für überflüssig hielten. Eva erzählte ihnen, sie brauche das Telefon aus beruflichen Gründen, um immer für ihren Chef und die wichtigsten seiner Kunden erreichbar zu sein. Das sah ihr Vater ja noch ein. Ein Rätsel war ihm allerdings, wieso dieses Telefon neben Evas Bett stehen mußte und weshalb niemand außer ihr Anrufe entgegennehmen durfte. Es paßte ihm auch nicht, daß Eva bei manchen Gesprächen die Zimmertür abschloß. Und wenn ihre Schwestern im Zimmer waren, zog Eva beim Telefonieren sogar die Bettdecke über den Kopf. Das alles aus beruflichen Gründen? Friedrich Braun ahnte, daß hier etwas nicht stimmte.

Hitler kam nur noch gelegentlich nach München, aber wenn er kam, dann traf er sich auch mit Eva. Er schickte seinen Fahrer mit dem Mercedes zu ihr und ließ sie abholen – natürlich wartete der Wagen nicht direkt vor der Wohnung von Friedrich Braun, sondern in einer Straße um die Ecke. Auch nach Berchtesgaden lud er sie ein, wo Eva nicht auf dem Berghof übernachtete, sondern in einem Hotel in der Nähe. Ihrer Familie verheimlichte sie auch nach Hitlers Machtübernahme noch, mit wem sie sich traf. Sie erfand jedesmal eine Ausrede – meistens behauptete sie, Heinrich Hoffmann hätte ihr einen dringenden Auftrag erteilt.

Zu ihrem 21. Geburtstag, ihrer Volljährigkeit, bekam Eva von Hitler ihren ersten Schmuck geschenkt: eine Garnitur mit grünen Turmalinen, bestehend aus Ring, Ohrringen und Armband. Zu Hause versteckte Eva den Schmuck in ihrer Handtasche, ansonsten trug sie ihn häufig – auch noch an ihrem Hochzeitstag.

Eva las gerne Groschenromane, in denen am Ende das arme Mädchen seinen Traumprinzen doch noch bekommt. Aber die Wirklichkeit sah auch nach ihrem

Künstlerempfang in der Reichskanzlei in Berlin (von links: Else Elster, Leny Marenbach, Hitler, Lilian Harvey, Karin Hardt, Dinah Grace, Willy Fritsch, Leni Riefenstahl und Dinah Grace' Schwester)

Selbstmordversuch anders aus: Sie war Hitlers Mätresse, seine heimliche Geliebte. Bei offiziellen Empfängen saßen andere Frauen an seiner Seite, keine kleinen Angestellten aus einem Fotoladen, sondern berühmte Schauspielerinnen und Sängerinnen. Eva fühlte sich gedemütigt und zur Seite geschoben. Und natürlich hatte sie Angst, Hitler könnte dem Charme einer seiner vielen prominenten Verehrerinnen erliegen – und sie verlassen.

Im Frühjahr 1935 unternahm Eva Braun einen zweiten Selbstmordversuch. In den Monaten zuvor hatte sie zwischen Hoffen und Bangen geschwankt, sich dabei aber zunehmend hilflos und einsam gefühlt. Wie einsam, das geht aus Tagebuchaufzeichnungen hervor, die sie an ihrem 23. Geburtstag begann. An diesem 6. Februar 1935 schrieb sie:

»... 23 Jahre bin ich nun glücklich alt geworden. Das heißt ob glücklich ist noch eine andere Frage. Augenblicklich bin ich's bestimmt nicht. Ich stelle mir halt auch etwas viel vor unter einem so ›wichtigen‹ Tag. Wenn ich nur ein Hunderl hätte, dann wäre ich nicht so ganz allein. Aber das ist wohl zu viel verlangt.

Frau Schaub kam als ›Abgesandte‹ mit Blumen und Telegramm. Mein ganzes Büro sieht aus wie ein Blumenladen und es riecht wie in einer Aussegnungshalle.

Eigentlich bin ich undankbar. Aber ich habe mir halt so absolut ein Dackerl gewünscht und nun ists wieder nichts. Vielleicht dann nächstes Jahr. Oder noch später, dann paßt es auch besser zu einer beginnenden alten Jungfer.«[24]

Eva mußte ihren Geburtstag also ohne Hitler verbringen. Ein paar Tage später kam es zu einem kurzen Treffen, das Evas bedrückte Stimmung jedoch nicht aufhellte. Im Gegenteil. Am 11. Februar notierte sie:

»Jetzt war er da. Aber nix Hunderl nix Kleiderschrank. Er hat mich nicht einmal gefragt ob ich einen Geburtstagswunsch habe.

Ich habe mir selber Schmuck gekauft. 1 Kette, Ohrringe und den Ring dazu um 50 M. Sehr hübsch alles. Hoffentlich gefällt's ihm. Wenn nicht so kann er mir ja selbst was aussuchen.«

Eine Woche später verbesserte sich Evas Stimmung schlagartig. Hitler hatte ihr Hoffnungen auf eine bessere Zukunft gemacht. Und so lautete ihr Eintrag am 18. Februar:

»Gestern ist er ganz unvermutet gekommen und es war ein entzückender Abend. Das Schönste aber war, daß er sich mit dem Gedanken trägt mich aus dem Geschäft zu nehmen und ..., ich will mich aber lieber noch nicht so freuen – mir ein Häuschen zu schenken. Ich darf einfach nicht daran denken so wunderschön wäre das. Ich müßte nicht mehr unseren ›ehrenwerten Kunden‹ die Tür öffnen und Ladenmädchen machen.

Lieber Gott gib, daß es wirklich wahr ist und in absehbarer Zeit Wirklichkeit wird.«

Doch bereits die nächste Begegnung mit Hitler endete wieder unerfreulich. Eva traf ihn Anfang März für ein paar Stunden, besuchte dann gegen Mitternacht noch einen Ball, für den sie schon seit Wochen zugesagt hatte. Hitler erteilte ihr dazu ausdrücklich seine Erlaubnis. Aber am nächsten Tag fuhr er zu Joseph Goebbels nach Feldafing am Starnberger See, ohne noch einmal etwas von sich hören zu lassen. Eva fürchtete, er könnte wegen ihres Ballbesuches eifersüchtig sein. Warum sonst meldete er sich nicht, obwohl er doch versprochen hatte, sie noch einmal zu sehen? Vermutlich hatte Hitler sie wegen seiner Pläne ganz einfach vergessen, schließlich war er damit beschäftigt, in Deutschland die allgemeine Wehrpflicht wiedereinzuführen und die Aufrüstung voranzutreiben. Währenddessen zerbrach Eva sich noch tagelang den Kopf darüber, weshalb er aus München abgefahren war, ohne sich von ihr zu verabschieden. Ihre Stimmung erreichte am 11. März einen vorläufigen Tiefpunkt. Da schrieb sie in ihr Tagebuch:

»Ich wünsche mir nur eines, schwer krank zu sein und wenigstens 8 Tage von ihm nichts mehr zu wissen. Warum passiert mir nichts, warum muß ich alles das durchmachen! Hätte ich ihn doch nie gesehen. Ich bin verzweifelt. Jetzt kaufe ich mir wieder Schlafpulver, dann befinde ich mich in einem halben Trancezustand und denke nicht mehr so viel darüber nach.

Warum holt mich der Teufel nicht. Bei ihm ist es bestimmt schöner als hier. Drei Stunden habe ich vor dem

Carlton gewartet und mußte zusehen, wie er der Ondra[25] Blumen kaufte und sie zum Abendessen eingeladen hat … Er braucht mich nur zu bestimmten Zwecken es ist nicht anders möglich …

Wenn er sagt er hat mich lieb, so meint er nur in diesem Augenblick. Genauso wie seine Versprechungen, die er nie hält. Warum quält er mich so und macht nicht gleich ein Ende?«

Mehr und mehr zerfloß Eva in diesen Wochen vor Selbstmitleid. Ihre Gedanken kreisten nur um ihr eigenes Ich und um die Frage, weshalb Hitler sich nicht genügend um sie kümmerte. Auf die Idee, selbst etwas an ihrer immer hoffnungsloseren Situation zu ändern, kam sie nicht. Statt dessen wartete sie darauf, Hitler möge sie endlich von ihrem Leiden erlösen. Aber der dachte gar nicht daran, wie aus Evas Notiz vom 1. April hervorging. Sie berichtete darin über eine Begegnung in einem Münchener Hotel:

»Gestern waren wir zum Abendessen von ihm in die Vier Jahreszeiten eingeladen. Ich mußte 3 Stunden neben ihm sitzen und konnte kein einziges Wort mit ihm sprechen. Zum Abschied reichte er mir, wie schon einmal, einen Umschlag mit Geld. Wie schön wäre es gewesen, wenn er mir einen Gruß od. ein liebes Wort dazugeschrieben hätte, ich hätte mich so gefreut. Aber an so was denkt er nicht.

Warum geht er nicht zu Hoffmanns zum Essen, da hätte ich ihn wenigstens ein paar Minuten für mich?«

Henriette Hoffmann spürte in diesen Wochen, wie sehr Eva litt. Es fiel ihr leicht, bei Eva den Eindruck zu erwecken, als wäre Hitler ständig hinter anderen Frauen her. Eine davon, daran ließ Henriette für Eva keinen Zweifel, war die englische Adelige Unity Valkyrie Mitford, die immer häufiger in Hitlers Nähe gesehen wurde. Evas Eifersucht brannte. Am 10. Mai schrieb sie:

»Wie mir Frau Hoffmann liebevoll und ebenso taktlos mitteilte hat er jetzt einen Ersatz für mich. Er heißt ›Walküre‹ und sieht so aus, die Beine mit eingeschlossen. Aber diese Dimensionen hat er ja gerne …

Sollte aber die mir mitgeteilte Beobachtung der Frau H. stimmen fände ich es bodenlos von ihm mir das nicht zu sagen. Schließlich könnte er mich doch so weit kennen, daß ich ihm nie etwas in den Weg legen würde wenn er plötzlich sein Herz für eine andere entdeckt. Was aus mir wird kann ihm ja gleich sein.«

In den folgenden Tagen beschaffte sich Eva ein Schlafmittel. Aber noch zögerte sie, Hitler für seine Gleichgültigkeit zu bestrafen. Als er sich jedoch knapp drei Wochen später immer noch nicht bei ihr gemeldet hatte, schrieb sie ihm einen Brief, der ihn zwingen sollte, sich zu äußern, wie auch immer. Am selben Tag, dem 28. Mai 1935, machte sie die letzten Einträge in ihr Tagebuch:

»Eben habe ich einen, für mich entscheidenden, Brief an ihn gesandt. Ob er ihn für so wichtig hält? Na, wir werden sehen.

Habe ich bis heute abend 10 Uhr keine Antwort werde ich einfach meine 25 Pillen nehmen und sanft hinüber schlummern.

Ist das seine wahnsinnige Liebe die er mir schon so oft versichert hat, wenn er mir 3 Monate kein gutes Wort gibt?

Gut er hat den Kopf voll gehabt in dieser Zeit mit politischen Problemen aber ist jetzt nicht eine Entspannung da? Und wie war es im letzten Jahr? Hat ihm da nicht Röhm u. Italien auch viel zu schaffen gemacht und trotzdem hat er Zeit für mich gefunden. Ich kann zwar schwer beurteilen, ob nicht die jetzige Situation ungleich schwerer für ihn ist, trotzdem würden ihn ein paar liebe Worte bei Hoffmanns oder sonstwo nicht sehr abgelenkt haben.

Ich fürchte es steckt was anderes dahinter. Ich bin nicht schuld. Bestimmt nicht.

Vielleicht eine andere Frau zwar nicht das Mädchen Walküre das dürfte ein bißchen unmöglich sein, aber es gibt ja soviele andere. Was gäbe es sonst noch für Gründe? Ich finde keinen!

Herrgott, ich habe Angst, daß er heute keine Antwort gibt. Wenn mir nur ein Mensch helfen würde es ist alles so schrecklich trostlos.

Vielleicht hat ihn mein Brief in einer ungeeigneten Stunde erreicht. Vielleicht hätte ich auch nicht schreiben sollen. Wie es auch sein wird, die Ungewißheit ist furchtbarer zu ertragen als ein plötzliches Ende.

Lieber Gott hilf mir daß ich ihn heute noch sprechen kann morgen ist es zu spät.

Ich habe mich für 35 Stück entschlossen es soll diesmal wirklich eine ›totsichere‹ Angelegenheit werden.

Wenn er wenigstens anrufen lassen würde ...«

Evas ältere Schwester Ilse berichtete später dem Historiker Jean-Michel Charlier, die Familie habe an diesem Abend Gäste zu Besuch gehabt. Eva saß eine Weile schweigend dabei, erklärte aber ziemlich bald, sie hätte Kopfschmerzen und wolle deshalb früh schlafen gehen. Dann verabschiedete sie sich.[26]

Vermutlich hat sie in dieser Nacht noch eine ganze Weile auf einen erlösenden Anruf von Hitler oder einem seiner Adjutanten gewartet. Aber das Telefon blieb stumm. Eva schluckte schließlich die Tabletten.

Am nächsten Morgen fand Ilse ihre bewußtlose Schwester. Sie rief sofort den jüdischen Arzt Martin Levi Marx herbei, bei dem sie als Sprechstundenhilfe arbeitete. Er machte eine Magenspülung und rettete der Geliebten von Adolf Hitler das Leben. Ilse hatte unterdessen das aufgeschlagene Tagebuch von Eva entdeckt. Sie riß die Blätter heraus, die einzigen, die erhalten blieben – im Gegensatz zu allen anderen Tagebuchaufzeichnungen von Eva Braun.

Evas zweiter Selbstmordversuch schien Hitler sehr zu beunruhigen. Er wollte nicht noch einmal in die Schlagzeilen geraten wie nach dem Tode von Geli Raubal. Von nun an telefonierte er öfter mit Eva und löste wenigstens einen Teil seiner Versprechungen ein. So schlug er Eva vor, sich zusammen mit einer ihrer Schwestern eine eigene Wohnung zu nehmen. Die Miete ließ er über Evas Arbeitgeber Heinrich Hoffmann bezahlen.

Eva und ihre jüngere Schwester Gretl zogen in eine Drei-Zimmer-Wohnung mit Zentralheizung in der Widenmayerstraße, nicht weit entfernt von Hitlers Wohnung am Prinzregentenplatz. Im August 1935 meldeten sie sich polizeilich an. Doch schon bald zerschlug sich Evas Hoffnung, Hitler würde sie in der neuen Wohnung öfter besuchen. Sie war ja nach wie vor nur eine heimliche Geliebte, über die in der Öffentlichkeit nichts bekannt werden durfte. Hitler kam deswegen erst spät in der Nacht zu ihr, er wollte nicht von den Nachbarn gesehen werden. Denen fiel trotzdem auf, daß in manchen Nächten plötzlich Polizisten vor der Haustür und im Treppenhaus standen, die den Eindruck erweckten, als würden sie jemanden bewachen, der ein ganz wichtiger Mensch sein mußte. Da sich ein gewisses Aufsehen nicht vermeiden ließ, verzichtete Hitler schon nach kurzer Zeit wieder völlig darauf, Eva in ihrer Wohnung zu besuchen. Er tröstete sie aber damit, daß sie nun bald eine eigene Villa bekäme.

Eva konnte und wollte ihre Beziehung zu Hitler nicht ewig vor ihren Eltern verheimlichen. Bei einem Sonntagsausflug in die Berge sorgte sie für eine Begegnung in einem Café. Hitler gab Evas Mutter einen Handkuß und redete über das Wetter. Doch Friedrich Braun wollte ein geregeltes Verhältnis.

Nach Evas Auszug von daheim schrieb Vater Braun am 7. September 1935 einen Brief an Adolf Hitler:

»Es ist mir sehr unangenehm, mit einer Privatangelegenheit Sie belästigen zu müssen, nämlich mit meinem Kummer als Familienvater«, begann Braun seine Zeilen. Nach einigen Höflichkeitsfloskeln näherte er sich langsam seinem eigentlichen Anliegen: »Meine Familie ist nun auseinandergerissen, weil meine beiden Töchter Eva und Gretl in eine von Ihnen zur Verfügung gestellte Wohnung gezogen sind, und ich als Familienoberhaupt vor eine vollendete Tatsache gestellt worden bin ... Außerdem stehe ich auf dem vielleicht altmodischen Standpunkt in moralischer Hinsicht: Der Obhut der Eltern und dem gemeinsamen Heim werden die Kinder erst bei Heirat entzogen ... Für Ihr Verständnis hierfür wäre ich Ihnen, sehr geehrter Herr Reichskanzler, überaus verbunden und schließe daran die Bitte, den Freiheitsdrang meiner Tochter Eva, die ja volljährig ist, nicht zu unterstützen, sondern sie zu veranlassen, in die Familie zurückzukehren.

Mit vorzüglicher Hochachtung
Fritz Braun«[27]

Evas Vater bekam auf diesen Brief keine Antwort. Das lag allerdings weniger an Hitler, sondern vielmehr daran, daß Braun das Schreiben dem falschen Boten übergab. Aus Angst, es könnte von einem Adjutanten oder einer Sekretärin abgefangen werden, schickte er es nicht an die Reichskanzlei, sondern übergab den Brief dem Fotografen Heinrich Hoffmann, mit der Bitte, ihn Hitler persönlich zu überbringen. Hoffmann versprach ihm das auch, reichte den Brief aber an Eva weiter. Die las ihn durch und zerriß ihn. Ihren Vater ließ sie in dem Glauben, Hitler habe eben keine Zeit gehabt für eine Antwort. Der Inhalt des Briefes blieb erhalten, weil Vater Braun eine Kopie davon gemacht und in einem Ordner abgelegt hatte.

Bei einer Urlaubsreise lernte Eva 1935 einen Kaufmann kennen, der sich offenbar heftig in sie verliebte. Evas Schwestern erzählten später, die beiden wären ein schönes Paar gewesen und hätten sich hervorragend verstanden. Ihre beste Freundin Herta Ostermayr meinte sogar: »Es war Liebe auf den ersten Blick.«[28] Doch Eva brach nach dem Urlaub den Kontakt zu ihrem Verehrer ab. Sie zog es vor, die heimliche Geliebte jenes Mannes zu bleiben, dessentwegen sie erst vor kurzem versucht hatte, sich umzubringen.

Je mehr Leute aus dem engeren Kreis um Hitler von seiner Freundin wußten, desto mehr erregte sie Neid und Mißgunst. Im September 1935, auf dem Reichsparteitag in Nürnberg, beobachtete Hitlers Sekretärin Christa Schroeder sogar eine regelrechte »Hetzkampagne« gegen Eva.[29] Diese trug einen luxuriösen Pelzmantel und benahm sich nach Ansicht einiger Nazifrauen viel zu auffällig auf der Tribüne. Magda Goebbels äußerte sich abfällig über Eva Braun, und Hitlers Halbschwester Angela Raubal beschwerte sich bei ihm über deren Benehmen. Doch Angelas Rechnung, ihr Bruder werde seine Geliebte fallenlassen, ging nicht auf.[30]

Gelis Mutter führte seit März 1927 den Haushalt auf dem Obersalzberg. Von Anfang an konnte sie Eva nicht

Hitler und Eva Braun im sogenannten Adlernest, dem Teehaus auf dem Kehlstein bei Berchtesgaden, wohl Herbst 1938

leiden, hielt sie für ein Zierpüppchen, das ihren Halbbruder nur einfangen wollte. Es war für Angela Raubal wohl nur schwer zu ertragen, daß Hitler eine Nachfolgerin für ihre Tochter Geli gefunden hatte. Angela vermied es, Eva die Hand zu geben, sie sprach das junge Mädchen nie mit dem Namen an, sondern sagte stets »Fräulein« zu ihr. In Evas Abwesenheit nannte Angela sie schlicht »die blöde Kuh«. Angela Raubal sorgte lange Zeit dafür, daß Eva bei ihren Besuchen nicht auf dem Berghof übernachten durfte, sondern in einem Hotel oder Gasthaus einquartiert wurde.

Das änderte sich allerdings schlagartig nach dem 18. Februar 1936. An diesem Tag warf Hitler seine Halbschwester hinaus. Sie regte sich so über die plötzliche Kündigung auf, daß sie erst mal zur Kur nach Bad Nauheim fahren mußte. Dort lernte sie einen Hochschulprofessor kennen, den sie kurze Zeit später heiratete. Ihren Halbbruder sah sie von da an nur noch selten, wie etwa bei den offiziellen Empfängen an seinem Geburtstag. Als Angelas Mann während des Rußlandfeldzuges starb, zog sie nach Wien, wo sie bis zu ihrem Tode blieb.[31]

Eva Braun wartete ein Jahr lang auf das Häuschen, das Hitler ihr versprochen hatte. Am 30. März 1936 war es dann endlich soweit: Zusammen mit ihrer Schwester Gretl zog sie in ein Einfamilienhaus im Stadtteil Bogenhausen, wo auch Hitlers Wohnung lag. Das Haus lag inmitten eines achthundert Quadratmeter großen Gartens und war von einer hohen Mauer umgeben – beste Voraussetzungen also für unauffällige Besuche. Allerdings besuchte Hitler sie auch hier nicht allzu häufig, und wenn er kam, dann blieb er nicht über Nacht. Eva lebte hier sehr zurückgezogen und pflegte kaum Kontakt mit den Nachbarn.

Aber den größeren Teil ihrer Zeit verbrachte sie von

Sommer 1936 an ohnehin nicht mehr in München, sondern auf dem Berghof oberhalb von Berchtesgaden. Im ersten Stock des Anbaus von Haus Wachenfeld bezog sie ein eigenes Apartment, mit einer Verbindungstür zu Hitlers Schlafzimmer. Außerdem gab es dort Gästezimmer für Evas Schwestern und Freundinnen. Ihre Schwester Ilse war, solange sie ihre Stellung bei einem jüdischen Arzt behielt, auf dem Obersalzberg nicht gerne gesehen. Zu Weihnachten 1936 wurde sie entlassen, nachdem kaum noch Patienten zu ihm kamen. Wenig später wanderte er aus. Als Ilse im Büro von Albert Speer eine Stelle angeboten wurde, schlug sie diese aus.[32]

Nach und nach erfüllten sich einige von Evas Träumen: Hitler schenkte ihr einen Mercedes, er überhäufte sie mit Schmuck, und eines Tages bekam sie nicht nur das »Hunderl«, nach dem sie sich so sehr gesehnt hatte, sondern sogar zwei: »Stasi« und »Negus«, zwei Scotchterrier, die einen guten Teil ihres Lebens damit verbrachten, vor Evas Zimmertür auf dem Berghof zu liegen. Trotz aller Geschenke machte Eva auf ihre Umgebung nicht den Eindruck eines wirklich glücklichen Menschen.

Sie nörgelte oft herum, galt als launenhaft und zickig. Vermutlich ärgerte sie sich darüber, daß sie sich bei offiziellen Anlässen zurückziehen mußte. Egal ob Kardinal Eugenio Pacelli zu Besuch kam, der im März 1939 Papst Pius XII. wurde, oder der Herzog von Windsor und seine Frau, Eva mußte sich verstecken: »Aber wenn es interessant wurde, wenn Gäste eintrafen, blieb Eva unsichtbar, das war eine der Abmachungen zwischen ihr und Hitler. Hitler dachte nicht daran, sie zu ändern. Als z. B. der Herzog und die Herzogin von Windsor ihren historischen Teebesuch bei Hitler am Obersalzberg absolvierten, mußte Eva verschwinden ... Eva wußte, daß der Herzog einer Frau zuliebe auf den englischen Thron verzichtet hatte. Hitler würde ihr zuliebe auf nichts verzichten, das wußte sie auch.«[33] Einmal stand sie bei der Ankunft des italienischen Außenministers Ciano am Fenster und wollte ihn filmen. Der Gast bemerkte das und erkundigte sich bei Hitler nach der jungen Dame. Daraufhin schickte er sofort einen Diener zu Eva mit dem Befehl, sie solle das Fenster schließen und sich zurückziehen.

Auch nach Evas Einzug auf dem Berghof erlaubte Hitler ihr nur ganz selten, ihn in Berlin zu besuchen. Das änderte sich Anfang 1939. Da bezog Eva eine dritte Wohnung, diesmal in der Reichskanzlei. Hitler überließ ihr dort das ehemalige Schlafzimmer des früheren Reichspräsidenten Paul von Hindenburg. Ein großer Raum mit schweren Vorhängen, der beherrscht wurde von einem riesigen Bismarck-Porträt an der Wand. Eva mußte diese Wohnung durch den Personaleingang betreten, denn offiziell hatte sie den Status einer der zahlreichen Sekretärinnen in der Reichkanzlei. Während Hitler große Banketts und Empfänge abhielt, war Eva angehalten, in ihrem Zimmer zu bleiben und dort ihre Mahlzeiten einzunehmen.

Auch zu jener Zeit hielten Evas Eltern nicht viel von der Beziehung ihrer Tochter mit Hitler. Ihre Mutter warf ihr vor, sie verschwende ihre Jugend an einen Mann, der sie nicht heiraten wolle und sie behandle wie eine Dirne. Dann entdeckte Friedrich Braun auch noch ein Foto seiner Tochter in einer tschechischen Zeitschrift, deren Titel zu deutsch »Puppe« lautete.[34] In der Bildunterschrift wurde Eva als Hitlers Mätresse dargestellt. Ein Freund der Brauns hatte zufällig bei einer Geschäftsreise in der Zeitschrift geblättert und sie mitgebracht. Jetzt tobte Evas Vater. Er warf seiner Tochter vor, sie habe die Ehre der Familie beschmutzt. Schließlich verbot er ihr, jemals wieder sein Haus zu betreten. Allerdings war seine Wut offenbar schnell verraucht. Denn schon bald nach diesem Streit trat er im Mai 1939 der NSDAP bei. Von nun an durfte Eva ihre Eltern und Geschwister so oft auf den Obersalzberg einladen, wie sie wollte.

Das Leben dort war meistens sterbenslangweilig. Eva hatte eine eigene Friseuse, die sich mindestens einmal am Tag mit ihren Haaren beschäftigte: »Wenn ich Hitler auf dem Berghof besuchte, traf ich auch Eva Braun. Alles Äußere an ihr war perfekt. Sie zog sich mehrmals am Tag um, die Frisöse kam und frisierte sie.«[35] Hitlers Geliebte interessierte sich brennend für Klatschgeschichten und für Mode. Für ihre Garderobe gab sie ein Vermögen aus. Sie kaufte nicht irgendwo, sondern ließ ihre Kleider von den besten Modemachern in Berlin entwerfen, ließ sich Pelze und Kleider aus Paris kommen, und ihre Schuhe kaufte sie in einem Nobelladen in Florenz. Und über jedes Kleid, jeden Mantel legte sie eine Akte an. Darin verzeichnete sie, wo sie das Stück gekauft, wieviel es gekostet hatte, welche Schuhe dazu paßten, welcher Schmuck, welche Tasche und welche Handschuhe. Von jedem Modell fertigte sie eine Skizze an und archivierte alles in zahllosen Ordnern, die auf einem Regal standen.[36]

Dort standen auch Dutzende von Fotoalben, denn Eva fotografierte und drehte Filme mit ihrer Schmalfilmkamera, wann immer sich die Gelegenheit dazu bot. Eva Braun war bestens informiert über die Filmstars ihrer Zeit: Sie kannte ihre Sternzeichen, wußte, welche Kleider sie trugen, in wen sie verliebt waren.

Was sie dagegen überhaupt nicht interessierte, war Politik. Ihr Interesse an Hitlers endlosen Monologen war längst erloschen. Auch wurde sie nie Mitglied seiner Partei. Nur zu gern kam sie dem Befehl des »Führers« nach, politische Themen auf dem Berghof zu meiden. Eva Braun stellte keine Fragen, sie hielt sich aus allem raus, was mit Hitlers Mordbefehlen zu tun hatte. Und sie fand es auch völlig in Ordnung, als er einmal in ihrem Beisein zu Albert Speer sagte: »Sehr intelligente Menschen sollen sich eine primitive und dumme Frau nehmen. Sehen Sie, wenn ich nun auch noch eine Frau hätte, die mir in meine Arbeit hereinredet! In meiner freien Zeit will ich meine Ruh' haben.«[37] Evas Mitsprache beschränkte sich darauf, die Filme auszuwählen, die am Abend gezeigt wurden. Hitler sah am liebsten harmlose Komödien, aber Eva überredete ihn hin und wieder dazu, sich auch amerikanische Filme anzuschauen, wie zum Beispiel »Vom Winde verweht«, einen ihrer Lieblingsfilme. Diese Vorführungen dauerten meist drei bis vier Stunden, danach versammelten sich alle Anwesenden vor dem Kamin. Aber wirklich miteinander geredet wurde auch dort nicht. Die Atmosphäre war verkrampft, keiner traute sich in Hitlers Gegenwart frei zu reden. Er selbst hielt entweder einen Monolog oder schwieg vor sich hin und starrte ins Feuer. Zwischen zwei und drei Uhr in der Nacht stand er schließlich auf und verabschiedete sich steif und förmlich von Eva, die ihn wie alle anderen mit den Worten »Mein Führer« anredete. Erst nachdem Hitler die Halle verlassen hatte, lockerte die Stimmung etwas auf, es wurde noch ein bißchen gescherzt und gelacht. Die Zurückgebliebenen fühlten sich wie befreit.

Eva sprach Hitler selten auf die Menschen an, die er verfolgen, foltern und ermorden ließ, und sie wollte auch im Regelfall nichts davon hören. Manchmal bat jemand aus ihrer Umgebung sie, sich für Menschen in Gefahr einzusetzen, doch Eva Braun gab solche Gnadengesuche normalerweise nicht an Hitler weiter. Eines Tages rief die Oberin des Klosters von Simbach bei ihrer ehemaligen Schülerin an. Sie erzählte, die Nationalsozialisten wollten das Kloster beschlagnahmen und eine Propagandaschule darin einrichten. Die Nonne flehte Eva an, dieses Unglück abzuwenden, und Eva antwortete: »Ich werde mit dem Parteigenossen Bormann sprechen. Er sitzt hier bei mir im Salon.« Eva legte den Hörer kurz zur Seite. Die Nonne hörte ein Tuscheln im Hintergrund, danach Gelächter. Eva kam ans Telefon zurück und sagte mit zuckersüßer Stimme: »Seien Sie beruhigt, alles wird gutgehen. Ich nehme mich der Sache an.«[38] Wenige Wochen später stürmten die Nazis das Kloster. Die Nonnen bekamen es erst nach Kriegsende wieder zurück.

Wahrscheinlich hätte sich Eva bei Hitler nicht einmal

Bei Hitlers vierundfünfzigstem Geburtstag am 20.4.1943, links Eva Braun, rechts Heinrich Hoffmann

für Mitglieder ihrer eigenen Familie eingesetzt. Ihre Schwester Ilse dagegen hielt selbst auf dem Berghof nicht mit ihrer Kritik zurück, obwohl Eva ihr das ausdrücklich verboten hatte. Hinterher nahm Eva ihre Schwester zur Seite und sagte ihr unmißverständlich: »Wenn dich der Führer ins KZ steckt, glaub' nicht, daß ich dich wieder heraushole.«[39]

Der Zweite Weltkrieg ließ Eva Braun und Hitler enger zusammenrücken. Die Empfänge in Berlin für junge Künstlerinnen aus der Film- und Bühnenwelt wurden seltener, bis sie schließlich gar nicht mehr stattfanden. Dafür telefonierte Hitler jeden Abend um zehn Uhr von einem seiner Hauptquartiere aus mit Eva, die er meist »Tschapperl« nannte. Bis 1942 fuhr sie – in Begleitung einer Freundin oder Schwester – einmal jährlich nach Italien, wo sie in Portofino an der Riviera ein paar Wochen Urlaub machte. Ab 1942 dann waren solche Urlaubsreisen gestrichen. Der Obersalzberg wurde zum Führerhauptquartier, die Stimmung dort immer schwerer und düsterer.

Von 1944 an verschlechterte sich Hitlers Gesundheitszustand rapide. Sein linker Arm und sein linkes Bein zitterten, er litt unter Magen- und Darmbeschwerden. Eva hatte ihm schon 1936 geraten, sich den Modearzt Theo Morell als Leibarzt zu nehmen. Dieser behandelte den »Führer« mit Antigas-Pillen, Vitaminpräparaten und Stärkungsspritzen unbekannter Zusammensetzung: Behandlungsmethoden, die bei Schulmedizinern, die Hitler bis dahin konsultiert hatte, auf Ablehnung stießen.[40] Eva bemühte sich auf dem Berghof so gut sie konnte, ihren »Führer« wieder hochzupäppeln. Im Frühsommer 1944 schien es für eine Weile, als ginge es ihm wieder besser.

Im Juni gab es auf dem Obersalzberg noch einmal ein großes, ein rauschendes Fest: Evas jüngere Schwester Gretl heiratete den SS-Oberführer Hermann Fegelein. Eva hatte sich sehr darum bemüht, die beiden zusammenzubringen. Sie fand Fegelein ausgesprochen sympathisch, meinte sogar einmal zu einer Feundin: »Wenn ich Fegelein 10 Jahre früher kennengelernt hätte, würde ich den Chef gebeten haben, mich freizugeben.«[41] An ihrer Stelle sollte wenigstens ihre Schwester das Glück haben, ihre Zukunft mit solch einem schneidigen, gutaussehenden Soldaten zu teilen. Fegelein galt als Frauenheld, aber das, dachte Eva, würde sich schon geben. Sie engagierte für die Feier ein kleines Orchester aus SS-Männern und verkündete: »Ich möchte, daß diese Hochzeit so schön wird, als ob es meine eigene wäre!«[42] Da ahnte Eva noch nicht, daß es bis zu ihrem eigenen Hochzeitsfest gar nicht mehr lange dauern sollte.

Am 20. Juli um 12 Uhr 42 explodierte in der »Wolfsschanze«, dem Führerhauptquartier in Ostpreußen, eine Bombe, die in einer Aktentasche versteckt war. Kurz zuvor hatte ein Offizier, den die Tasche störte, sie ein wenig zur Seite geschoben – die Bombe konnte Hitler nicht mehr direkt treffen. Eva Braun erfuhr aus dem Radio von dem Attentat und versuchte noch am Nachmittag, in der Wolfsschanze anzurufen. Doch die Telefonleitungen zum Führerhauptquartier waren blockiert. Eva versuchte es wieder und wieder, sie war außer sich, schrie und weinte. Stunden später bekam sie Hitler doch noch ans Telefon, der ihr mitteilte, was inzwischen ohnehin alle wußten: Ihm war nichts passiert. Wieder weinte Eva, aber diesmal aus Freude, sie tanzte und hüpfte umher.

Wenige Tage später erhielt sie Post von Adolf Hitler: Er schickte ihr die fleckige und zerrissene Uniform, die er am Tag des Attentats getragen hatte. Eva sollte das Stück gut aufbewahren, als historische Reliquie für künftige Generationen. Außerdem schrieb er ihr in einem Brief:

»Mein liebes Tschapperl,

Es geht mir gut, mach dir keine Sorgen, vielleicht ein bißchen müde. Ich hoffe, bald heimzukommen und mich dann in Deinen Armen ausruhen zu können. Ich habe ein großes Bedürfnis nach Ruhe, aber meine Pflicht gegen das deutsche Volk geht über alles andere. Vergiß nicht, daß meine Gefahren nicht mit denen unserer Soldaten an der Front verglichen werden können. Ich danke Dir für die

Beweise Deiner Zuneigung und bitte Dich auch, Deinem hochverehrten Vater und Deiner gnädigsten Frau Mutter für ihre Grüße und Wünsche zu danken. Ich bin sehr stolz auf die Ehre (bitte richte ihnen das aus), die Liebe eines Mädchens zu besitzen, das aus einer so vornehmen Familie kommt. Ich habe Dir die Uniform des Unglückstages geschickt. Sie ist der Beweis, daß die Vorsehung mich beschützt und daß wir unsere Feinde nicht mehr zu fürchten haben. Von ganzem Herzen Dein A H.«[43]

Hitler illustrierte seinen Brief mit einer Zeichnung der zerstörten Baracke. Eva verschloß seine Uniform in ihrem Zimmer. Nach dem Krieg war sie plötzlich verschwunden, wurde dann aber von den Alliierten bei einem Souvenirhändler im österreichischen Schladming sichergestellt.

Eva Braun erwiderte Hitlers Brief auf ihrem blauen Briefpapier:

»Geliebter, ich bin außer mir. Ich sterbe vor Angst jetzt wo ich Dich in Gefahr weiß. Komm sobald als möglich zurück, ich fühle mich dem Wahnsinn nahe. Hier ist das Wetter schön, alles erscheint so friedlich, daß ich mich fast schäme … Du weißt, ich habe es Dir immer gesagt, daß ich sterbe, wenn Dir etwas zustößt. Von unserer ersten Begegnung an habe ich mir geschworen, Dir überall hin zu folgen, auch in den Tod. Du weißt, daß ich nur lebe für Deine Liebe, Deine Eva.«[44]

In den folgenden Wochen und Monaten wurde Eva allmählich bewußt, daß ihre Liebe zu Hitler kein so glückliches Ende finden würde wie in den Groschenromanen, die sie so gerne las.

Ende Oktober, als sie sich in München befand, beschloß sie, ihr Testament zu schreiben. Zunächst suchte sie jedoch vergeblich nach geeignetem Papier. Sie nahm schließlich das Briefpapier ihrer Schwester Gretl, wobei sie das Wort »Gretl« auf jedem Blatt sauber durchstrich und »Eva« darüberschrieb. Es folgte eine Liste mit persönlichen Gegenständen, mit Schmuckstücken, Gemälden und Autos. Ihren Mercedes, den sie so liebte, vermachte Eva ihrem Vater. Einen Volkswagen, den Hitler ihr zum siebenundzwanzigsten Geburtstag geschenkt hatte, überließ sie ihrer Schwester Ilse.

In diesen Tagen bekam sie noch einmal Besuch von Henriette von Schirach, der Tochter ihres langjährigen Arbeitgebers. Diesmal piesackte Henriette sie nicht mit irgendwelchen Frauengeschichten Hitlers, die es ja auch längst nicht mehr gab. Statt dessen stellte Henriette eine Frage, die so harmlos klang und trotzdem weh tat: »Eva, was machst du, wenn der Krieg zu Ende geht?«

»Zu Ende?« fragte Eva Braun zurück. »Du meinst, wenn wir den Krieg verlieren?«

Henriette nickte.

»Dann werde ich mit ihm sterben«, sagte Eva scheinbar ganz ruhig. Sie stand auf, holte eine Flasche Cognac aus dem Wandschrank und stellte zwei Gläser auf den Tisch. Und leise fügte sie hinzu: »Ich weiß, was uns bevorsteht, wenn wir den Krieg verlieren.«

Henriette versuchte, sie auf andere Gedanken zu bringen. »Es wird nicht schwer für dich sein, ins Ausland zu gehen«, sagte sie, »da du ja auf keiner offiziellen Fotografie erscheinst, kennt man dein Gesicht nicht. Du kannst mit falschem Namen und echten Devisen irgendwo untertauchen, in Spanien oder Portugal!«

Doch Eva schüttelte den Kopf und rief, so etwas würde sie nie tun. Sie sah Henriette durchdringend an und sagte: »Meinst du, ich lasse ihn alleine sterben? Ich bleibe bei ihm, bis zum letzten Augenblick, ich habe mir das genau überlegt. Niemand kann mich davon zurückhalten.«[45]

Henriette widersprach ihr nicht. Es schien, als habe Eva ihr eigenes Leben schon lange aufgegeben.

Eva Braun fuhr jetzt relativ häufig nach Berlin. Sie besuchte Hitler im November, nachdem er die »Wolfsschanze« verlassen hatte, und dann wieder im Januar 1945, nach dem Scheitern der »Ardennenoffensive«. Im Bunker unter der Reichskanzlei bezog sie ein Zimmer neben Hitlers Privaträumen. Um den Raum halbwegs wohnlich zu machen, hängte sie Vorhänge an die grauen Betonwände. Sie hörte Schallplatten, während Hitler nebenan Besprechungen mit seinen Generälen führte. Hin und wieder lud Eva Mitglieder des engeren Kreises um Hitler zu sich ein, um einen Tanzabend zu veranstalten. Hermann Fegelein, ihr Schwager, tanzte gerne mit ihr. So auch am 6. Februar, als sie im kleinen Kreis bei Musik und einem Glas Sekt ihren dreiunddreißigsten Geburtstag feierte. Von Adolf Hitler war sie in diesen Tagen eher enttäuscht. Häufig schien es, als wäre er schon ganz weit weg. Auch verlangte er von ihr, genauso streng vegetarisch zu leben wie er selbst. Eva beklagte sich deswegen bei Hitlers Sekretärin Christa Schroeder: »Jeden Tag haben wir deshalb Streit miteinander, und ich kann nun mal dieses Zeug nicht essen. Überhaupt ist er diesmal so ganz anders als früher. Ich hatte mich so auf Berlin gefreut, aber nun ist er so ganz anders. Der Chef redet mit mir nur noch über das Essen und über Hunde ...«[46] Am 9. Februar kehrte Eva mit ihrer Schwester Gretl nach München zurück. Einige Wochen später brach sie dann auf zu ihrer letzten Reise nach Berlin.

Es war das erste und einzige Mal in ihrem Leben, daß Eva Braun sich einem Befehl Hitlers widersetzte. Er hatte ihr mitgeteilt, sie solle sich auf dem Obersalzberg in Sicherheit bringen, aber sie bestand darauf, zu ihm in den »Führerbunker« zu kommen. Sie ging in München zur Firma Daimler-Benz und ließ ihren Mercedes mit einem dunkelgrauen Tarnanstrich versehen. Dann ließ sie sich von ihrem Chauffeur quer durch das zerbombte, zerstörte Land fahren, nach Berlin, zum Bunker unter der Reichskanzlei.

Alle wußten, was ihre Ankunft zu bedeuten hatte. Aber es schien, als wollten viele es nicht wahrhaben. Der »Führer« hielt seine Besprechungen ab, er schwankte zwischen tiefster Depression und einer geradezu beängstigenden Euphorie. Josepf Goebbels ließ sich Horoskope erstellen und behauptete, die Sterne verkündeten für die zweite Aprilhälfte eine dramatische Wende zum Guten.[47] Hitler und Eva Braun glaubten das nur zu gerne. Als dann am 12. April der amerikanische Präsident Franklin D. Roosevelt starb, brach einen Tag später im ›Führerbunker« heller Jubel aus. Wie nach dem gescheiterten Attentat vom 20. Juli glaubte Hitler wieder, die Vorsehung habe ihn geschickt und würde ihn deshalb auch beschützen. Ein paar Stunden später sackte der »Führer« zusammen, er saß erschöpft in seinem Sessel und wirkte völlig hoffnungslos.[48]

Eva versuchte in diesen Tagen so zu tun, als ginge das Leben seinen ganz normalen Gang. Noch am 18. April schrieb sie ihrer Schwester Gretl einen Brief, in dem sie sich darüber beschwerte, daß ihre Schneiderin dreißig Mark für eine blaue Bluse verlangte. Und am 19. April schrieb sie an ihre beste Freundin:

»Liebes Hertalein!

Hab‘ herzlichen Dank für Deine beiden letzten Briefe

und nimm bitte noch nachträglich, meine schriftlichen Geburtstagswünsche entgegen. Die schlechte Telefonverbindung machte es mir unmöglich, sie auszusprechen. Ich wünsche Dir ein baldiges, gesundes Wiedersehen mit Deinem Erwin. Sicher komme ich damit auch Deinem Denken und Fühlen am Nächsten. Hoffentlich kommt der Geburtstagsbrief von ihm noch an. Er kann doch nicht verlorengegangen sein!

Ich bin sehr froh, daß Du Dich entschlossen hast, Gretl auf dem Berghof Gesellschaft zu leisten. Seitdem gestern Traunstein angegriffen wurde, bin ich nicht mehr so fest überzeugt, daß Ihr in Garmisch sicher seid. Gott sei Dank, daß auch Mutter morgen zu Euch kommt. So brauche ich mir doch keine Sorgen mehr zu machen.

Wir hören hier bereits den Artilleriebeschuß der Ostfront und haben naturgemäß jeden Tag Fliegerangriffe. Vom Osten und Westen, wies Ihnen gerade gefällt! Leider muß ich auf Befehl, bei jedem Alarm parat stehen, wegen des eventuellen Wassereinbruchs, trotzdem sich mein Leben nur noch im Bunker abspielt. Du kannst Dir denken, daß der Schlaf dabei sehr zu kurz kommt. Ich bin aber sehr glücklich, gerade jetzt in seiner Nähe zu sein. Es vergeht zwar kein Tag ohne Aufforderung mich auf dem Berghof in Sicherheit zu bringen, aber bis jetzt habe immer noch ich gesiegt. Außerdem: ab heute ist wohl an ein Durchkommen mit dem Wagen nicht mehr zu denken. Wenn alle Stricke reißen wird sich aber sicher ein Weg für uns alle finden, Euch wieder-zu-sehen …

Die Sekretärinnen und ich schießen jeden Tag mit der Pistole und haben es bereits zu solcher Meisterschaft gebracht, daß kein Mann es wagt, mit uns in Konkurrenz zu treten.

Gestern habe ich, vermutlich, das letzte Gespräch mit

Gretl geführt. Seit heute ist kein Anschluß mehr zu bekommen. Aber ich bin fest überzeugt, daß sich alles wieder zum Guten wenden wird und er ist hoffnungsvoll wie selten …

Mit herzlichen Grüßen für Euch alle bin ich immer

Deine Eva«[49]

Am 20. April überreichte Eva Hitler ein Geschenk zu seinem sechsundfünfzigsten Geburtstag: einen mit Edelsteinen besetzten Bilderrahmen mit einem Foto von ihr. An diesem Tag tätschelte der »Führer« noch einmal einigen Hitlerjungen den Kopf, die ihm im Garten der Reichskanzlei gratulierten. Zum letzten Mal kam die Führung des Reiches zusammen. Mit zwei Ausnahmen, Joseph Goebbels und Eva Braun, versuchten fast alle Anwesenden, Hitler zur Flucht zu bewegen. Nur Goebbels redete ihm zu, er dürfe nicht fliehen, sondern müsse sich der letzten Schlacht stellen und notfalls eben den Heldentod sterben. Eva Braun hielt es wie immer: Sie hielt sich raus und erklärte, diese Entscheidung sei alleine Hitlers Sache. Noch am Abend dieses Tages begann der große Aufbruch. Himmler, Göring, Speer, Ribbentrop und die obersten Befehlshaber der Luftwaffe – sie alle suchten ihr Heil jetzt nicht mehr bei Hitler, sondern in der Flucht.

Mit seinen verbliebenen Helfern hielt Hitler am 22. April noch einmal eine Lagebesprechung ab. Er hoffte auf einen Großangriff, durch den Berlin befreit und die Russen zurückgeschlagen werden sollten, doch von den Divisionen, die er dazu einsetzen wollte, war nicht mehr viel übrig. In den letzten Monaten war seine Stimme eher leise und brüchig geworden, aber bei dieser Konferenz bekam er noch einmal einen seiner berüchtigten Wutanfälle. Er beklagte die Feigheit, Niedertracht und Treulosigkeit der Welt. Er sei von Verrätern und Versagern umgeben. Seine Stimme überschlug sich, er ballte die Fäuste, Tränen liefen ihm über das Gesicht. Dabei wiederholte er immer und immer wieder, er werde in Berlin bleiben und auf den Stufen der Reichskanzlei fallen.[50]

Am selben Tag schrieb Eva einen Abschiedsbrief an ihre Freundin Herta:

»Mein liebes Hertalein!

Dies werden wohl die letzten Zeilen und damit das letzte Lebenszeichen von mir sein. Ich wage es nicht an Gretl zu schreiben, Du mußt ihr also das schonend beibringen ... Wir kämpfen hier bis zum Letzten aber ich fürchte, das Ende rückt bedrohlich näher und näher. Was ich persönlich um den Führer leide kann ich Dir nicht schildern.

Entschuldige bitte wenn ich etwas konfus schreibe aber um mich sind die 6 Kinder von G. und die sind beileibe nicht ruhig. Was soll ich Dir noch sagen? Ich kann nicht verstehen, wie alles so kommen konnte aber man glaubt an keinen Gott mehr. Der Mann wartet schon auf den Brief. Alles alles Liebe und Gute für Dich meine treue Freundin! Grüße die Eltern sie sollen zurück nach München oder Traunstein gehen. Grüße alle Freunde ich sterbe so wie ich gelebt habe. Schwer fällt es mir nicht. Das weißt Du.

Seid alle herzlich gegrüßt und geküßt von

Eurer Eva

Halte diesen Brief zurück bis ihr unser Ende erfahrt. Ich weiß ich verlange viel von Dir aber Du bist tapfer. Vielleicht, wird auch alles wieder gut, aber er hat den Glauben verloren und wir, fürchte ich, hoffen umsonst.«[51]

Einen Tag später, am 23. April, schrieb Eva dann doch noch einen Brief an ihre hochschwangere Schwester Gretl:

»Mein liebes Schwesterlein!

Wie tust Du mir leid, daß Du solche Zeilen von mir bekommst! Aber es geht nicht anders. Es kann jeden Tag und jede Stunde mit uns zu Ende sein und da muß ich die letzte Gelegenheit benützen um Dir zu sagen was noch getan werden muß. Vorausgeschickt: Hermann ist nicht bei uns! Er ist nach Nauen gefahren um ein Bataillon oder sowas, aufzustellen. Ich bin der felsenfesten Überzeugung, daß Du ihn noch einmal sehen wirst. Er wird sich sicher durchschlagen um vielleicht in Bayern den Widerstand wenigstens für einige Zeit, fortzusetzen. Der Führer selbst hat jeden Glauben an einen glücklichen Ausgang verloren. Wir alle hier und ich inbegriffen, hoffen, solange noch Leben in uns ist. Bitte behaltet jetzt den Kopf oben und verzweifelt nicht! Noch gibt es Hoffnung. Aber es ist auch selbstverständlich, daß wir uns nicht lebend fangen lassen …

Meine Brillantuhr habe ich unglücklicherweise hier zum richten gegeben, die Adresse schreibe ich unten an. Vielleicht hast du Glück und bekommst sie noch. Sie soll Dir gehören, Du hast Dir doch immer eine gewünscht. Ebenfalls gehört Dir das Brillantarmband und der Topasanhänger, Geschenk des Führers zu meinem letzten Geburtstag …

Ich schicke mit gleicher Gelegenheit Eß- und Rauchwaren. Bitte gebt auch Linders und Kathl von dem Kaffee. Linders bitte ich auch etwas Konserven aus meinem Keller zu geben. Die Zigaretten in München gehören Mandi ebenfalls die sich im Koffer befindlichen. Der Tabak ist für Papa. Die Schokolade für Mutti. Auf dem Berg ist ebenfalls noch Schokolade und Tabak. Laßt Euch alles geben …

Nun wünsche ich Dir mein liebes Schwesterlein viel, viel Glück?! Und vergiß nicht! Hermann siehst Du bestimmt wieder!!

Mit den herzlichsten Grüßen und einem Kuß bin ich

Deine Schwester Eva

N. S. Eben habe ich den Führer gesprochen. Ich glaube auch er sieht heute schon heller als gestern in die Zukunft.«[52]

Am folgenden Tag ging Eva ein letztes Mal im nahen Tiergarten spazieren. Sie mußte aber schon bald wieder umkehren, denn in der Nähe schlugen Granaten ein.

Evas Schwager Hermann Fegelein verließ am 25. April die Reichskanzlei und kehrte nicht wieder zurück. Am nächsten Abend rief er bei Eva an. Er bedrängte sie, Hitler zu verlassen, mit ihm zu fliehen, solange noch Zeit dazu war. Eva weigerte sich. Hitler ließ einige SS-Männer losschicken, die Fegelein aufspüren und ihn festnehmen sollten.

Sie fanden ihn in seiner Wohnung in Charlottenburg, wo er sich mit der Frau eines ungarischen Diplomaten gerade auf die Flucht vorbereitete. Fegelein trug Zivil, er hatte einen Koffer bei sich, in dem neben anderen Wertsachen über einhunderttausend Reichsmark lagen.

Die SS-Männer brachten Fegelein zurück in die Reichskanzlei, wo Hitler den Befehl gab, ihn »scharf« zu verhören. Eva zeigte Mitgefühl. Allerdings nicht mit Fegelein, nicht mit ihrer schwangeren Schwester, sondern einmal mehr nur mit Hitler. »Alle haben dich verlassen«, rief sie empört, »alle haben dich verraten!«[53] Da war Fegeleins Hinrichtung bereits beschlossen.

In derselben Nacht, als Eva Braun und Adolf Hitler heirateten, führte ein Exekutionskommando Hermann

Fegelein in den Innenhof der Reichskanzlei. Schüsse peitschten, und Eva wußte es. Doch der Tod ihres Schwagers schien sie, so kurz vor ihrem eigenen Ende, nicht zu berühren.

Adolf Hitler bat in seiner Hochzeitsnacht eine seiner Sekretärinnen zum Diktat. Er formulierte zwei Testamente, erst sein politisches Testament, das sich über viele Seiten hinzog und geprägt war von heftigen Anklagen gegen die Juden, dann ein wesentlich kürzeres persönliches Testament. Es begann mit den Worten:

»Da ich in den Jahren des Kampfes glaubte, es nicht verantworten zu können, eine Ehe zu gründen, habe ich mich nunmehr vor Beendigung dieser irdischen Laufbahn entschlossen, jenes Mädchen zur Frau zu nehmen, das nach langen Jahren treuer Freundschaft aus freiem Willen in die schon fast belagerte Stadt hereinkam, um ihr Schicksal mit dem meinen zu teilen. Sie geht auf ihren Wunsch als meine Gattin mit mir in den Tod. Er wird uns das ersetzen, was meine Arbeit im Dienst meines Volkes uns beiden raubte.

Was ich besitze, gehört – soweit es überhaupt von Wert ist – der Partei. Sollte diese nicht mehr existieren, dem Staat, sollte auch der Staat vernichtet werden, ist eine weitere Entscheidung von mir nicht mehr notwendig.

Ich habe meine Gemälde in den von mir im Laufe der Jahre angekauften Sammlungen niemals für private Zwecke, sondern stets nur für den Ausbau einer Galerie in meiner Heimatstadt Linz a. d. Donau gesammelt. Daß dieses Vermächtnis vollzogen wird, wäre mein herzlichster Wunsch ...

Ich selbst und meine Gattin wählen, um der Schande des Absetzens oder der Kapitulation zu entgehen, den Tod. Es ist unser Wille, sofort an der Stelle verbrannt zu werden, an der ich den größten Teil meiner täglichen Arbeit im Laufe eines zwölfjährigen Dienstes an meinem Volk geleistet habe.«[54]

Hitler unterschrieb beide Schriftstücke gegen vier Uhr morgens.

Am Mittag des 29. April kam das Hausmädchen Liesl Ostertag zu Eva und gratulierte ihr zur Hochzeit. »Du kannst mich ruhig Frau Hitler nennen«[55], antwortete Eva. Dann bat sie Liesl, ihr einen letzten Gefallen zu tun. Sie übergab dem Dienstmädchen ihren Ehering und das Kleid, das sie in ihrer Hochzeitsnacht getragen hatte. Liesl sollte beides aufbewahren und es später weitergeben an Evas Freundin Herta. Während des Gespräches sprangen die sechs Kinder von Magda und Joseph Goebbels über den Gang. Auch sie beglückwünschten »Tante Eva«, die sie in den Wochen zuvor oft ins Bett gebracht und ihnen Gutenachtlieder vorgesungen hatte. Eva bedankte sich. Sie wechselte ein paar freundliche Worte mit den Kindern, die dem Tode genauso nah waren wie sie selbst.

Eva Hitler, ihr Ehemann und viele andere Bewohner des Bunkers trugen seit einiger Zeit Giftkapseln bei sich. Hitler wollte nun wissen, ob die Kapseln auch schnell und zuverlässig wirkten. Er befahl, die Wirkung an »Blondi«, seiner Schäferhündin, zu testen. Ein Feldwebel und ein Arzt lockten das Tier gegen Mitternacht zur Bunkertoilette. Der Soldat riß das Maul des Hundes auf, der Arzt legte eine Giftampulle hinein, die er dann mit einer Zange zerdrückte. Blondi starb innerhalb von Sekunden. Hitler besah sich den Kadaver kurz und kommentarlos, dann bat er die verbliebenen Bewohner des Bunkers in den Konferenzraum. Er wollte sich von ihnen verabschieden. Mit ausdruckslosem Gesicht ging er die Reihe entlang, drückte jedem kurz die Hand. Gegen drei Uhr morgens schickte er ein letztes Telegramm an seinen Nachfolger, den Großadmiral Karl Dönitz, und beklagte darin die ausbleibenden Befreiungsschläge seiner Armee.[56]

Am nächsten Morgen stand er früh auf, entgegen seiner sonstigen Gewohnheit. Während Eva noch in ihrem Zimmer blieb, hielt Hitler eine letzte Lagebesprechung ab. Er erfuhr, daß die sowjetischen Truppen den Tiergarten besetzt hatten, den Potsdamer Platz und auch das U-Bahn-Gelände ganz in der Nähe des Reichstages. Hitler befahl, zweihundert Liter Benzin zu beschaffen. Wie so oft wurde auch an diesem 30. April gegen zwei Uhr nachmittags das Mittagessen serviert. Danach ging Eva zusammen mit der Sekretärin Traudl Junge kurz auf ihr Zimmer. Sie nahm ihren Silberfuchsmantel aus dem Schrank, schenkte ihn Traudl und wünschte ihr viel Freude damit. Gegen fünfzehn Uhr rief Hitler noch einmal seine engsten Mitarbeiter zusammen, darunter Goebbels, Bormann und die beiden verbliebenen Sekretärinnen. Schweigend reichten Hitler und seine Frau jedem von ihnen die Hand. Dann verschwanden beide hinter der Tür zu Hitlers Arbeitszimmer.

Kurz vor halb vier Uhr fiel ein Schuß. Daraufhin betraten einige von Hitlers Mitarbeitern den Raum. Eva Hitler saß links von ihrem Mann auf dem Sofa. Sie hatte sich mit Blausäure vergiftet. Adolf Hitler war neben ihr zusammengesunken, aus seiner rechten Schläfe floß Blut. Er hatte sich erschossen. Es roch nach Pulver und nach Bittermandeln.

Die Leichen wurden in den Hof geschafft und in der Nähe einer Betonmischmaschine abgelegt. Ein SS-Mann übergoß sie mit Benzin und warf einen brennenden Lappen darauf. Dreißig Minuten später waren die Körper von

Eva und Adolf Hitler nicht mehr zu erkennen. Gegen zwanzig Uhr kam ein Wachmann vorbei und beobachtete, wie bereits »die einzelnen Flocken im Winde«[57] flogen. Kurz vor dreiundzwanzig Uhr wurden die verkohlten Überreste in einem Bombentrichter vor dem Bunkerausgang vergraben.

Als der Wind Evas Asche davonwehte, da hatte ihre alte Rivalin in der Reichskanzlei noch genau einen Tag zu leben.

X.
Magda Goebbels
Frau der Extreme

Am späten Nachmittag des 1. Mai 1945 badete Magda Goebbels ihre sechs Kinder, von denen das jüngste fünf Jahre alt war, das älteste zwölf. Dann zog sie ihnen hellblaue Nachthemden an. Sie erzählte den Kindern, sie alle würden bald eine große Reise machen, nach Pommern an ihren Lieblingsstrand. Mit dem Flugzeug würden sie dorthin fliegen, aber damit sie die Reise auch gut überstehen, müßten sie vorher noch eine Spritze bekommen. Die Kinder hatten ein bißchen Angst vor der Spritze, aber sie freuten sich auf die Ferien an der Ostsee. Aufgeregt saßen sie um Magda herum, die größeren auf Stühlen, die kleinsten auf dem Tisch, und ließen sich von ihr die Haare kämmen. Magda Goebbels absolvierte diese Prozedur an diesem Tag besonders gründlich. Sie kämmte ihre Kinder, sie küßte und streichelte sie. Jedes einzelne bekam einen Gutenachtkuß: Die zwölfjährige Helga und der neunjährige Hellmut, die achtjährige Holde und die siebenjährige Hilde, die sechsjährige Hedda und die fünfjährige Heide. Die Kinder redeten aufgeregt durcheinander. Nur Helga, die Älteste, saß ganz still da. Tränen liefen ihr über die Wangen. Sie ahnte wohl, daß etwas nicht stimmte.

Wie jeden Abend brachte Magda ihre Kinder ins Bett. Zuvor hatte ihr der Arzt im Bunker geraten, die Sache mit den Morphiumspritzen lieber bleibenzulassen. Sie sollte den Kindern besser einen starken Schlaftrunk geben. Magda löste das Mittel in einer Flüssigkeit auf, vermutlich in Fruchtsaft und ließ die Kinder davon trinken. Danach wartete sie, bis sie eingeschlafen oder zumindest benommen waren.

Magda hatte sich sechs Glasampullen zurechtgelegt, von denen jede mit Blausäure gefüllt war. Die Spitzen dieser Giftkapseln entfernte sie mit einer kleinen Ampullensäge. Nacheinander träufelte sie jedem Kind die Blausäure in die Mundhöhle. Fünf der Kinder starben vermutlich im Schlaf. Die zwölf Jahre alte Helga allerdings hatte sich offenbar in letzter Sekunde noch gewehrt. Als sie gefunden wurde, wies ihr Körper zahlreiche Prellungen auf – ein Hinweis darauf, daß ihre Mutter ihr die Blausäure mit Gewalt einflößte.[1]

Rochus Misch, ein Telefonist im Führerbunker, erzählte später: »Nach etwa einer Stunde kam Frau Goebbels allein aus dem Vorbunker zurück; ihr bleiches Gesicht wirkte ausdruckslos, die Augen waren rotgerändert. Ich sah, wie sie ... weinend Patiencen legte.«[2]

Magda Goebbels, die zur sechsfachen Mörderin an ihren Kindern wurde, war eine Frau, die Hitler mehr als viele andere schätzte. Johanna Maria Magdalena Behrend, Magda genannt, kam am 11. November 1901 in Berlin-Kreuzberg als uneheliche Tochter eines Dienstmädchens zur Welt. Bis heute steht nicht zweifelsfrei fest, wer der Vater von Magda gewesen ist. Nach Aussage ihrer Mutter Auguste Behrend hieß der Kindsvater Oskar Ritschel – ein wohlhabender Diplomingenieur und Bauunternehmer, den sie nach Magdas Geburt heiratete. Ritschel weigerte sich jedoch viele Jahre lang, die Vaterschaft anzuerkennen.[3] Magda war noch keine drei Jahre alt, als sich ihre Mutter wieder scheiden ließ.

Zwei Jahre darauf, 1906, heiratete Auguste erneut, diesmal einen jüdischen Lederhändler namens Friedländer. Die Familie zog 1907 nach Brüssel, wo Magdas Mutter kaum Zeit fand, sich um ihr Kind zu kümmern. So schickten sie das fünf Jahre alte Mädchen in das Ursulinenkloster nach Vilvorde, wo Magda bis zu ihrer Pubertät von Nonnen erzogen wurde. »Acht Jahre verbrachte sie in der strengen Klosterwelt«, schrieb die Historikerin Anna Maria Sigmund, »die nur von den Ferien unterbrochen wurde. Dann jedoch überboten sich die beiden Väter in ihrer Fürsorge um das Mädchen. Sie reisten mit Magda, erfüllten ihr jeden Wunsch und verwöhnten sie.«[4]

Dann kam der Erste Weltkrieg. Die Familie floh aus Belgien und zog nach Berlin zurück, wo Magda während der Kriegsjahre ein öffentliches Gymnasium besuchte. Im März 1919 bestand sie ihre Reifeprüfung und wechselte in ein nobles Mädchenpensionat in der Nähe von Goslar. Ihr gutes Aussehen und ihre Selbstsicherheit, die sie nach außen hin demonstrierte, verschafften ihr die Bewunderung der anderen Mädchen.

Auch einer der reichsten Männer in Deutschland wurde auf die junge Frau aufmerksam. Magda lernte ihn 1920 im Zug kennen, auf der Fahrt von Berlin nach Goslar. Der achtunddreißig Jahre alte Mann, der ihr im Abteil gegenübersaß, war der Großindustrielle Günther Quandt. Er kam mit Magda ins Gespräch, und am Ende erlaubte sie ihm, sie einmal in der Klosterschule zu besuchen. Dort waren Herrenbesuche selbstverständlich verboten. Quandt stellte sich deshalb als Magdas Onkel aus Amerika vor.[5] Quandt lud Magda und einige ihrer Mitschülerinnen in das beste und teuerste Café in Goslar ein. Alle waren begeistert von ihrem Onkel, von seinen guten Manieren, seiner Eleganz. Auch Magda ließ sich faszinieren und blenden.

Günther Quandt wollte Magda gerne heiraten, doch leider haftete ihr ein Makel an, der seiner konservativen Familie ein Dorn im Auge war: Es war nicht nur ihr jugendliches Alter, sie war schließlich erst achtzehn und damit noch nicht einmal volljährig, sondern vor allem der Umstand, daß Magda unehelich geboren war.[6]

Zum Glück verkehrte der erste Ehemann von Magdas Mutter in denselben Unternehmerkreisen wie Quandt, und die Männer verständigten sich – der Bauunternehmer Oskar Ritschel unterschrieb im Juli 1920 ein Formular, auf dem er Magda nach achtzehn Jahren doch noch als seine leibliche Tochter anerkannte.[7] Damit galt Magda als »ehelich«, und zwei Wochen später kam es zur offiziellen Verlobung in Berlin. Im Januar 1921 feierte Magda dann in Bad Godesberg ihre erste Hochzeit.

Doch das Leben an der Seite eines Millionärs war längst nicht so prachtvoll und aufregend, wie Magda sich das in ihren Jungmädchenträumen vorgestellt hatte. Glanzvolle Empfänge gab es nur selten. Ihre Aufgaben bestanden überwiegend darin, die Bediensteten anzuleiten und zu kontrollieren, und sich um die neun und zwölf Jahre alten Söhne zu kümmern, die Quandt mit in die Ehe gebracht hatte. Im November brachte Magda Quandt ebenfalls einen Sohn zur Welt, den das Paar Harald nannte. Später nahm die Familie noch einmal drei Kinder auf, deren Vater, ein Freund von Quandt, tödlich verunglückt war. Quandt erwies sich schon bald nach der Eheschließung als geizig: Er zwang Magda, ein Haushaltsbuch zu führen und darin genau aufzulisten, wieviel Geld sie wofür ausgegeben hatte. Magda wurde nicht glücklich mit diesem Mann, der mehr mit seinen Fabriken verheiratet schien als mit ihr. Nach sieben Jahren Ehe nahm sie sich einen Liebhaber, der so ganz anders war als Günther Quandt. Magda hatte ihn schon Jahre zuvor auf einem Studentenball kennengelernt, aber erst nach langer Zeit entwickelte sich daraus eine Liebesbeziehung – vermutlich gegen Ende des Jahres 1928. Magdas Liebhaber war nur knapp drei Jahre älter als sie, ein gutaussehender, dunkelhaariger Mann. Er hieß Chaim Vitaly Arlosoroff – und war ein Anhänger der Lehren von Theodor Herzl, des Begründers des politischen Zionismus. Von 1923 an arbeitete Arlosoroff in Palästina immer wieder mit Chaim Weizmann zusammen, setzte sich gemeinsam mit ihm für einen freien, jüdischen Staat in Palästina ein.[8]

Magda Quandt, die von Arlosoroffs Ideen begeistert war, gab sich keine große Mühe, das Verhältnis vor ihrem Mann zu verbergen. Sie traf sich mit Chaim Vitaly im selben Hotel in Bad Godesberg, in dem sie mit Quandt ihre Hochzeit gefeiert hatte. Nachdem dieser von Magdas Affäre erfahren hatte, setzte er sie kurzerhand vor die Tür und erteilte ihr Hausverbot. Magda, die den wesentlich älteren Industriellen wohl auch wegen seines Vermögens geheiratet hatte, stand nun vor dem Problem, die drohende Scheidung so einzufädeln, daß nicht sie schuldig gesprochen wurde. Damit hätte sie weder Anspruch auf Unterhalt noch das Sorgerecht für ihren leiblichen Sohn.

Magda zog zu ihrer Mutter und überlegte sich eine Strategie: Im Quandtschen Haus in Babelsberg hatte sie einige alte Liebesbriefe entdeckt, die Günther Quandt in seiner Jugend bekommen hatte.[9] Magda gab die Briefe ihrem Anwalt, der mit Quandt wegen der Scheidung verhandelte. Dieser war, um einen Skandal zu vermeiden, plötzlich bereit, auf alle Forderungen seiner Ehefrau einzugehen: Er sicherte ihr eine einmalige Zahlung von fünfzigtausend Reichsmark zu, außerdem einen monatlichen Unterhalt von viertausend Reichsmark – das war viermal soviel, wie zum Beispiel der Gauleiter von Berlin verdiente, ein vergleichsweise kurz gehaltener Mann namens Joseph Goebbels. Auch der gemeinsame Sohn Harald wurde der Mutter zugesprochen. Die Ehe zwischen Günther und Magda Quandt wurde schließlich im Sommer 1929 im besten Einvernehmen geschieden.

Als ein Neffe des amerikanischen Präsidenten, der Multimillionär Herbert Hoover, von Magdas Trennung von ihrem Gatten erfuhr, reiste er unverzüglich nach Berlin, um ihr seinerseits einen Heiratsantrag zu machen. Magda hatte diesen Verehrer zwei Jahre zuvor bei einer Reise in die Vereinigten Staaten kennengelernt. Sie entschied sich aber doch, mit Chaim Vitaly Arlosoroff zusammenzubleiben. An einem lauen Abend traf sie sich mit Hoover zu einem letzten Gespräch auf der Terrasse des Golfclubs in Wannsee. Vor dieser theatralischen Kulisse teilte sie dem verliebten Hoover mit, er brauche sich keine Hoffnungen mehr zu machen. Nach einer Weile stand Magda auf, der gekränkte Hoover begleitete sie zu seinem Wagen, um sie zurück nach Berlin zu bringen. Unterwegs befahl er seinem Chauffeur, er solle schneller fahren. Noch schneller. Der Wagen raste mit mehr als einhundert Stundenkilometern die Straße nach Berlin entlang. Kurz vor der Einfahrt zur Avus überschlug er sich. Hoover blieb unverletzt, aber Magda erlitt einen Knochen- und zwei Schädelbrüche. Sie lag wochenlang im Krankenhaus.

Nach ihrer Entlassung begleitete sie ihren Freund

Chaim Vitaly öfter auf seinen Reisen, die er zum Beispiel nach London unternahm, um sich dort für sein zionistisches Lebensziel einzusetzen. Jahre später, am 16. Dezember 1932, notierte die jüdische Reporterin Bella Fromm eine Bemerkung, die sie bei einer Festlichkeit von einer Bekannten über Magda gehört hatte: »Wenn der reiche Günther Quandt nicht gekommen wäre, wer weiß, wo sie jetzt wäre. Wahrscheinlich würde sie vor einem Kibbuz in Palästina Wache stehen, Gewehr geschultert und eine Losung aus dem Alten Testament auf den Lippen.«[10] Diese ironisch gemeinte Vermutung zeigt auch, zwischen welchen Extremen Magda in ihrem Leben schwankte. Ihr Hang zu komplizierten Konstellationen zeichnete auch ihr Liebesleben aus: Günther Quandt, ihr erster Mann, war materialistisch eingestellt – sie konfontierte ihn mit einem Liebhaber, der nicht für Geld lebte, sondern für seine Ideale. Chaim Vitaly Arlosoroff war ein jüdischer Freiheitskämpfer – als Konkurrenten für ihn wählte Magda einen fanatischen Antisemiten.

Möglicherweise kannte sie Joseph Goebbels schon während ihrer Ehe mit Günther Quandt. Bella Fromm und auch einer von Hitlers Adjutanten, Otto Wagener, berichteten jedenfalls übereinstimmend, Goebbels habe in der zweiten Hälfte der zwanziger Jahre eine Weile bei den Quandts als Hauslehrer gearbeitet.[11] Die beiden sollten sich wieder begegnen, nachdem Magda im Sommer 1930 zu einer Parteiveranstaltung in den Berliner Sportpalast ging.

Magda Quandt, die sich bislang nicht für Politik interessiert hatte, hörte 1930 zum ersten Mal eine Rede von Joseph Goebbels, der aufgrund seiner kleinen Statur, die im krassen Widerspruch zum Ideal des großen blonden Germanen stand, den Spottnamen »Schrumpfgermane«

trug. Wie kam es, daß eine junge Frau, die sich soeben noch begeistern konnte für die Ideale eines Zionisten, plötzlich der dumpfen und gewalttätigen Ideologie des Nationalsozialismus erlag? »Die nationalsozialistische Ideologie erfaßte ihre Einbildungskraft wie nichts bisher, aber sie vermischte sich mit den Überresten der zionistischen Lehre, die ihr alter Freund Arlosoroff ihr eingeimpft hatte…«[12], so charakterisierte Bella Fromm den plötzlichen Gesinnungswandel. Offensichtlich war Magda Quandt derart fasziniert, daß sie sich bereits am nächsten Tag als Mitglied der Nationalsozialistischen Deutschen Arbeiterpartei einschrieb, und bald darauf arbeitete sie ehrenamtlich als Leiterin der NS-Frauenschaftsgruppe in Berlin-Westend. Die Treffen mit den Frauen langweilten sie jedoch, und so teilte sie der NS-Gauleitung in Berlin mit, sie würde lieber dort in der Zentrale arbeiten. Zunächst wurde sie dem Sekretariat des stellvertretenden Gauleiters zugeteilt, aber schon im November 1930 übernahm sie das Pressearchiv der Partei. Da sie perfekt französisch und auch recht gut englisch sprach, sollte sie für Goebbels die ausländischen Zeitungsberichte über die Nationalsozialisten übersetzen und archivieren. Aus dem Arbeitsverhältnis wurde vermutlich ab Februar 1931 auch eine sexuelle Beziehung.

Magda Quandt dachte zunächst jedoch nicht daran, ihre Beziehung zu Arlosoroff zu lösen. Bei beiden stachelte sie nach Kräften die Eifersucht an, erzählte jedem, daß es da noch einen anderen gab – nur, wer dieser andere war, das gab sie nicht preis. Am 12. April 1931 eskalierte die Situation schließlich.

Am Abend dieses Tages schrieb Goebbels in seinen Tagebuchnotizen von »tiefster Verzweiflung« und von »irrsinniger Eifersucht«. Er beschrieb, wie er am Morgen vergeblich versucht hatte, bei Magda anzurufen. Niemand hob den Hörer ab. Stunden vergingen, dann endlich meldete sich Magda telefonisch bei Goebbels. Was sie ihm berichtete, faßte Goebbels dann mit den Worten zusammen: »Der Mann, den sie vor mir liebte, hat sie mit der Kugel schwer verletzt, in ihrer Wohnung. Nun ist sie ganz dahin. Ich höre an ihrer Stimme, daß ich sie verlieren werde ...«[13] Tatsächlich hatte Magda Besuch von Chaim Vitaly Arlosoroff bekommen. Es kam zu einem Streit, bei dem Magda ihren Geliebten bis aufs Blut reizte. Arlosoroff zog schließlich eine Pistole und feuerte los. Die Kugel blieb im Türrahmen stecken. Es wurde niemand getroffen, aber die Beziehung zwischen Magda und Chaim Vitaly war beendet. Der Freiheitskämpfer ging später nach Palästina, wo er im Juni 1933 in Tel Aviv einem Mordanschlag von rechten Zionisten zum Opfer fiel. Seine Mörder vermuteten, er habe Kontakt zu den deutschen Nationalsozialisten gehabt, mit ihnen über die Auswanderung deutscher Juden nach Palästina verhandelt.[14]

Auch nach der Trennung von Arlosoroff setzte Magda seinem Nachfolger noch gehörig zu. An einem Tag schrieb Goebbels, Magda sei von »bestrickender Wildheit« und liebe so, wie nur große Frauen lieben könnten. Schon am nächsten Tag, am 27. Juli 1931, notierte er dagegen: »Mein Vertrauen zu ihr ist erschüttert. Sie hat zuviel geliebt und mir immer nur bruchstückweise davon erzählt. Und nun liege ich bis an den frühen Morgen und werde von der Peitsche der Eifersucht geschlagen ...«[15] Es dauerte nicht lange, bis ein weiterer Mann in Magdas Leben trat, dessen Faszination sie erlag: Adolf Hitler.

Magda lernte ihn ihm Herbst 1931 kennen, beim Fünf-Uhr-Tee im Berliner Hotel Kaiserhof. Goebbels stellte sie seinem »Führer« vor, verriet jedoch nicht, daß sie seine Geliebte war. Hitler hielt Magda Quandt einen politischen Vortrag, sie hing gebannt an seinen Lippen. Das gefiel ihm, und nicht nur Hitlers Adjutant Otto Wagener hatte den Eindruck, als sei Hitler sehr von dieser Blondine mit ihren großen, blaugrauen Augen angetan. Nach dem Treffen besuchte Hitler die Oper, anschließend saß er noch eine Weile mit Wagener im Salon. Dabei schienen sich Hitlers Eindrücke aus der Oper und die aus seiner Begegnung mit Magda auf seltsame Weise zu vermischen. Er redete von überirdischen Momenten, von der Göttlichkeit im Menschen, von großen Gefühlen, die er seit Gelis Tod vermißt habe, die ihn aber plötzlich, beim Anblick von Magda, wieder mit großer Gewalt umfingen.[16]

Während Hitler im Salon des Hotels sich derartigen Gefühlen hingab, saßen drei seiner Leibwächter bei Magda in der Wohnung und tranken, wie sie dem »Führer« noch im Laufe dieser Nacht berichteten, »allmählich ihren Eisschrank leer«. Magda hatte die drei, unter dem Eindruck ihrer Begegnung mit Hitler, zu sich eingeladen. Außer ihr und den drei Herren war noch eine Bekannte anwesend. Gegen Mitternacht erschien plötzlich Goebbels in der Wohnung und sagte: »Ich bin überrascht, so spät abends so fidele Gesellschaft hier zu finden.«[17] Auch die drei Herren waren überrascht, Joseph Goebbels in Magda Quandts Wohnung zu begegnen, noch dazu, wo er nicht geklingelt und niemand ihm die Tür geöffnet hatte. »Der hat einen Hausschlüssel«, meinte Hitlers Leibwächter Sepp Dietrich und schlug vor, jetzt besser zu gehen.

Dietrich und seine beiden Kumpane kamen kurz nach Mitternacht, so erinnerte sich Wagener, »etwas laut nach

Hause«. Sie begegneten Hitler und Wagener im Salon und erzählten, woher sie gerade kamen und wen sie dort getroffen hatten. Schon im Laufe des Tages hatte Hermann Göring dem Parteichef angedeutet, daß Magda Quandt die Freundin von Joseph Goebbels sei – die Mitteilungen der Leibwächter schienen das jetzt zu bestätigen. Hitlers Reaktion darauf beschrieb Otto Wagener mit den Worten: »Hitler war erschüttert. Er verzog sein Gesicht und wollte offenbar lachen. Aber es wurde kein Lachen.«[18]

Hitler sprach seinen Adjutanten nach diesem Erlebnis noch einmal auf Magda an und sagte: »Diese Frau könnte in meinem Leben eine große Rolle spielen auch ohne daß ich mit ihr verheiratet wäre. Sie könnte bei meiner Arbeit den weiblichen Gegenpol gegen meine einseitig männlichen Instinkte bilden. Sie könnte mir eine zweite Geli sein. – Schade, daß sie nicht verheiratet ist.«[19] Diese Äußerung Wagener gegenüber zeigt, daß Hitler Magda Quandt geschickt für seine politischen Ziele zu gewinnen wußte, er hatte sehr wohl erkannt, daß diese Frau seiner Partei nützlich werden könnte.

Im Oktober 1931 schickte Goebbels seine Mitarbeiterin in einer wichtigen Mission nach Braunschweig. Das damalige Land Braunschweig unterhielt nämlich zur Vertretung seiner wirtschaftlichen Interessen eine Gesandtschaft in Berlin, für die der Posten eines Regierungsrates im diplomatischen Dienst zu vergeben war. Magda schlug im Auftrag Goebbels' die Kandidatur Hitlers für diesen Posten vor und erreichte nach mehreren Fahrten das eigentliche Ziel: Die Kandidatur erforderte die deutsche Staatsbürgerschaft, die Hitler im Februar 1932 gewährt wurde.[20]

Auch Otto Wagener war in diplomatischer Mission, als

er Magda auf ihrer Reise begleitete. Während einer Fahrtpause bat er sie um ein vertrauliches Gespräch. Unter vier Augen erfuhr Magda von ihm, wie angetan Hitler von ihr war, wie wichtig es für ihn wäre, eine Frau wie sie in seiner Nähe zu haben. Solche Worte schmeichelten der ehrgeizigen Magda Quandt. Zugleich wußte sie: Eine Heirat mit Hitler kam nicht in Frage. Er betonte ja immer wieder, daß seine großen politischen Aufgaben ihm nicht erlaubten, eine Ehe einzugehen. Damit Magda aber dennoch oft in Hitlers Nähe sein konnte, ohne dabei Anstoß zu erregen, schlug Wagener ihr vor, sie solle doch Goebbels heiraten. Im ersten Moment verstand Magda noch nicht, weshalb Wagener diesen Vorschlag machte, und so fragte sie ihn: »Wie kommen Sie darauf?« – »Weil Sie mit Goebbels sowieso schon gut bekannt sind«, antwortete Wagener, »weil Hitler auch ihn gern hat und weil Goebbels ein anständiger Kerl ist, mit dem Sie diese schwere Aufgabe, die Sie nicht nur für Hitler persönlich übernehmen würden, sondern für die ganze Bewegung, ja für das Wohl des deutschen Volkes, zusammen lösen müßten und können.« Wagener berichtete weiter, wie Magda ihm nach diesen Worten zögernd die Hand gab und ebenso zögernd sagte: »Herr Wagener. – So hat noch nie ein Mensch mit mir gesprochen. – Ich bin mir ganz klar, – und doch dreht sich alles in meinem Kopf herum. – Lassen Sie uns zurück zum Wagen gehen. – Sie dürfen mich nicht überschätzen. Ich kämpfe auch dagegen, daß ich's selber tue. – Aber für Adolf Hitler wäre ich bereit, alles auf mich zu nehmen.«[21]

Rund zwei Wochen nach ihrer vertraulichen Unterhaltung mit Wagener feierten Magda Quandt und Joseph Goebbels ihre Verlobung. Daß sie diese Verbindung nicht ganz selbstlos einging, verdeutlicht ein anderes Zitat, das von ihr überliefert ist: »Sollte aber Hitlers Bewegung zur Macht gelangen, dann bin ich die erste Frau Deutschlands.«[22]

Im Dezember 1931 heirateten Magda und Joseph Goebbels, und Adolf Hitler war Trauzeuge. Hitler führte Magdas Mutter am Arm, die noch immer den jüdischen Namen Friedländer trug, ihn aber unter dem Druck ihres neuen Schwiegersohns bald ablegte und wieder ihren Mädchennamen annahm. Ein nationalsozialistischer Verwalter machte es möglich, daß Magda die Hochzeitsfeier auf dem Gut ihres Ex-Mannes veranstalten konnte, natürlich in seiner Abwesenheit und ohne daß er davon wußte. Mit der Heirat verlor sie ihren Anspruch auf die viertausend Mark Unterhaltszahlung, aber Hitler zeigte sich gönnerhaft: Er verdoppelte das Gehalt ihres Gatten auf zweitausend Mark im Monat.

Magdas edle Wohnung im Berliner Westend wurde nach der Heirat zum Büro ihres Mannes.[23] Wann immer Hitler sich in Berlin aufhielt und im »Kaiserhof« wohnte, schickte ihm Magda Goebbels vegetarisches Essen, das sie selber gekocht hatte. Zum Dank stattete er ihr häufig einen Besuch ab.

Die Rolle der Frau bestand für die Nationalsozialisten vor allem darin, dem »Führer« möglichst viele Kinder zu schenken. Und Magda Goebbels bemühte sich nach Kräften, diesem Ideal zu entsprechen. Im Laufe ihres Lebens brachte sie insgesamt sieben Kinder zur Welt, außerdem erlitt sie mehrere Fehlgeburten. Einmal erkrankte sie an einer Sepsis, einer Blutvergiftung, an deren Folgen sie fast gestorben wäre. Wochenlang lag sie im Krankenhaus, vom 23. Dezember 1932 bis zum 1. Februar 1933. Hitler besuchte sie dort und glaubte schon, ihr Zustand sei

Magda Goebbels mit Tochter Hedda

hoffnungslos. Doch Magda war zäh. Sie erholte sich allmählich, war bald schon wieder bereit, ihrer wichtigsten Aufgabe nachzukommen.[24]

Magda Goebbels litt unter Depressionen, wie ihr Mann in seinen Tagebüchern festhielt. Und er selbst trug oftmals zu ihrer Verstimmung bei. Zum Beispiel, als er nach Hitlers Ernennung zum Reichskanzler keinen Posten im neuen Kabinett bekam. Da weinte Magda häufig, und weiter fiel Goebbels auf, daß sie »sehr traurig« war und »sehr unglücklich«. Außerdem bemerkte er eine gewisse »Ungeduld« an ihr, sie konnte es offensichtlich kaum erwarten, daß ihr Mann endlich die ersehnte, große Karriere machte. Schließlich schuf Hitler speziell für Goebbels das Ministerium für Volksaufklärung und Propaganda, und Magdas Karrierewünsche waren somit befriedigt. Dennoch änderte dies nichts an ihrer Seelenlage, diesmal waren es die zahllosen Affären, die Goebbels mit anderen Frauen hatte. Immer wieder suchte Magda Goebbels Trost in Büchern über den Buddhismus. Ihr mutmaßlicher Vater Oskar Ritschel hatte sie einst dazu gebracht, sich mit der friedfertigsten unter den großen Weltreligionen zu beschäftigen[25] – und sie bewahrte sich dieses Interesse zeitlebens. Die Frau des Propagandaministers las Bücher, die von innerer Ruhe und Gelassenheit sprachen, von Meditation, von Liebe, von der Überwindung des kleinlichen, egoistischen Denkens. Bücher, die von absoluter Gewaltlosigkeit, vom Frieden mit sich selbst und vom Frieden auf der Welt handelten. Diese Bücher lagen auch während Magdas Ehe mit Goebbels auf ihrem Nachttisch, und zwar bis zum Ende. Im Dritten Reich war es in Deutschland verboten, Werke über den Buddhismus zu verkaufen – also ließ Magda sich die Bücher aus der Schweiz schicken. Diese Lektüre hinderte sie nicht daran, mit fanatischem Eifer einem Mann zu folgen, der das genaue Gegenteil der buddhistischen Lehre verkörperte. Genau wie in ihren Beziehungen zu Männern suchte sie auch in ihren Überzeugungen die Extreme.

Magda Goebbels und Kinder
(rechts ihr Sohn Harald Quandt aus erster Ehe)

Wie sie es erhofft hatte, stieg Magda Goebbels nach der »Machtergreifung« zur inoffiziellen First Lady des Dritten Reiches auf. Diese Stellung mußte sie ab 1935 mit Emmy Göring teilen, nicht jedoch mit Eva Braun, die in der Öffentlichkeit nicht in Erscheinung trat. Magda durfte dagegen am 14. Mai 1933 eine »Rede zum Muttertag« halten. Später posierte sie mit Mann und Kindern auf zahllosen Propagandafotos, wurde immer wieder als Mustergattin und Vorzeigemutter in der Wochenschau präsentiert. In Wahrheit jedoch führte sie mit Joseph Goebbels alles andere als eine glückliche Ehe.

Goebbels, von Natur nicht gerade mit Schönheit gesegnet, kompensierte seine Minderwertigkeitsgefühle nicht nur durch seine fanatische politische Agitation, sondern auch durch unzählige erotische Abenteuer. Die Berliner nannten ihn nach seinem Aufstieg zum Reichspropagandaminister hinter vorgehaltener Hand den »Bock von Babelsberg«. Magda wußte von seinen vielen, meist kurzen Affären und nahm sie lange Zeit klaglos hin. Dann allerdings lernte Goebbels kurz vor den Olympischen Spielen 1936 eine junge tschechische Schauspielerin kennen, in die er sich ernsthaft verliebte. Zwei Jahre lang traf er sich mehr oder minder heimlich mit Lida Baarova, einer hübschen, dunkelhaarigen Frau, deren hohe Wangenknochen einen starken slawischen Einschlag verrieten. Auch Hitler fand sie ausgesprochen attraktiv und behauptete, sie erinnere ihn an Geli. Dabei entsprach Lida nicht gerade dem »arischen« Idealtyp der nationalsozialistischen Propaganda.

Magda erfuhr von der Liaison ihres Gatten erst, als es bereits ein offenes Geheimnis war. Sie stellte ihn mehrfach zur Rede, es gab Aussprachen, bei denen Goebbels verkündete, er werde von nun an treu sein. Einmal legte er seine Hand auf ein Foto seiner ältesten Tochter und versicherte seiner Frau: »Ich habe seit langer Zeit keinerlei Beziehungen mehr zu Frau Baarova, das schwöre ich beim Leben unserer Kinder!«[26] Doch dieser Schwur war bald wieder vergessen. Goebbels traf sich nach wie vor mit seiner Geliebten, im Mai 1938 lebte er sogar einige Tage mit ihr zusammen – ungefähr zur gleichen Zeit, als Magda das fünfte Kind zur Welt brachte. Wenig später berichteten ausländische Zeitungen über das Verhältnis, das sich dadurch schon fast zu einer Staatsaffäre ausweitete. Bei einer Aussprache mit beiden Frauen schlug Goebbels schließlich vor, man könnte doch auch zu dritt zusammenleben.[27] Magda allerdings wollte sich lieber scheiden lassen.

Aufgrund ihrer Erfahrungen bei der Scheidung ihrer ersten Ehe wußte sie genau, wie wichtig dabei die Klärung der Schuldfrage war. Wieder einmal wußte sie die Fäden geschickt zu spinnen. Ein enger Mitarbeiter von Goebbels spielte ihr belastendes Material zu. Der Staatssekretär Karl Hanke überreichte ihr Liebesbriefe, die Lida Baarova an Joseph Goebbels geschrieben hatte. Außerdem vertraute ihr Hanke an, Goebbels habe mit insgesamt sechsunddreißig Schauspielerinnen Sex gehabt – und offensichtlich konnte er diese Behauptung auch durch Aufzeichnungen seines Chefs belegen.[28] Goebbels soll damals eine Liste geführt haben über Frauen, die für eine Affäre in Frage kamen.

Magda Goebbels und Karl Hanke freundeten sich an. Die beiden gingen gelegentlich zusammen ins Theater, zum Pferderennen, oder sie unternahmen einen gemeinsamen Ausritt auf Gut Schwanenwerder, dem Landsitz der Familie Goebbels.

Der Propagandaminister bestand auch nach Magdas Drohung mit einer endgültigen Trennung darauf, seine Beziehung mit Lida fortzusetzen. Er zog aus der gemeinsamen Wohnung aus und lebte eine Weile im Hotel Kaiserhof. Als Hitler von der Ehekrise erfuhr, zitierte er Magda Goebbels zu sich auf den Obersalzberg. Hitler zeigte sich im Verlauf dieses Gesprächs sehr besorgt und fürchtete den öffentlichen Skandal, den das Verhalten von Goebbels auszulösen drohte. Am Ende sprach sich der »Führer« strikt gegen eine Scheidung aus. Magda nickte ergeben. Ihrem Mann hielt Hitler einen Tag darauf einen zweistündigen Vortrag darüber, wie ein Minister sich in der Öffentlichkeit zu verhalten habe. Anfangs widersprach Goebbels noch und erklärte, er sei für seine Beziehung mit Lida Baarova sogar bereit, auf sein Ministeramt zu verzichten. Notfalls könne er auch Botschafter in Japan werden. Doch Hitler machte ihm klar: Menschen, die ins Geschichtsbuch wollten, hätten jeden Anspruch auf ein Privatleben verloren.[29] Hitler wandte eine Strategie an, die bereits bei Geli und seinem Fahrer Maurice Erfolg gehabt hatte: Er verdonnerte Goebbels zu einem Trennungsjahr, in dem er Lida nicht sehen und nicht sprechen durfte. Sollten sich seine Gefühle für die Schauspielerin in dieser Zeit nicht ändern, könne er sich immer noch scheiden lassen.

Hitler ließ ein Protokoll über diese Vereinbarung aufsetzen, das Magda und Joseph Goebbels unterschrieben.[30] Die Wohnung der Schauspielerin wurde auf Hitlers Befehl von der Gestapo überwacht, sie bekam keine Rollenangebote mehr. Nach drei Monaten kehrte sie zurück in ihre Heimat, Goebbels sah sie nie mehr wieder. Im folgenden Sommer kam ein Produktionsleiter der Ufa in Berlin auf die Idee, Lida doch noch einmal eine Rolle anzubieten, und Magda Goebbels hörte davon. Sie fuhr sofort ins Filmstudio und verpaßte dem Mann eine Ohrfeige. Damit war die Karriere von Lida Baarova im Dritten Reich endgültig zu Ende.[31] In der Öffentlichkeit spielten Magda und Joseph Goebbels weiterhin das treudeutsche, glückliche Ehepaar. Was Magda wirklich über ihren Ehemann dachte, das erzählte sie Eleonore Quandt, ihrer besten Freundin und ehemaligen Schwägerin. Zu ihr hatte Magda schon während der Affäre ihres Mannes mit Lida Baarova gesagt: »Er ist ein Teufel, er, den ich für meinen Gott gehalten habe.«[32]

Im August 1939 legte Hitler dem zerstrittenen Ehepaar einen Versöhnungsvertrag vor.[33] Darin vereinbarten sie, wieder zusammenzuwohnen. Nicht nur Lida Baarovas Schicksal wurde damit ebenfalls besiegelt, auch eine weitere unerwünschte Person sollte sich entfernen: Karl Hanke wurde zunächst degradiert zum einfachen Soldaten der Wehrmacht. Später wurde er nach Niederschlesien versetzt, wo er in Breslau den Posten des Gauleiters bekam. Magda und Joseph Goebbels besiegelten ihre Versöhnung dadurch, daß sie ein sechstes Kind zeugten, das im Oktober 1940 zur Welt kam. Im Jahr darauf hatte Goebbels allerdings schon wieder eine neue Geliebte. Diesmal war die Geliebte eine Sekretärin, und die Beziehung ließ sich leichter vertuschen, als die zu einer Schauspielerin.

Bei aller Entfremdung gab es doch etwas, das die Ehepartner verband: ihre glühende, grenzenlose Verehrung für Adolf Hitler. Beide machten ihn zu ihrem Heilsbringer, für den sie bereit waren zu sterben. Trotz beider grenzenloser Verehrung für den »Führer« waren auch die Goebbels ihm nicht wirklich nahe.

Magda Goebbels charakterisierte Hitlers Wesen mit den Worten: »In gewisser Weise ist Hitler einfach nicht menschlich – unerreichbar, unanrührbar.«[34] So unzugänglich Hitler war, so offen redete ihr Mann mit ihr – auch über die geheimsten Seiten seines »Berufs«. Goebbels verbarg in dieser Hinsicht nichts vor seiner Frau. Auch nicht, daß Menschen zu Tausenden in Vernichtungslager gesteckt und in der Gaskammer getötet wurden. »Es ist grauenhaft, was er mir jetzt alles sagt. Ich ertrag es einfach nicht mehr«, beklagte sich Magda einmal bei Eleonore Quandt über das, was sie von ihrem Mann über Auschwitz erfahren hatte. »Du kannst dir gar nicht vorstellen, mit welch schrecklichen Dingen er mich belastet, und niemandem kann ich mein Herz ausschütten.«[35]

Magdas »Belastungen« wurden um so größer, je deutlicher sich das Ende des »Dritten Reiches« abzeichnete. Sie erkrankte an einer schmerzhaften Gesichtsrose, weswegen sie den 20. Juli 1944 in einem Sanatorium bei Dresden verbrachte. Im September 1944 fuhr sie nach Breslau, um sich dort von einem Spezialisten an der rechten Gesichtshälfte operieren zu lassen. Ihr alter Freund Hanke besuchte sie im Krankenhaus, erzählte, es gehe ihm gut. Magda war froh, daß sie nun wegen seiner Versetzung nach Schlesien kein schlechtes Gewissen mehr zu haben brauchte.

Anfang März 1945 besuchte Magda Goebbels ein letztes Mal ihre Freundin Eleonore Quandt, die sie seit fünfundzwanzig Jahren kannte, seit ihrer Eheschließung mit Eleonores Bruder. »Ello« war gerade zur Kur in einem Sanatorium. Magda Goebbels fuhr als Beifahrerin in einem Lieferwagen mit nach Dresden. Es wurde eine anstrengende Fahrt, vorbei an Trümmerfeldern, unterbrochen durch die Angriffe von Tieffliegern. Magda und der Fahrer mußten ein paarmal aus dem Auto springen und im Straßengraben in Deckung gehen. Magda traf völlig erschöpft in dem Sanatorium ein. Sie unterhielt sich nur kurz mit ihrer Freundin, danach schlief sie ein.

Das Gespräch am Abend zeichnete Ello auf, denn sie wußte, es war das letzte Treffen mit Magda, die ihr erklärte: »Wir werden alle sterben, Ello.«[36]

Magda kündigte ihren Selbstmord an. Ello fand das entsetzlich. Sie meinte, es müsse doch einen Ausweg geben, wenigstens für Magda und die Kinder.

»Nein«, sagte diese, »für mich gibt es keinen anderen Ausweg.« – «Aber du kannst und brauchst doch nicht für diesen Menschen zu sterben, der dich so maßlos enttäuscht hat, dessen Teufelswesen du nun kennst!« – »Das Leben, das ihr alle nach dem Zusammenbruch führen werdet, das wird nicht mehr sehr lebenswert sein«, antwortete Magda, »über kurz oder lang wird ganz Europa dem Kommunismus verfallen.« Magda fügte hinzu, sie habe kein Recht mehr zu leben, schließlich habe sie alles mitgemacht, habe an Hitler und Goebbels geglaubt. Ello versuchte vergeblich, ihre Freundin umzustimmen.

Magda erklärte ihr, weshalb sie glaubte, nicht mehr leben zu dürfen: »Gesetzt den Fall, ich bleibe am Leben, so werde ich natürlich verhaftet und über Joseph ausgefragt. Würde ich dann die Wahrheit sagen, würde ich erklären, was für ein Mensch er wirklich gewesen ist, würde ich schildern, was alles hinter den Kulissen geschah, so würde sich jeder anständige Mensch voll Ekel von mir abwenden. Jeder müßte denken, daß ich jetzt, nachdem mein Mann tot ist oder gefangen sitzt, ihn, den Vater meiner sechs Kinder, auf die übelste Weise verleumde. Für die Welt habe ich doch in Glanz und Luxus an seiner Seite gelebt und all seine Macht mitgenossen. Als seine Frau bleibe ich bis zuletzt bei ihm. Niemand würde mir glauben, daß ich aufgehört habe, ihn wirklich zu lieben, und vielleicht liebe ich ihn ja doch immer noch ...«

Irgendwann im Verlauf dieses Gesprächs fragte Ello: »Und die Kinder ...? Was wird aus den armen Kindern?«

»Wir werden sie mitnehmen, weil sie zu schön und zu gut sind für die Welt, die kommt. Von dieser Welt wird Joseph als einer der größten Verbrecher angesehen werden, die Deutschland je hervorbrachte. Seine Kinder würde man quälen, verachten oder erniedrigen. Sie würden all das entgelten müssen, was er getan hat. An ihnen würde man Rache nehmen ...«

Ello warf ein: »Du kannst doch deine eigenen Kinder nicht umbringen?«

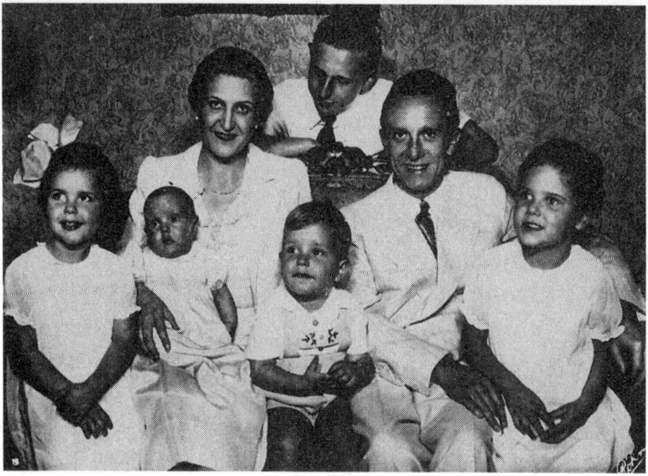

Magda und Joseph Goebbels mit fünf ihrer Kinder

»Doch«, erwiderte Magda, »das kann ich... Es ist schon alles vorbereitet.«

Zu diesem Zeitpunkt hielten sich die Kinder der Goebbels' bei ihrer Großmutter in Schwanenwerder auf. An sie hätte Eleonore Quandt appellieren können, die Enkel zu retten. Aber daran dachte sie offenbar nicht. Statt dessen schrieb sie Magdas Rechtfertigungen für einen sechsfachen Kindsmord nieder, den diese über Wochen hinweg plante. Magda Goebbels setzte sich nach dem Gespräch mit Eleonore Quandt wieder in den Lieferwagen und fuhr zurück nach Berlin.

Ihrer Mutter erzählte Magda nichts von dem, was sie ihren Kindern antun wollte. Die alte Frau entließ ihre Enkel am 20. April 1945 in den Führerbunker, wo sie fröhlich umhersprangen und Adolf Hitler artig zum Geburtstag gratulierten. Die Bunkerinsassen erwogen in den folgenden Tagen mehrfach Möglichkeiten, wie die

Kinder zu retten wären. Albert Speer bot an, sie mit nach Süddeutschland zu nehmen, und auch Liesl Ostertag, das Hausmädchen von Eva Braun, bat Magda vor ihrer Abreise nach Bayern darum, ihr die Kinder anzuvertrauen. Vergeblich.

Am 28. April schrieb Magda Goebbels einen letzten Brief an ihren ältesten Sohn Harald, der als Soldat an der Ostfront eingesetzt war:

»... Du sollst wissen, daß ich gegen den Willen Papas bei ihm geblieben bin, daß noch vorigen Sonntag der Führer mir helfen wollte, hier herauszukommen. Du kennst deine Mutter – wir haben dasselbe Blut, es gab für mich keine Überlegung. Unsere herrliche Idee geht zugrunde – mit ihr alles, was ich Schönes, Bewundernswertes, Edles und Gutes in meinem Leben gekannt habe. Die Welt, die nach dem Führer und dem Nationalsozialismus kommt, ist nicht mehr wert, darin zu leben, und deshalb habe ich auch die Kinder hierher mitgenommen. Sie sind zu schade für das nach uns kommende Leben, und ein gnädiger Gott wird mich verstehen, wenn ich selbst ihnen die Erlösung geben werde ...

Die Kinder sind wunderbar. Ohne Hilfe helfen sie sich selbst in diesen mehr als primitiven Verhältnissen. Ob sie auf dem Boden schlafen, ob sie sich waschen können, ob sie zu essen haben und was – niemals ein Wort der Klage oder ein Weinen. Die Einschläge erschüttern den Bunker. Die Größeren beschützen die noch Kleineren, und ihre Anwesenheit ist hier schon dadurch ein Segen, daß sie dem Führer hin und wieder ein Lächeln abgewinnen. Gestern abend hat der Führer sein goldenes Parteiabzeichen abgenommen und mir angeheftet. Ich bin stolz und glücklich. Gott gebe, daß mir die Kraft bleibt, um das Letzte, Schwerste zu tun. Wir haben nur noch ein

Ziel: Treue bis in den Tod dem Führer, und daß wir zusammen das Leben mit ihm beenden können, ist eine Gnade des Schicksals, mit der wir niemals zu rechnen wagten …«[37]

Magda Goebbels hatte ihren Mann und Hitler viele Jahre lang unterstützt. Aber auch drei Tage vor ihrem eigenen Tod kam sie nicht auf die Idee, daß es in ihrem Leben irgend etwas geben könnte, das sie bereuen müßte. Der gnädige Gott, der zumindest würde sie schon verstehen. Aber um Vergebung bitten mußte sie ihn deswegen noch lange nicht.

Nur einmal in diesen letzten Tagen zeigte Magda so etwas wie eine Gefühlsregung – nämlich in dem Moment, als Adolf Hitler und Eva Braun sich zum Sterben zurückzogen. Da versuchte Magda vergeblich, an dem Adjutanten vorbeizukommen, der mit einer Maschinenpistole in der Hand das Arbeitszimmer von Hitler bewachte. Magda schrie: »Mein Führer, verlassen Sie uns nicht. Wir werden alle elend umkommen ohne Sie.«[38]

Einen Tag später tötete Magda ihre Kinder, genau so, wie sie es geplant hatte. Danach unterhielt sie sich mit Martin Bormann und mit einigen anderen, die von der Besatzung des Bunkers noch übrig waren. Gemeinsam mit ihrem Mann verabschiedete sie sich von allen. Ein letztes Mal ging sie hinüber in die Schlafzimmer und sah nach den Leichen ihrer Kinder.

Gegen halb neun Uhr abends am 1. Mai 1945 stiegen Magda und Joseph Goebbels die Stufen zum Garten der Reichskanzlei hinauf. Magda zerbiß ihre Kapsel mit Blausäure, ihr Mann schoß sich in die Schläfe.

Der Adjutant von Goebbels schüttete zwei Kanister Benzin über die Leichen und zündete sie an.[39]

XI.
Unity Mitford
Das englische »Nazimädel«

Eva Braun schrieb im Mai 1935 in ihrem Tagebuch von einer »Walküre«, die sich Adolf Hitler als Ersatz für sie ausgesucht habe.[1] Nicht zuletzt Hitlers Bekanntschaft mit dieser Frau führte zu Eva Brauns zweitem Selbstmordversuch. Die Frau, die Eva so eifersüchtig machte, hieß mit vollem Namen Unity Valkyrie Mitford. Sie war damals zwanzig Jahre alt und sah genauso aus, wie die Nationalsozialisten sich eine richtige Germanentochter vorstellten: Groß, blond, blauäugig – und üppig von den Beinen bis zum Busen. Hitler kannte sie damals erst seit drei Monaten, vermutlich ab Februar 1935. Und tatsächlich muß er schwer beeindruckt von ihr gewesen sein. Denn Unity schaffte es als einzige Ausländerin, zumindest zeitweise in den inneren Zirkel um Adolf Hitler vorzustoßen.

Unity kam als viertes von sieben Kindern am 8. August 1914 in London zur Welt. Wie ihre Geschwister wurde sie ohne Hilfe einer Hebamme oder eines Arztes geboren. Die Kinder von Lord und Lady Redesdale wuchsen in einer kalten, düsteren und exzentrischen Atmosphäre auf. Ihre Mutter gab keinem der Kinder jemals einen Kuß, sie umarmte sie nicht und tröstete sie nicht. Zärtliche Berührungen zwischen Eltern und Kindern kamen im Hause Mitford nicht vor.[2]

Statt dessen gab es Schläge. Unity zupfte mit elf Jahren einmal Erdbeeren von den Stauden im Gewächshaus – als ihr Vater das bemerkte, schlug er blindwütig auf sie ein. Einer ihrer Cousins erinnerte sich folgendermaßen an Unity: »Sie war professionell unartig; in der Geschichte der Prügelstrafe wurde niemand mehr als sie geschlagen.«[3]

Die Mitfords wurden ständig von Geldsorgen geplagt, obwohl ihnen neuntausend Hektar Äcker, Wiesen und Wälder gehörten, die sie an Kleinbauern verpachtet hatten. 1916 mußten sie ihre prachtvolle Residenz in Batsford verkaufen.

Sie zogen um in ein großes, abgelegenes Haus, drei Meilen entfernt von dem Dorf Swinbrook. Unitys Schwester Jessica erzählte später, dieses Haus habe von außen wie eine mittelalterliche Festung ausgesehen – darin sei es teilweise zugegangen wie in einer Kaserne, einem Internat oder einem Irrenhaus.

Die Kinder, mit Ausnahme von Unity Mitford, die auf eine richtige Schule geschickt wurde, wurden von ihrer Mutter oder einer Hauslehrerin unterrichtet, die sich jedoch an die Anweisungen der Mutter zu halten hatte. Es gab Pferde, einen Tennisplatz – aber keine Kinder, außer denen der eigenen Familie. Das lag daran, daß Lord Redesdale keine »Außenseiter« leiden konnte. Zu den Außenseitern zählten für ihn die »Hunnen«, womit er die Deutschen meinte, die »Frösche«, wie er die Franzosen nannte, die Amerikaner, die Afrikaner und »alle anderen Ausländer«.[4] Aber auch die Kinder anderer Leute gehörten dazu, insbesondere die Freunde der älteren Mitford-

Schwestern. »Wir wuchsen in vollständiger Isolation von unseren Altersgenossen auf«, sagte Jessica später, »Unity, Deborah und ich waren fast ganz uns selber überlassen. Wie ein vergessener Volksstamm, der abgeschnitten von der Welt lebt, entwickelten wir sonderbare Eigenheiten.«[5] So saß Deborah stundenlang im Hühnerstall und ahmte den Ausdruck schmerzhafter Konzentration einer Henne nach, die gerade ein Ei legt. Jeden Morgen studierte sie den Anzeigenteil der *Times* und trug sämtliche Totgeburten in ein Notizbuch ein.

Unitys Eigenheiten bekamen vor allem die Hauslehrerinnen zu spüren. Eine davon hatte panische Angst vor Schlangen und beging den Fehler, Unity davon zu erzählen. Diese wickelte eines Morgens eine Ringelnatter um die Kette im WC. Die Gouvernante betrat das Örtchen und schloß sich ein. Draußen schlichen die Kinder herbei, horchten atemlos an der Tür. Plötzlich hörten sie einen spitzen Schrei, gefolgt von einem dumpfen Geräusch. Die Tür zur Toilette mußte mit dem Brecheisen aufgebrochen werden, um die bewußtlose Lehrerin zu befreien.

Schon als Kind war Unity überdurchschnittlich groß, ihre Schwester Nancy gab ihr deshalb den Spitznamen »die Scheußliche«. Jessica beschrieb ihre zwölf Jahre alte Schwester so: »Mit ihren großen, blauen Augen, dem starren Blick, den langen, unbeholfenen Gliedmaßen, ihrem völlig glatten, flachsfarbenen Haar, das manchmal zu ordentlichen Zöpfen geflochten war, meistens aber lose herabwallte, sah sie aus wie eine zottelige Wikingerin. Sie war der Albtraum der Hauslehrerinnen, von denen nur wenige ihrem erbarmungslos schlimmen Betragen gewachsen waren, so daß keine von ihnen es längere Zeit bei uns aushielt.«[6]

Nicht nur die Kinder der Mitfords pflegten »sonderbare Eigenheiten«, sondern zuerst und vor allem die Eltern. So wehrte sich Unitys Mutter entschieden dagegen, ihre Kinder impfen zu lassen, wogegen auch immer. Und sie führte einen jüdischen Speiseplan ohne Schweinefleisch ein, da sie fest davon überzeugt war, daß Juden niemals an Krebs erkrankten. Unitys Vater ging gerne mit seinen Hunden auf die Treibjagd – wobei er keine Hasen hetzte, sondern seine Töchter. Die rannten über Felder und Äcker, verfolgt von einem Reiter und einer bellenden Hundemeute. Die Dorfbewohner von Swinbrook wunderten sich über diesen Anblick, aber den Mädchen machte der Wettlauf durchaus Spaß. Weniger lustig fanden sie das, was sie untereinander »Rattenwochen« nannten. Ihr Vater hatte nämlich die Angewohnheit, einem seiner Kinder nahezu alle Freiheiten zu lassen. Ein anderes dagegen brüllte er grundlos an, bestrafte und demütigte es – verurteilte es eben zu den »Rattenwochen«. Eines Tages gab es dann einen plötzlichen, unvorhersehbaren Wechsel. »Man war natürlich wachsam«, schrieb Nancy Mitford später, »aber selbst nach jahrelanger Erfahrung konnte niemand voraussagen, wann und in welcher Richtung der Umschlag erfolgte.«[7]

Als Jugendliche fing Unity an, sich an ihren Eltern zu rächen. Sie provozierte, wo sie nur konnte. Zunächst noch auf eher harmlose Weise, durch exzentrische Auftritte in den Londoner Ballsälen, wo sie Rhizinusöl in den Salat schüttete und Reißnägel auf die Polstersessel streute. Oder sie machte spöttische Bemerkungen über den König an dem Tag, als sie bei Hofe vorgestellt wurde. Unity wollte schockieren, sie wollte ihre Eltern quälen, wie sie selber von ihnen gequält wurde. Und sie suchte nach ihrer eigenen Identität, nach einem Ziel für ihr

Leben, das nichts mit den Zielen ihrer Eltern zu tun haben durfte.

Ihre ältere Schwester Diana verliebte sich in den englischen Faschistenführer, und Unity lernte ihn ebenfalls kennen. Kurz darauf ritzte sie daheim in Swinbrook House mit einem Diamantring kleine Hakenkreuze in eine Fensterscheibe. Sie teilte sich ein Zimmer mit ihrer Schwester Jessica und dekorierte ihre Hälfte plötzlich mit Hakenkreuzfähnchen, mit den Rutenbündeln der italienischen Faschisten, außerdem mit Bildern von Adolf Hitler, Benito Mussolini und Oswald Mosley, dem Mann, der sich mit »Hail Mosley« grüßen ließ.

Jessica ärgerte sich über den Kult, den ihre Schwester betrieb. Sie stellte in ihrer Zimmerhälfte demonstrativ eine Leninbüste aus Gips auf und hängte eine Fahne mit Hammer und Sichel an die Wand. Manchmal bewarfen sich die Schwestern gegenseitig mit Büchern und Schallplatten – »aber trotz allem habe ich Unity damals wirklich angebetet«, so Jessica in ihren Erinnerungen.

Und im Zweifelsfall verbündeten sie sich auch jetzt noch gegen die Erwachsenen. So schleppte ihre Mutter die beiden einmal zu einem Basar der Konservativen Partei, wo sie die Kasse bewachen sollten. Bei deren Anblick sagte Jessica zu Unity: »Schau dir das viele Geld an. Es ist eine Schande, daß die verdammten Tories das alles kriegen sollen.«[8] Sie nahm fünf Pfund heraus, um sie einer kommunistischen Zeitung zu spenden. Daraufhin nahm Unity ebenfalls fünf Pfund aus der Kasse, die sie der Union der Britischen Faschisten schickte.

Später ging sie regelmäßig zu den Treffen dieser Partei in Oxford. Und zum ersten Mal in seinem Leben fühlte sich das Mädchen, dem sein Vater immer nur Verachtung entgegengebracht hatte, akzeptiert. Sie gehörte in ihrem schwarzen Kampfanzug dazu, sie hatte Freunde, sie empfand nicht mehr diese Leere wie daheim bei ihren Eltern. Bei diesen Treffen lernte sie auch deutsche Faschisten kennen. Ernst Hanfstaengl, dem damaligen Auslandspressechef der NSDAP, begegnete sie 1933 in London.[9] Unity lauschte erst seinem Klavierspiel, dann den Lobeshymnen, die er auf seinen »Führer« sang. Und irgendwann kam sie auf die Idee, sich auf den Weg zu Adolf Hitler zu machen. Sie wollte diesen Mann, von dem sie schon so viel gehört hatte, unbedingt persönlich kennenlernen. Was Unity sich vornahm, das setzte sie für gewöhnlich auch durch.

Im August 1933, Unity war gerade neunzehn Jahre alt, fuhr sie gemeinsam mit ihrer Schwester Diana nach München. Kaum in München angekommen, machten sich die beiden auf den Weg zum »Braunen Haus« in die Brienner Straße 45, der Parteizentrale der Nationalsozialisten. Sie kamen bis ins Erdgeschoß, wo sie in der Nähe einer großen Bismarckbüste aufgehalten wurden. Der Zutritt zu Hitlers Arbeitszimmer im ersten Stock wurde ihnen verwehrt. Hitler sei nicht zu sprechen, hieß es, er sei zu sehr damit beschäftigt, sich auf den Parteitag vorzubereiten.[10]

Unity und Diana beschwerten sich bei Hanfstaengl, der ihnen vermutlich in London versprochen hatte, sie mit Hitler bekannt zu machen. Er schlug den jungen Damen vor, gemeinsam mit ihm nach Nürnberg zum Parteitag zu fahren. Hanfstaengl besorgte Eintrittskarten und versprach, er werde in Hitlers Hotel, im Deutschen Hof, ein Treffen mit ihm arrangieren.

Als Hanfstaengl die beiden Schwestern sah, die reichlich Make-up aufgelegt hatten, verdrehte er entsetzt die

Unity Mitford mit SS-Mann vor dem Braunen Haus in München, 1935

Augen. »Meine Lieben, so geht es auf keinen Fall«, rief er. »Sie haben nicht die geringste Aussicht, ihn zu sprechen, wenn Sie sich nicht das Zeug vom Gesicht wischen.«[11] Unity und Diana gehorchten. Aber es nützte nichts. Hanfstaengl hatte, was bei ihm häufiger vorkam, den Mund etwas zu voll genommen. Denn die Mitford-Schwestern wurden gar nicht zu Hitler vorgelassen, und Hitlers Sekretär speiste sie einfach ab. Der Parteichef sei beschäftigt, teilte er mit, vielleicht ein andermal.

Wenigstens durften Unity und Diana das Parteitagsgelände betreten, wo sie mit vierhunderttausend weiteren Teilnehmern den großen Aufmarsch von Adolf Hitler verfolgten. Und wie die meisten, so ließen sich auch die Mitford-Schwestern in einen Rauschzustand versetzen, sie waren fasziniert und überwältigt von der Masseninszenierung. Die Männer brüllten sich mit endlosen Heilrufen die Kehlen heiser, die Frauen verfielen in hysterisches Entzücken, viele von ihnen verloren das Bewußtsein. Unity sah Hitler, wenn auch nur aus der Ferne, und ihr Ärger über seine Abfuhr war schlagartig verflogen. Bald darauf erklärte sie gegenüber einem Reporter des *Evening Standard*: »Als ich Adolf Hitler zum ersten Mal erblickte, wußte ich sofort, daß ich mit keinem anderen lieber als mit ihm zusammensein wollte.«[12]

1934 schrieb sich Unity für das Frühjahrssemester in einem Münchener Mädchenpensionat ein, das zugleich ein Fremdspracheninstitut war. Sie wollte Deutsch lernen, und zwar so schnell und so perfekt wie möglich. In ihrer Freizeit las sie alles, was sie über Adolf Hitler bekommen konnte. Sie erkundete, wann und wie oft er sich in München aufhielt, welche Theater und welche Lokale er besuchte. Dabei stieß sie relativ schnell auf Hitlers Stammlokal, die Osteria Bavaria in Schwabing.

Unity mietete sich ein Zimmer. An der Universität schrieb sie sich für das Fach »Kunstgeschichte« ein. Und in der Osteria wartete sie auf Hitler, wann immer sie aus der Zeitung erfahren hatte, daß er sich gerade in München aufhielt.

Sie hatte bald herausgefunden, daß er mit seinem Gefolge nie vor zwei Uhr nachmittags einen Ecktisch besetzte, der eigens für ihn reserviert wurde. Unity geizte nicht mit Trinkgeldern, um einen Tisch direkt gegenüber zu bekommen – an den Tagen, an denen sie mit Hitlers Erscheinen in der Osteria Bavaria rechnete. Wenn er kam, verließ Unity das Lokal niemals vor ihm. Sie harrte stundenlang aus, obwohl der einzige Kontakt zunächst darin bestand, daß er sie beim Hinausgehen fast streifte. So sehr sie auch in Hitlers Richtung lächelte, schien weder er noch jemand anders aus seiner Männerrunde das zunächst zu bemerken. Die Kellnerinnen Ella und Rosa waren die einzigen, denen Unity etwas von sich erzählen konnte.

Aber das Mädchen aus der englischen Oberschicht war hartnäckig und nicht gerade schüchtern. Sie schickte ihre Signale Tag für Tag aus, penetrant – aber nach einer Weile durchaus mit Erfolg. Hin und wieder drehte sich Hitler oder einer seiner Adjutanten nach ihr um. Unity notierte jede Geste, jeden Blick mit roter Tinte in ihrem Tagebuch, unter genauer Angabe von Datum und Uhrzeit.

Eines Tages kam die Kellnerin Rosa zu Unity an den Tisch, beugte sich zu ihr herab und sagte: »Der Führer hat mich gefragt, wer Sie sind.« – »Oh, wirklich?« sagte Unity und fügte hinzu: »Ich hoffe, Sie haben ihm geantwortet, daß ich eine englische Faschistin bin und nicht nur eine englische Studentin.«[13]

Wenig später, im Februar 1935, hatte Unity ein Glückserlebnis wie nie zuvor. Jede Einzelheit davon beschrieb sie hinterher in einem langen Brief an ihre Schwester Diana, der mit folgenden Zeilen begann:

»Gestern war der schönste und wunderbarste Tag meines Lebens. Zum Lunch ging ich wie immer in die Osteria und saß an dem kleinen Tisch, den Du kennst, am Ofen. Als ich gegen drei Uhr mit dem Essen fertig war, kam der Führer in seinem süßen Trenchcoat und setzte sich mit zwei anderen Männern an seinen Ecktisch. Ich las gerade die Vogue, die Du mir geschickt hattest. Zehn Minuten nach seiner Ankunft ließ er den Gastwirt kommen, der dann zu mir herüberkam und sagte: ›Der ›Führer‹ möchte sich gerne mit Ihnen unterhalten.‹ Ich stand auf und ging zu seinem Tisch, er stand auf, schüttelte mir die Hand, grüßte und stellte mich den anderen Herren vor. Dann bat er mich, neben ihm Platz zu nehmen.«[14]

Sofort eilte eine Kellnerin herbei und flüsterte Unity ins Ohr: »Soll ich Ihnen eine Fotopostkarte bringen?«

»Ja, bitte«, hauchte Unity zurück. Sie nahm die Karte und schob sie, mit der Bitte um ein Autogramm, zu Hitler. Zugleich entschuldigte sie sich bei ihm für ihr »amerikanisches Betragen«. Hitler bat sie, ihren Namen und ihre Anschrift auf einen Zettel zu schreiben. Dann schrieb er auf die Autogrammkarte: »Fräulein Unity Mitford, zur freundlichen Erinnerung an Deutschland und Adolf Hitler«.

Unity bedankte sich und lud Hitler dazu ein, England zu besuchen. Der »Führer« unterhielt sich eine halbe Stunde lang mit Unity – über England, über den vergangenen Weltkrieg, darüber, daß es dem internationalen Judentum nie wieder erlaubt werden dürfe, nordische Rassen gegeneinander zu hetzen. Und er lud Unity zu den Wagnerfestspielen in Bayreuth ein. Schließlich steckte

Hitler den Zettel mit Unitys Adresse in seine Tasche. Ihr Mittagessen ließ er auf seine Rechnung setzen.

All dies schilderte Unity mit begeisterten Worten über viele Seiten hinweg ihrer Schwester. Der Brief endete mit den Sätzen:

»Du kannst Dir vorstellen, wie ich mich fühle. Ich bin so glücklich, daß ich am liebsten sterben möchte. Ich glaube, daß ich das glücklichste Mädchen der Welt bin. Und ich habe nichts geleistet, wodurch ich diese Ehre verdient hätte.«

Diese »Ehre« wollte sich Unity nachträglich verdienen. Also schrieb sie einen Leserbrief an die Redaktion des *Stürmer*, des berüchtigten wöchentlichen Hetzblatts der Nationalsozialisten. Darin gab sie sich einmal mehr als »englische Faschistin« zu erkennen, beschimpfte und verleumdete die englischen Juden. Am Ende des Briefes bat sie darum, ihren vollen Namen abzudrucken, »weil alle wissen sollen, daß ich eine Judenhasserin bin«.[15] Der Herausgeber des *Stürmer*, Julius Streicher, tat ihr den Gefallen. Mehrere englische Zeitungen druckten den Brief nach, versehen mit empörten Kommentaren. Sie berichteten ein paar Wochen später auch über das »Sommersonnwendfest« im fränkischen Dinkelsbühl, zu dem der *Stürmer* die Leserbriefschreiberin eingeladen hatte. Unity durfte als Ehrengast durch ein Spalier von SA-Männern schreiten, die allesamt Fackeln in den Nachthimmel reckten. Sie stieg auf die Rednertribüne, wo der Herausgeber persönlich ihren Bekennerbrief vorlas. Am Ende überreichte jemand Unity einen Blumenstrauß, zweihunderttausend Menschen jubelten ihr zu.

Sie wurde jetzt sehr häufig eingeladen, wenn Hitler und sein Gefolge in der Osteria Bavaria saßen. Das zwanzig Jahre alte Mädchen himmelte Hitler an, sie blickte strahlend und voller Bewunderung zu ihm auf. Diesem schien es zu schmeicheln und zu gefallen. Unitys einfaches Deutsch war genau richtig, um sich so oberflächlich mit Hitler zu unterhalten, wie er es gerne hatte. Bei ihren Gesprächen über Opern und Opernsänger kam Unity auf ihren Großvater zu sprechen, dem sie ihren zweiten Vornamen Valkyrie verdankte. Er war nicht nur ein großer Liebhaber von Wagners Musik gewesen, sondern hatte die Komponistenfamilie sogar persönlich gekannt. Wie Hitler war er regelmäßig zu den Festspielen gefahren und hatte sich dort auch öfter mit Houston Stewart Chamberlain getroffen, dem rassistischen Philosophen, den Hitler so verehrte. Die Nähe ihres Großvaters zur Wagner-Dynastie war ein entscheidender Punkt in Unitys Biographie, durch den es ihr endgültig gelang, Hitler für sich einzunehmen.

Bei Hitlers Begleittroß fand sie weitaus weniger Sympathien. Viele mißtrauten ihr allein deswegen, weil sie Ausländerin war. Alle staunten, welche Einzelheiten über die Partei und über die Außenpolitik Hitler dieser Engländerin preisgab, die schließlich eine Spionin sein konnte. Hitlers Adjutanten warnten ihren Chef vor Unity, aber den schien das nicht zu kümmern. Er hatte sie gerne an seiner Seite, redete mit ihr über Wagner oder entwarf Pläne für eine deutsch-britische Weltherrschaft.

Unity brach ihr Studium bald ab und widmete sich ganz ihrer Obsession, möglichst oft in Hitlers Nähe zu sein. Ihren Sportwagen, ein Geschenk ihres Vaters, ließ sie mit Hakenkreuzen bemalen. Bei ihren Besuchen in Swinbrook beobachtete ihre Schwester Jessica, wie Unity jeden Abend ein großes, signiertes Hitlerfoto vor sich auf die Bettdecke stellte. Dann sprach sie ein lautes Nachtgebet, das sie an »Godfather Hitler« richtete. Am Ende des Gebetes hob sie ihren Arm zum Nazigruß.

Hitler mit seiner englischen Verehrerin Unity Mitford

Im September 1935 besuchte Unity Mitford wieder einen Reichsparteitag. Aber diesmal war sie nicht bloß eine anonyme Jubelnde in der Masse, diesmal stand sie als Ehrengast neben Hitler auf der Tribüne. Und von jetzt an war sie bei vielen öffentlichen Auftritten ihres »Führers« dabei – bei Empfängen in der Reichskanzlei ebenso wie bei den Olympischen Spielen in Berlin oder bei den Festspielen in Bayreuth. Unity tat alles, was sie konnte, um in der ausländischen Presse für positive Schlagzeilen über Hitler zu sorgen. In Interviews lobte sie seine Friedenspolitik und stellte ihn als einen herzensguten Menschen dar. Er bewundere das britische Königreich, erzählte sie Reportern, und er hoffe darauf, die britische Marine und die deutsche Armee bald zu gemeinsamen nordischen Streitkräften zu vereinen.

Unitys eifrige Propaganda dürfte einer der Hauptgründe gewesen sein, weshalb Hitler sie mit Privilegien ausstattete, wie sie keine andere Ausländerin besaß. So durfte sie häufig in seinem Sonderzug mitfahren und bekam zeitweise sogar einen parteieigenen Dienstwagen samt Fahrer gestellt. Hitler ließ seiner Mitarbeiterin eine Wohnung in München besorgen, er schenkte ihr eine wertvolle Kamera und überreichte ihr eines Tages ein handsigniertes Parteiabzeichen – und damit eine der höchsten Formen von Anerkennung, die er zu vergeben hatte.[16]

Zu verdanken hatte Unity das Abzeichen letztlich einigen Nazifrauen, denen sie in einer Menschenmenge in Berlin aufgefallen war. Die Frauen hatten gesehen, daß Unity ein Hakenkreuzabzeichen trug, bei dem die Buchstaben NSDAP auf dem Rand fehlten. »Dazu haben Sie kein Recht«, schrien sie Unity an, »das ist ja Betrug.«[17] Unity jedoch kümmerte sich nicht um die Frauen und ließ sie weiterzischeln. Am nächsten Tag erzählte sie Hitler davon. Der merkte sich den Vorfall. Ein paar Wochen später zu einer Verabredung in der Osteria Bavaria brachte er ein kleines Päckchen mit. Er überreichte es Unity mit feierlicher Miene und forderte sie auf, es sofort zu öffnen. Unity zog ein Abzeichen heraus, das genauso aussah wie ihr erstes, wieder ohne Buchstaben am Rand. Hitler erklärte ihr, wenn sich noch einmal jemand über ihr Abzeichen beschwere, solle sie einfach die Rückseite zeigen. Unity drehte das Hakenkreuz um und entdeckte Hitlers eingravierte Unterschrift.

Im April 1938 wurden Unity beide Abzeichen im Londoner Hydepark von den Kleidern gerissen, als sie dort mit einer Gruppe britischer Faschisten bei einer Veranstaltung der Labour Party aufmarschierte. Unity und ihre Kumpane stellten sich direkt neben die Rednertribüne, wo sie Hakenkreuzfahnen schwenkten und die Arme provozierend zum Hitlergruß erhoben. Die Menge wurde wütend. Steine flogen. Einige Leute packten Unity und wollten sie in einen nahen Teich werfen. Aber die Polizei griff ein und geleitete die Faschisten sicher zurück zu ihrem Autobus. Anschließend diktierte Unity einem Reporter des *Daily Telegraph* in seinen Notizblock: »Der ›Führer‹ hat nichts dagegen, wenn Männer in eine Rauferei verwickelt werden, aber er sieht es nicht gerne, wenn sich Frauen daran beteiligen. Vielleicht schimpft er mit mir, weil ich mich so auffällig benommen habe. Im übrigen will ich sobald wie möglich die deutsche Staatsbürgerschaft annehmen.«[18] Doch Hitler ging gnädiger mit Unity um, als sie es von ihrem eigenen Vater in Erinnerung hatte.

Ganz im Gegenteil, er schenkte Unity zwei neue Abzeichen mit dem Hakenkreuz, die »wie ein BDM-Schlachtschiff von Frau« in der Botschaft ankam, so die Frau des britischen Botschafters, Lady Philipps.[19]

Daheim in England versuchte Unity, auch ihre Familie für Hitler zu begeistern. Diana teilte ohnehin die Begeisterung ihrer Schwester, aber die anderen blieben lange Zeit auf Distanz. Doch es gelang Unity, ihre Eltern zu einem Deutschlandbesuch zu bewegen. Hitler empfing sie zum Tee und stellte ihnen einen Mercedes samt Fahrer für ihre Reise durch Deutschland zur Verfügung. Das gefiel den Mitfords, und sie kamen gerne wieder – zum Beispiel als Ehrengäste zum Parteitag in Nürnberg. »Papa fühlt sich herrlich wohl unter den SS-Sturmführern«, notierte Unity, und »Mama hatte heute Tee beim ›Führer‹. Sie findet ihn sehr nett und gut erzogen. Er hat ihr die Hand geküßt.«[20] Jetzt sprach Lady Redesdale sogar davon, Hitler sei ein möglicher Heiratskandidat für ihre

Tochter. Und ihr Mann lobte im Oberhaus die Friedensliebe von Adolf Hitler.

Diana Mitford, Unitys Schwester, heiratete im Oktober 1936 in Berlin den britischen Faschistenführer Mosley. Hitler stellte dem Paar einen Salon im Reichspropagandaministerium für die Trauungszeremonie zur Verfügung. Anschließend gab es ein großes Festessen in Schwanenwerder, dem Landsitz der Familie Goebbels. Unity freundete sich mit Magda Goebbels an, die sie immer wieder einmal für ein paar Wochen nach Schwanenwerder einlud und sie allmählich in die gehobenen Nazikreise einführte. Magda und Unity gingen zusammen in die Oper oder ins Kino, zum Segeln oder zum Einkaufen.

Die exzentrische Engländerin Unity Mitford traf etliche Male mit Adolf Hitler zusammen. Sie fuhr in seiner Eskorte mit, was ihr den Spitznamen Fräulein »Mitfahrt« eintrug, sie saß mit ihm in der Oper und schrieb ihm Liebesbriefe. Wohin Hitler auch reiste, Unity fuhr hinterher – und oft genug war sie schon vor ihm da. Hitlers Heeresadjutant Gerhard Engel mißtraute ihr zutiefst, hielt sie für eine Agentin des britischen Geheimdienstes. »Für unsere Auffassung gab es vernünftige Gründe«, behauptete er später, »sie war einfach zu gut über Hitlers Leben und vor allem über seinen Zeitplan informiert. Es kam vor, daß wir aus Sicherheitsgründen nichts erfuhren, aber sie wußte alles über seine Kontakte, Konferenzen, Absichten und sein Privatleben. So kam es vor, daß er beschloß, seinen Fünf-Uhr-Tee im Haus der Kunst einzunehmen, und siehe da – sie erschien fünf Minuten vor ihm, was Hitler umwerfend fand. Sie hatte ihre Quellen. Aber ich habe bis zum heutigen Tag nicht herausgefunden, wer das war. Wir brachen nachts von Berlin nach München auf

– und sie war in München. Wenn wir von München nach Wien fuhren: Miß Mitford war schon vor uns angekommen ...

Eines Tages erzählte sie beim Essen, daß die Anflugwege nach London nur durch acht Flakbatterien geschützt seien, die Ausrüstung der britischen Armee nicht einmal für zwei Divisionen genüge und daß England nicht in der Lage wäre, Krieg zu führen. Sie wisse das alles von einem ihrer Cousins. Nur für die Marine fand sie gute Worte. Hitler war beeindruckt, und wir wurden angewiesen, Unitys Angaben nachzuprüfen. Sie waren mehr oder weniger korrekt. Natürlich wurde unser Mißtrauen dadurch noch größer.«[21]

Dieser Spionageverdacht des Adjutanten konnte jedoch nicht bewiesen werden. Und es ist auch kaum wahrscheinlich, daß ihre Verherrlichung der Nazis nur gespielt war. Sie kannte einflußreiche Leute in England, bis hin zu Winston Churchill. Aber die Informationen, die sie ihnen weitergab, waren sehr wahrscheinlich nicht wirklich geheim, sondern von Adolf Hitler mit voller Absicht gestreut. Er setzte Unity vermutlich ohne ihr Wissen und ihre Kontakte dazu ein, seine offizielle Politik gegenüber England zu ergänzen. So erzählte sie zum Beispiel im Spätherbst 1937 dem Berliner Korrespondenten der *Times,* Hitler plane spätestens für 1942 einen Angriff auf England, falls es sich nicht bald auf seine Seite stelle. Mal überbrachte Unity Kriegsdrohungen, dann wieder Friedensangebote, und Hitler versprach sich vermutlich eine größere Wirkung davon als von den offiziellen Verlautbarungen seines Außenministers.

Ob eine Reise Unitys nach Prag kurz vor dem Einmarsch deutscher Truppen auf eigene Faust oder aber auf Wunsch Hitlers erfolgte, bleibt ungeklärt. Dort spazierte sie mit ihrem Hakenkreuzabzeichen durch die Stadt, was eine öffentliche Provokation war. Dreißig Kilometer hinter Prag wurde sie zusammen mit ihren Begleitern, einem Engländer und einem Amerikaner, für einige Stunden festgenommen. Die tschechische Polizei beschlagnahmte Unitys Kamera, ein Hitlerfoto und Hakenkreuzembleme. Erst als sich die britischen Botschaften in Prag und Berlin einschalteten, kam Unity wieder frei und erhielt ihre Habseligkeiten zurück – mit Ausnahme der Kamera und einiger Filme. Über die Frage, was auf den Filmen zu sehen war, hüllten sich die tschechischen Behörden in Schweigen. Genau das gab Anlaß zu Spekulationen, Unity könnte Spionagefotos für die Nationalsozialisten gemacht haben. Hitler hatte offenbar auf Unitys Rückkehr aus der Tschechoslowakei gewartet. Kaum zurück in Deutschland, bekam sie von ihm einen neuen Fotoapparat geschenkt.[22]

Es ist auffällig, daß einige der Frauen, die sich in Hitlers engerer Umgebung aufhielten, unter Depressionen litten. Möglicherweise hatte das damit zu tun, daß es keiner Frau gelang, ihm wirklich nahezukommen. Hitler konnte zwar nicht allein sein und war ständig von Leuten umgeben, aber dabei wirkte er trotzdem merkwürdig isoliert. »Die ihm am nächsten kamen«, schrieb Joachim Fest, »standen ihm nur weniger fern.«[23] Er war im Grunde genommen ein einsamer Mensch. Vollkommen unfähig, wirklichen Kontakt zu anderen zu finden, Nähe zu spüren. Die Einsamkeit um ihn herum befiel oft auch jene, die versuchten, seine Isolation zu durchbrechen – angefangen von Geli Raubal über Eva Braun bis hin zu Unity Mitford. Auch sie litt unter Depressionen und dachte an Selbstmord.

Als sie Hitler von ihrer Traurigkeit erzählte, schickte

dieser sie zu einem Arzt. Nicht etwa zu einem Psychologen, sondern zu Ferdinand Sauerbruch, dem berühmten Chirurgen an der Universitätsklinik in Berlin. Der Professor untersuchte Unity, konnte aber nur Übergewicht feststellen. Er verordnete seiner Patientin Gymnastik, Massage und Diät.

Das schien vorübergehend sogar zu helfen. Denn im Frühsommer 1939 zeigte sie neuen Tatendrang: Sie reiste nach England, packte ihre Bücher in Kisten, die sie mitsamt ihren Lieblingsmöbeln einer Spedition übergab. Unity war fest entschlossen, für immer nach München zu ziehen.

Im Juli traf sie wieder in Deutschland ein. Gemeinsam mit Diana fuhr sie kurz darauf nach Bayreuth – Hitler hatte die beiden zu den Wagnerfestspielen eingeladen. Die Schwestern sahen ihn beinahe täglich. Am 2. August vertraute er ihnen an, daß es wahrscheinlich Krieg geben werde, »wenn England nicht einlenkt und wenn kein Wunder geschieht. Ich sehe schwarz und glaube nicht an Wunder.«[24] Verwirrt und verunsichert kehrte Unity nach München zurück, wo sie sich am 5. August zum letzten Mal mit Adolf Hitler in der Osteria Bavaria traf.

Ihren fünfundzwanzigsten Geburtstag mußte sie drei Tage später ohne diesen feiern. Noch hoffte sie darauf, es werde vielleicht doch keinen Krieg geben. Aber der britische Generalkonsul empfahl ihr mehrmals, Deutschland zu verlassen. Unity antwortete ihm jedesmal mit denselben Worten: »Heil Hitler!«

Am 27. August 1939 schrieb Unity an ihre Schwester Diana: »Ich fühle mich fürchterlich abgeschnitten und nicht mehr sicher, nachdem alle Ausländer und sogar die Journalisten verschwunden sind. Morgen will ich zum Konsul gehen, wenn er überhaupt noch da ist. Er ist ein ganz netter Kerl. Ich glaube, ich habe tagelang keinen Menschen gesehen außer meinem Gesangslehrer. Mein Tapezierer ist einberufen worden, so daß ich keine neuen Vorhänge bekommen werde ...

Wenn ich meine Lage überdenke, scheint es mir am besten, in den Tiroler Bergen zu verschwinden, wenn Krieg ausbricht. Natürlich ist am leichtesten der andere Ausweg, aber es wäre töricht, nicht abzuwarten und zu sehen, wie sich die Sache entwickelt. Es kann alles in ein paar Wochen vorbei sein, wie General Fuller voraussagt.«[25]

Unity hatte Hitler gegenüber mehrfach geäußert, sie sei sich sicher, daß ihr Vaterland niemals gegen Deutschland in den Krieg ziehen würde. Als es jetzt aber doch geschah, fühlte sie sich regelrecht zerrissen. Am 3. September schickte England eine Kriegserklärung an Deutschland. Am selben Tag erhielt Unity vom britischen Generalkonsul in München ein Telegramm ihrer Eltern, dessen Inhalt nicht überliefert ist. Wahrscheinlich baten sie ihre Tochter, nach England zurückzukehren. Unitys Antwort klang nicht nach Rückkehr, sondern nach Abschied:

»Ich habe gerade Euer Telegramm abgeholt und erfahren, daß Krieg ist. Also sage ich Euch auf Wiedersehen. Der Konsul wird diesen Brief mitnehmen. Vielleicht wird, wenn der Krieg vorbei ist, Freundschaft zwischen England und Deutschland sein, auf die wir so gehofft hatten. Ich wünsche Euch, daß ihr dann den Führer oft seht.«[26]

Am selben Tag suchte Unity den Gauleiter von München auf, den sie durch Hitler kennengelernt hatte. Als sie ihn fragte, ob sie aufgrund ihrer englischen Staatsbürgerschaft nun interniert würde, antwortete er mit einem klaren Nein. Vielmehr könne sie beruhigt in München bleiben, sogar eine Benzinzuteilung versprach er ihr.

Unity sah durch den Mann hindurch und schien nichts von seinen freundlichen Worten zu hören. Sie überreichte ihm einen versiegelten Umschlag, der an den Herrn Reichskanzler adressiert war. Dann drehte sie sich um und verließ das Büro.

Der Gauleiter hatte an diesem Tag viel zu tun, schließlich war gerade Krieg ausgebrochen. Er beachtete den Umschlag nicht weiter und ließ ihn stundenlang liegen. Am Nachmittag telefonierte er mit Hitler, erzählte ihm beiläufig von Unitys Brief. Nach diesem Gespräch öffnete er den Umschlag. Er nahm Unitys Parteiabzeichen mit Hitlers Unterschrift heraus, außerdem das signierte Foto, das Unity seit ihrer ersten Begegnung mit Hitler aufbewahrt hatte. Zuletzt überflog der Gauleiter die Zeilen des Abschiedsbriefes, den Unity an Hitler geschrieben hatte:

»Ich bin hin- und hergerissen zwischen meiner Loyalität Ihnen gegenüber, mein Führer, und meiner Pflicht als Engländerin ... unsere beiden Völker haben sich in einen Abgrund gestürzt ... eines wird das andere mit sich reißen ... mein Leben zählt nichts mehr ...«[27]

Das klang nach Selbstmord. Der Gauleiter rief noch einmal bei Hitler an, der ihm befahl, nach Unity Mitford zu fahnden.

Unity schrieb an diesem Tag noch einen weiteren Abschiedsbrief, diesmal an eine Freundin.[28] Darin erklärte sie, weshalb sie sich umbringen müsse und was mit ihrem Eigentum geschehen solle. Der Umschlag enthielt ihren Wohnungsschlüssel.

Während die SS nach Unity suchte, streifte sie durch den Englischen Garten und setzte sich auf eine Parkbank. Niemand bemerkte, wie sie eine kleine Pistole aus ihrer Tasche zog, sie an ihre rechte Schläfe hielt und abdrückte. Die Kugel blieb im hinteren Bereich des Schädels stecken. Ein dünner Blutfaden zog sich über die rechte Seite von Unitys geschminktem Gesicht. Die junge, gutgekleidete Frau sah aus, als wäre sie tot.

Nach den Angaben von Gerhard Engel, dem Heeresadjutanten, wurde Unity schon seit längerer Zeit von der deutschen Abwehr beschattet. Aus diesem Grund sei bereits kurz nach dem Schuß ein Militärkrankenwagen zur Stelle gewesen, der Unity in die chirurgische Universitätsklinik transportierte.

Die Ärzte stellten fest, daß Unity Milford lebte, sie war allerdings bewußtlos. Ihr Gesicht war stark geschwollen, aber die Verletzung schien nicht lebensgefährlich zu sein. Nach einigen Tagen kam sie wieder zu sich, konnte aber kein Wort mehr sprechen. Eine Röntgenaufnahme ergab, daß die Kugel in Unitys Kopf nicht entfernt werden konnte.

Unity kam in ein großes Einzelzimmer, wo mehrere Ordensschwestern sie versorgten. Die Patientin war vollkommen hilflos, sie mußte gewaschen und gefüttert werden. Sie konnte nicht aufstehen, da sie offensichtlich an Gleichgewichtsstörungen litt, wie sie bei schweren Kopfverletzungen häufig vorkommen. Die Ärzte vermuteten, die Kugel habe auch das Sprachzentrum im Gehirn verletzt. Für sie war klar: Unity schwieg nicht etwa, weil sie nicht sprechen wollte, sondern weil sie nicht konnte.

Nachdem Hitler von Unitys Selbstmordversuch erfahren hatte, schickte er gelegentlich Blumen oder rief in der Klinik an, um zu fragen, wie es Unity ging. Die Angaben darüber, wie oft er sie besuchte, gehen bei den Historikern auseinander. Aber mit großer Wahrscheinlichkeit besuchte er sie nur einmal, nämlich am 8. November 1939.

Unity lag in einer Art Wachkoma, ihr Zustand blieb unverändert ernst. An eine Rückkehr zu ihrer Familie war zunächst noch nicht zu denken, sie hätte einen solchen Transport sehr wahrscheinlich nicht überlebt.

Auf ihrem Nachttisch stand in einem silbernen Rahmen das Hitlerfoto, das sie dem Gauleiter übergeben hatte, daneben lag das Parteiabzeichen – doch Unity schien beides nicht zu bemerken. Eines Tages jedoch, so berichtete Henriette von Schirach in ihren Erinnerungen[29], fiel der Krankenschwester plötzlich auf: Das Abzeichen war verschwunden. Hektik brach aus, das Zimmer wurde gründlich durchsucht. Aber das Hakenkreuz kam nicht wieder zum Vorschein. Der Chefarzt kam und gab Anweisung, Unity zu röntgen. Dabei stellte sich heraus, daß sie das Abzeichen verschluckt hatte – vermutlich, um einen zweiten Selbstmordversuch zu unternehmen. Der Professor holte es mit einer Magensonde zurück ans Tageslicht.

Nach mehr als drei Monaten, im Dezember 1939, schien sich Unitys Zustand soweit stabilisiert zu haben, daß sie transportfähig war. In aller Heimlichkeit wurde sie zum Münchener Hauptbahnhof gebracht, wo ein eigener Waggon mit einem Spezialbett für sie bereitstand. Ein Arzt und eine Krankenschwester begleiteten sie in die Schweiz. Am Bahnhof von Bern wartete bereits ein Krankenwagen, der Unity in eine Klinik fuhr. Der dortige Chefarzt fragte am nächsten Tag seinen Kollegen aus Deutschland: »Was soll das alles bedeuten, die angebliche Sprachstörung? Sie hat ein Loblied auf Hitler gesungen.«[30]

Offensichtlich erlebte Unity zwischendurch Momente, in denen ihr Bewußtsein wiederkehrte. Dennoch war sie weit davon entfernt, wieder gesund zu werden. Ihre Schwester Deborah war maßlos erschrocken, als sie in Bern eintraf und ihre Schwester zur Weiterreise nach England abholen wollte. »Es war ein fürchterlicher Anblick«, schrieb Deborah hinterher. »Sie lag aufgestützt im Bett, zwei riesige dunkelblaue Augen in einem eingesunkenen Gesicht, das nicht mehr kenntlich war, weil nicht mehr *ihr* Gesicht, mit verfilztem Haar und gelben Zähnen, die seit dem Schuß am 3. September nicht mehr gepflegt worden waren, da sie nicht ertragen konnte, wenn ihr Kopf berührt wurde. Durch die eingesunkenen Wangen wirkten die Zähne größer, gelber und somit noch schrecklicher. Ihr Lächeln war sonderbar leer, ihr Körper so klein und dünn.«[31]

Deborah und ihre Mutter hatten bei der schweizerischen Bahn einen Reisezugwagen erster Klasse mit Ambulanzausrüstung gemietet, in dem Unity nach Calais an der französischen Kanalküste gebracht wurde. Ihre Reise ging weiter auf einem Fährschiff, das am 3. Januar 1940 nach Folkestone übersetzte.

Die britischen Behörden hatten den Hafen bei Unitys Ankunft hermetisch abgeriegelt. Soldaten bewachten die Zugänge, ein Hubschrauber kreiste in der Luft. Unter die Zuschauer hatten sich Zivilpolizisten gemischt, die aufpaßten, daß niemand der prominenten Patientin zu nahe kam. Es war das letzte Mal, daß Unity Mitford für Aufsehen sorgte. Am nächsten Tag erschienen mehrere Zeitungsartikel über ihre Rückkehr, dann wurde es still um sie. Unbemerkt von der Öffentlichkeit, lebte Unity Mitford in einem Dämmerzustand. Ihre letzten Jahre verbrachte sie zurückgezogen auf einer englischen Kanalinsel, die ihrem Vater gehörte. Vom Krieg und von Adolf Hitler schien sie nichts mehr zu wissen. Sie blieb zeitlebens halbseitig gelähmt, denn auch die britischen Ärzte wagten es nicht, das Geschoß aus ihrem Kopf zu entfernen. Irgendwann bewegte sich die Kugel und vollendete damit am 20. Mai 1948, was Unity Mitford viele Jahre zuvor begonnen hatte: ihren Selbstmord.

XII.
Leni Riefenstahl
Triumph des schönen Scheins

Unter den Frauen, die sich im engeren Kreis Adolf Hitlers bewegten, gab es keine andere, die so widersprüchlich war, an der sich die Geister später so sehr schieden wie an Leni Riefenstahl. Sie trat der NSDAP nicht bei, doch sie widerstand auch nicht. Sie drehte einen Film, der den Nationalsozialismus verherrlichte und der dennoch zu den künstlerisch besten Dokumentarfilmen zählte.

Sie kam zu Beginn des vorigen Jahrhunderts in Berlin zur Welt, am 22. August 1902. Schon als Kind entwickelte sie alle Eigenschaften, die gemeinhin ihrem Sternzeichen Löwe zugeordnet werden: Energie, Ehrgeiz, Eigensinn, dazu eine gewisse Eitelkeit und ein ausgeprägter Hang zur Selbstdarstellung. Schon mit vier Jahren wollte sie Tänzerin werden. Als junges Mädchen fuhr sie auf Rollschuhen durch den Tiergarten von Berlin und vollführte atemberaubende Sprünge – natürlich vor Publikum. Im Gymnasium bekam Helene Riefenstahl gute Noten, vor allem in Turnen, Zeichnen und Mathematik. Geschichte dagegen war ein Fach, mit dem sie sich höchst ungern beschäftigte, entsprechend mangelhaft waren ihre Leistungen.[1] Auch ihr Betragen fanden die Lehrer nicht immer tadelfrei, wenn sie etwa wie ein Affe auf dem Schuldach herumkletterte.

In mancher Hinsicht ähnelte die Kindheit von Leni Riefenstahl der von Eva Braun. Wie Eva war auch Leni eine begeisterte Turnerin und ein sehr wildes Kind. Beide spielten gerne Theater und träumten davon, später einmal auf der Bühne zu stehen. Als Jugendliche stopfte sich Leni Strümpfe in die Bluse, um einen größeren Busen vorzutäuschen, so wie Eva Braun Taschentücher für diesen Zweck benutzte.[2] Statt mit Puppen zu spielen, zeichnete Leni Flugzeuge.

Beide Mädchen hingen an ihren Vätern, obwohl diese Väter, gelinde gesagt, zu Jähzorn neigten. Leni wurde als Kind einmal dabei erwischt, wie sie auf dem Obst- und Gemüsemarkt einige Äpfel stahl. Als ihr Vater davon erfuhr, so schrieb sie in ihren Lebenserinnerungen, »verprügelte er mich fürchterlich und sperrte mich einen ganzen Tag lang in ein dunkles Zimmer. Auch bei anderen Gelegenheiten bekam ich seine Strenge zu spüren.«[3] Zum Beispiel an jenem Tag, als sie ihn beim Schachspielen matt setzte. Da bekam er einen Wutausbruch und verbot ihr, ein Kostümfest zu besuchen, auf das sie sich schon lange gefreut hatte. Den härtesten Kampf zwischen Vater und Tochter gab es allerdings, als Leni anfing, ihren großen Traum zu verwirklichen.

Mit sechzehn Jahren meldete sich Leni Riefenstahl heimlich in einer Tanzschule an. Sie absolvierte erst einen Anfängerkurs, danach nahm sie am Ballettunterricht teil – ohne Wissen ihres Vaters, aber unterstützt von ihrer Mutter. Das ging eine ganze Weile gut. Doch dann gab Leni eine vielbejubelte Vorstellung bei einem Tanzabend der Schule. Ein Bekannter der Familie sah den Auftritt und gratulierte hinterher Vater Riefenstahl zu seiner begabten Tochter.

Es folgte ein gewaltiger Familienkrach. Lenis Vater leitete eine Firma für Sanitäranlagen, übte also einen gutbürgerlichen Beruf aus, den er sich auch für seine Tochter wünschte. Tänzerinnen, die im kurzen Röckchen auf einer Bühne herumsprangen, das waren für ihn »Halbweltdamen«[4]. Seiner Frau drohte er mit Scheidung, mit Leni redete er wochenlang kein Wort mehr. Er wollte ihr »diese Spinnereien«[5], wie er es nannte, austreiben – und meldete sie deswegen im Frühjahr 1919 in einem Mädchenpensionat an.

Auch dort wurde Theater gespielt, und Leni nahm begeistert an den Aufführungen teil. Auch das Tanzen hatte sie nicht aufgegeben. Sie hatte ihre Ballettschuhe mitgenommen, übte jeden Tag von fünf Uhr morgens bis zum Unterrichtsbeginn um acht Uhr. Nach einem Jahr verließ sie das Pensionat wieder. Ihr Vater fand, es sei jetzt für Leni an der Zeit, eine Berufsausbildung zu beginnen.

Sie wußte, daß er sie gerne in seiner Firma beschäftigen würde, also bot sie ihm an, als seine Sekretärin zu arbeiten. Im Gegenzug sollte er ihr erlauben, wieder Tanzstunden zu nehmen – natürlich nur zum Spaß und nicht etwa, um einen Beruf daraus zu machen. Zu Lenis Überraschung war ihr Vater damit einverstanden.

In den folgenden Monaten lernte Leni Riefenstahl Schreibmaschine, Stenographie und Buchhaltung. Dreimal wöchentlich tanzte sie, auch spielte sie Tennis. Alles schien wunderbar. Doch eines Abends tobte ihr Vater wieder. Er warf Leni vor, sie wolle nur auf die Bühne, sie würde ihn täuschen, ihn belügen. Der Wutanfall endete mit den Worten: »Ich habe keine Tochter mehr.«[6] Leni packte daraufhin einen Koffer und fuhr zu ihrer Großmutter nach Berlin-Charlottenburg. Sie fühlte sich traurig, aber mehr noch erleichtert. In dieser Nacht beschloß sie, ihr Geld als Statistin am Theater zu verdienen und im übrigen so lange zu trainieren, bis ihr der Durchbruch als Tänzerin gelingen würde.

Doch schon am nächsten Tag hatte ihr Vater sich wieder halbwegs beruhigt. Er ließ sie zu sich ins Büro rufen und sagte: »Ich persönlich bin überzeugt, daß du nicht begabt bist und auch nie über den Durchschnitt hinauskommen wirst, aber du sollst später nicht sagen, ich hätte dein Leben zerstört.«[7] Und deswegen sei er mit einer Ausbildung zur Tänzerin einverstanden. Noch am selben Tag meldete er sie in einer Ballettschule an, die von einer russischen Lehrerin geleitet wurde, einer ehemals bekannten Tänzerin.

Leni begann also mit neunzehn Jahren, klassischen Ballettanz zu lernen – eigentlich viel zu spät, um eine Profession daraus zu machen. Aber sie war ehrgeizig, und schon bald gehörte sie zu den besten Tänzerinnen der Schule. Mit einundzwanzig Jahren, im Oktober 1923, gab sie in München ihre erste Vorstellung als Solotänzerin. Die zehn Nummern ihres Programms hatte sie selber arrangiert, ihre Mutter hatte die Kostüme dazu genäht. Leni Riefenstahl bekam begeisterte Kritiken.

Es folgte ein Auftritt in Berlin, bei dem sie vier Themen tänzerisch umsetzte: Eros. Feuer. Hingebung. Loslösung.[8] Das Publikum tobte, der legendäre Regisseur Max Reinhardt holte sie an das Deutsche Theater, dessen Leiter er war. In der Mitte der zwanziger Jahre gab Leni Riefenstahl in Köln, Dresden, Prag und Zürich Gastspiele. Sie baute sich ein Soloprogramm auf – »halb Isadora Duncan, halb Loi Fuller«[9] –, mit dem sie an siebzig Abenden in sechs Monaten auftrat. Im Jahre 1924 endete jedoch ihre Karriere als Tänzerin ebenso schlagartig, wie sie begonnen hatte: Bei einem Auftritt in Prag mißglückte ein Sprung, und Leni verletzte sich am Knie. Danach humpelte sie auf Krücken, die Ärzte empfahlen ihr, sich ein halbes Jahr lang zu schonen.

Zu dieser Zeit brachte der Filmproduzent Arnold Fanck gerade ein neues Genre auf die Kinoleinwände, das bald in Mode kam: Liebesfilme, die in den Alpen spielten. Leni sah »Berg des Schicksals« und war beeindruckt.[10] Sie wollte Fanck unbedingt kennenlernen, was ihr dank einiger Freunde auch gelang. Fanck engagierte sie für seinen Spielfilm »Der heilige Berg«, in dem sie neben Luis Trenker eine Hauptrolle mit Tanzszenen bekam.

Mit diesem Gebirgsfilm begann 1926 bereits die zweite Karriere von Leni Riefenstahl, nämlich die als Schauspielerin. In den folgenden fünf Jahren kletterte sie noch häufiger über die Kinoleinwände, am erfolgreichsten in »Stürme über dem Mont Blanc« und in »Der weiße Rausch«.

So stürmisch wie in den Filmen ging es offenbar auch in Leni Riefenstahls Privatleben zu. Die Reporterin Bella Fromm jedenfalls schrieb von zahlreichen Liebesaffären. So habe Leni mit Arnold Fanck eine kurze Periode des Glücks durchlebt, »die anhielt, bis der Kunstmaler Jaeckl auftauchte. Dieser wiederum wurde ersetzt durch den Ski-Champion Hannes Schneider. Ski-Champions waren augenscheinlich ihr Schwarm, denn sehr bald tauschte sie Schneider für Guzzi Lantschner ein.«[11] Keine dieser Affären war von Dauer, keine Liebe so tief wie die Liebe zum Film.

Ihr Verhältnis zu Männern war geprägt von dem Rollenverhältnis ihrer Eltern: »Meine Mutter war eine großartige Frau, aber sie wurde zur Sklavin meines Vaters.

Sie hat ihn sehr geliebt, aber was sie mitmachen mußte, war entsetzlich. Ich habe mit ihr gelitten.«[12] Ihre Zukunft sollte anders aussehen: »Mein Wunsch, selbständig zu sein, wurde immer stärker. Niemals wollte ich in meinem Leben von irgend jemand abhängig werden. Wenn ich sah, wie meine Mutter von meinem Vater manchmal behandelt wurde – er konnte wie ein Elefant trampeln, wenn sich am gestärkten Kragen seines Hemdes der Knopf nicht aufmachen ließ – dann schwor ich mir, daß ich in meinem späteren Leben niemals das Steuer aus der Hand geben würde. Nur mein eigener Wille sollte entscheiden.«[13]

Andererseits fand sie Männer anziehend, die dem Typus ihres Vaters entsprachen: Männer, die stark und erfolgreich waren oder zumindest so schienen – angefangen von einem bekannten Rennreiter der damaligen Zeit über den besten deutschen Tennisspieler bis hin zu den von Bella Fromm erwähnten Skifahrern. Verächtlich ging sie dagegen mit einem schüchternen jungen Mann um, der sie in ihrer Jugendzeit verehrte. Er hieß Walter und »war so vernarrt in mich, daß er auch zu einem Löwen in den Käfig gegangen wäre, wenn ich es verlangt hätte«.[14] Das verlangte Leni nicht. Vielmehr überredete sie ihn dazu, sich eine blonde Perücke aufzusetzen, Ohrringe und Mädchenkleider anzuziehen, und sie in die Turnstunde zu begleiten, die an diesem Tag von einer neuen Lehrerin geleitet wurde. Die Mädchen unterdrückten das Lachen, während die Lehrerin über die tollen Schwünge staunte, die diese Schülerin am Reck vollführte. Leni ließ den verliebten Jungen nicht völlig abblitzen, doch hielt sie ihn auf Distanz, bis er eines Tages versuchte, sich das Leben zu nehmen …[15]

Die dritte Karriere der Leni Riefenstahl begann 1931:

Neben dem Schauspielern tat sie sich nun auch als Produzentin und vor allem als Regisseurin hervor. Ihr erster Film »Das blaue Licht« mit dem Untertitel: »Eine Berglegende aus den Dolomiten« wurde ein großer Erfolg. Leni selbst spielte darin ein Bauernmädchen. Der Film sorgte für Aufsehen wegen der ungewöhnlichen Kameraführung, der Schnitte und der für damalige Verhältnisse recht aufwendigen Filmtechnik. »Das blaue Licht« wurde 1932 auf der Biennale in Venedig ausgezeichnet. In Paris und London lief der Film mehr als ein Jahr lang in den Kinos.

Im Februar 1932 führte Leni Riefenstahls Weg vom blauen Licht in den braunen Dunst. Zum ersten Mal in ihrem Leben besuchte sie eine politische Veranstaltung: Adolf Hitler hielt im Sportpalast von Berlin eine Rede. Die Wirkung, die das Ereignis auf sie ausübte, beschrieb sie mit den Worten: »Merkwürdigerweise hatte ich im gleichen Augenblick eine beinahe apokalyptische Vision, die ich nie mehr vergessen konnte. Mir war, als ob sich die Erdoberfläche vor mir ausbreitete – wie eine Halbkugel, die sich plötzlich in der Mitte spaltet und aus der ein ungeheurer Wasserstrahl herausgeschleudert wurde, so gewaltig, daß er den Himmel berührte und die Erde erschütterte.«[16] Wie Tausende anderer Zuschauer war auch Leni Riefenstahl in einen unwiderstehlichen Sog geraten, von dem sie sich mitreißen ließ.

Der eindrucksvolle Redner, der Stärke und Erfolg verhieß, blieb ihr in lebendiger Erinnerung. Am 18. Mai 1932 schrieb sie Hitler einen Brief:

»Sehr geehrter Herr Hitler, vor kurzer Zeit habe ich zum ersten Mal in meinem Leben eine politische Versammlung besucht. Sie hielten eine Rede im Sportpalast. Ich muß gestehen, daß Sie und der Enthusiasmus der

Zuschauer mich beeindruckt haben. Mein Wunsch wäre, Sie persönlich kennenzulernen. Leider muß ich in den nächsten Tagen Deutschland für einige Monate verlassen, um in Grönland zu filmen. Deshalb wird ein Zusammentreffen mit Ihnen vor meiner Abreise wohl kaum noch möglich sein. Auch weiß ich nicht, ob dieser Brief jemals in Ihre Hände gelangen wird. Eine Antwort von Ihnen würde mich sehr freuen. Es grüßt Sie vielmals Ihre Leni Riefenstahl.«[17]

Einen Tag bevor die Filmcrew zu den Dreharbeiten von »SOS Eisberg« aufbrechen wollte, klingelte bei Leni Riefenstahl das Telefon. Hitlers Adjutant bat sie, sofort nach Wilhelmshaven zu kommen, der »Führer« wolle sie sehen. Eigentlich war es dafür zu spät. Aber Leni überlegte, ob sie für Hitler ihr Team im Stich lassen und die Interviewtermine absagen sollte, die vor der gemeinsamen Abreise noch geplant waren. Keine Frage, das würde sie tun. Sie schrieb ihrem Regisseur, er müsse ohne sie vor die Fotografen treten. Sie würde aber bestimmt noch in Hamburg eintreffen, bevor das Schiff nach Grönland auslief.

Am nächsten Morgen fuhr sie mit dem Zug nach Wilhelmshaven, wo Hitlers Adjutanten sie abholten. Am späten Nachmittag ging sie mit Hitler am Nordseestrand spazieren. Sie unterhielten sich über das Kino, über die Filme, in denen Leni Riefenstahl mitgespielt hatte. Schon bei diesem ersten Gespräch bot Hitler ihr an, »seine« Filme zu machen, sobald er einmal an der Macht sei. Doch Leni erklärte, sie habe für Auftragsarbeiten kein Talent. Nach dem Abendessen folgte ein zweiter Spaziergang am Strand, bei dem Hitler über Ludwig II. und Richard Wagner sprach. Plötzlich aber blieb er stehen. Leni Riefenstahl war »bestürzt«, denn Adolf Hitler legte die Arme um sie. »Er

schaute mich erregt an«, schrieb sie in ihren Memoiren. Aber als sie ihn sanft abwehrte, ließ er sofort wieder los, hob die Hände zum Himmel und rief: »Ich darf keine Frau lieben, bis ich mein Werk vollendet habe.«[18]

Diesmal lachte Leni nicht über ihren Verehrer, obwohl Hitlers Auftritt nicht weniger peinlich gewesen sein muß als die Reckschwünge von Walter beim Mädchenturnen. Statt dessen war sie »zutiefst betroffen«. Sie bereute ihren Besuch, versprach Hitler aber trotzdem, sich nach ihrer Rückkehr aus Grönland wieder bei ihm zu melden.

Sie hielt sich daran, und Hitler lud sie prompt in den »Kaiserhof« zum Tee ein. Nach einem belanglosen Gespräch nahm sein Adjutant sie mit zu einem Auftritt im Sportpalast, wo Leni Hitlers Worte vernahm: »Gemeinnutz geht vor Eigennutz«. Dieser Satz traf sie »im Innersten«, und sie schrieb später: »Bisher hatte ich vor allem an meine persönlichen Interessen gedacht und mir wenig Gedanken über andere Menschen gemacht, ich hatte ganz egozentrisch gelebt. Ich fühlte mich beschämt und wäre in diesem Augenblick bereit gewesen, Opfer für andere zu bringen. Vielleicht war ich nicht die einzige, die so empfand. Womöglich haben sich aus diesem Grund viele der Suggestion Hitlers nicht entziehen könne. Nach der Rede hatte ich nur einen Gedanken, so schnell wie möglich nach Hause zu kommen. Es war fast eine Flucht. Ich wollte nicht in etwas hineingezogen werden, was meine Unabhängigkeit gefährden konnte.«[19] Leni Riefenstahl erlag nur teilweise der Suggestionskraft Hitlers, dann meldete sich die nach Unabhängigkeit verlangende Künstlerseele zurück.

Von nun an wurde die junge Regisseurin auch zu den Empfängen eingeladen, die Hitler immer wieder gab. Und schon bald besuchte er sie zum ersten Mal in ihrer Wohnung – in Begleitung seines Fotografen Heinrich Hoffmann, der sich Bilder vom »Blauen Licht« ansehen sollte, um die Bildkomposition der Riefenstahl zu studieren. In ihrem Atelier entdeckte Hitler an den Wänden einige Kohlezeichnungen der Grafikerin Käthe Kollwitz. Die Bilder von notleidenden Frauen mit ihren Kindern gefielen ihm längst nicht so gut wie das Buch, das er auf Lenis Schreibtisch entdeckte: »Mein Kampf«. Hitler blätterte darin und fand am Rand etliche Anmerkungen wie: »falsch«, »gut« oder »Irrtum«. Hitler sah Leni Riefenstahl an und sagte: »Sie sind eine scharfe Kritikerin, aber wir haben ja eine Künstlerin vor uns.«[20] Wenigstens hatte sie sein Buch offenbar gründlich gelesen. Sie mußte also wissen, was von diesem Mann noch zu erwarten war. Aber trotz dieser Lektüre schrieb sie später: »Daß sie (Menschen jüdischer Abstammung) in Konzentrationslager verschleppt wurden, um dort vernichtet zu werden, habe ich erst nach dem Krieg durch die Alliierten erfahren.«[21] So ging es vielen, die, wie Leni es nannte, »ganz egozentrisch« lebten, die vielleicht zu beschäftigt waren, um sich Gedanken über andere Menschen zu machen.

Im Dezember 1932 kam es zu einer Szene, die typisch für Hitler war: Er entblößte seine Seele vor Leni Riefenstahl. Das hatte er gegenüber anderen Frauen, die er sympathisch fand, bereits öfter getan. Die Szene verlief nach dem gleichen Schema: Er erging sich in reichlich Selbstmitleid und beendete seinen Monolog mit der Ankündigung eines möglichen Selbstmordes. An diesem 8. Dezember hatte Gregor Strasser seine Parteiämter in der NSDAP niedergelegt, die deswegen kurz vor der Spaltung stand. Als Leni Riefenstahl abends, wie sie schrieb, Hitler in seinem Salon traf, da lamentierte er über diesen »Verrat«. Dann sagte er: »Wenn die Partei zerfallen sollte, muß ich mit meinem Leben Schluß machen.«[22] Leni sah, wie Hitler schwer atmete, wie sich seine Hände ineinander verkrampften. Und sie verstand plötzlich, weshalb er sie zu sich gerufen hatte: »Er brauchte einen Menschen in seiner Nähe, dem er sich anvertrauen konnte.«[23] Trotz seiner Erregung hielt er einen endlosen Monolog. Aber Leni Riefenstahl war froh, daß sie selber nicht zu Wort kam, denn: »Ich konnte nicht sprechen, ich war zu bewegt. Ohne auch nur ein einziges Wort gesprochen zu haben, verließ ich das Zimmer.«[24]

Womöglich aber hat sie es an diesem Abend gar nicht betreten. Denn nach den Recherchen der Historikerin Anna Maria Sigmund hat Hitler den Abend des 8. Dezember im Hause Goebbels verbracht.[25] Möglich ist durchaus, daß Leni Riefenstahl, die ihre Memoiren erst nach ihrem achtzigsten Geburtstag schrieb, sich nur im Datum geirrt hat. Denn ein Teil ihrer Schilderung, etwa Hitlers Selbstmorddrohung, erscheint durchaus glaubhaft.

Bereits wenige Tage nach dem 8. Dezember begegnete Leni Riefenstahl abermals einem prominenten Nationalsozialisten, der sich ihr anvertrauen wollte. Diesmal war es Joseph Goebbels, der unangemeldet plötzlich vor der Haustür stand. Goebbels sagte zu ihr: »Ich habe Sorgen und wollte mich bei Ihnen aussprechen.«[26] Leni verabschiedete ihn rasch wieder, denn sie mochte ihn nicht. Doch er war hartnäckig. Immer wieder rief er bei ihr an, immer wieder wollte er sie treffen. Als sie ihn noch einmal empfing, rezitierte er Verse von Friedrich Nietzsche, anschließend gestand er ihr seine Liebe. Was dann geschah, schildert sie so: »In der Tat kniete er vor mir nieder und fing sogar zu schluchzen an. Heller Wahnsinn. Fassungslos schaute ich auf den knienden Goebbels. Als er dann aber meine Fußgelenke umfaßte, wurde es mir zuviel. Ich wich zurück und forderte ihn auf, meine Wohnung zu verlassen. Er wurde aschfahl, und als er zögerte, rief ich: ›Was sind Sie für ein Mensch! Sie haben eine so wunderbare Frau, ein süßes Kind! Ihr Benehmen ist einfach empörend.‹«[27] Sie warf ihn schließlich hinaus. Goebbels selber erwähnte diesen Vorfall in seinen Tagebuchnotizen mit keinem Wort. Aber Leni Riefenstahl war sich sicher, er habe ihr die Demütigung nie verziehen.

Im Sommer 1933 bekam Leni Riefenstahl ein besonderes Angebot von Adolf Hitler: Sie sollte gemeinsam mit Joseph Goebbels »die künstlerische Leitung des deutschen Filmschaffens«[28] übernehmen. Doch Leni Riefenstahl lehnte ab. Zum einen wollte sie nicht mit Goebbels zusammenarbeiten, zum anderen sah sie sich als Schauspielerin und Regisseurin, nicht aber als Funktionärin.

Das nächste Angebot folgte wenig später. Leni Riefenstahl sollte einen Film über den Parteitag von 1933 drehen – doch nach ihrer Aussage wußte sie gar nichts davon. Hitlers Auftrag sei vom Propagandaministerium nicht an die Regisseurin weitergegeben worden. Erst Ende August habe sie bei einem Gespräch mit Hitler erfahren, was er von ihr wollte. Diesmal glaubte sie den Auftrag nicht ablehnen zu können. Aber sie freute sich nicht auf den Film. Ihr blieben nur noch wenige Tage zur Vorbereitung, außerdem hatte sie noch nie einen Dokumentarfilm gedreht.[29]

Nach den Tagebuchaufzeichnungen von Goebbels allerdings hatte es schon im Mai erste Gespräche über ein Filmprojekt gegeben, am 14. Juni sei man sich dann einig gewesen. Hitler eröffnete den Parteitag am 30. August, Leni Riefenstahl hätte demnach also rund sechs Wochen Zeit zur Vorbereitung gehabt.[30] Das Ergebnis fiel jedenfalls ziemlich bescheiden aus. »Sieg des Glaubens« wurde ein etwas mehr als einstündiger Propagandafilm, den sich nicht einmal Leni Riefenstahl selbst ein zweites Mal ansehen wollte. Aber Hitler und seine Parteigenossen waren begeistert.

Als die NSDAP Leni Riefenstahl bereits im folgenden Jahr, 1934, abermals eine Auftragsarbeit anbot, waren die Voraussetzungen wesentlich besser. Die Regisseurin hatte vollkommene künstlerische Gestaltungsfreiheit, und Hitler versprach ihr ausdrücklich, daß Goebbels und seine Leute ihr nicht in die Arbeit hineinreden durften. Dies und ihre Kompromißlosigkeit in der filmischen Umsetzung des Nürnberger Reichsparteitages verschafften ihr einige Feinde in der Partei. Es gab Proteste von Parteiführern, die fanden, von ihnen seien zu wenig oder gar keine Aufnahmen gemacht worden.

Für die Dreharbeiten stand ihr ein Stab von insgesamt einhundertsiebzig Personen zur Verfügung, darunter achtzehn Kameraleute mit jeweils einem Assistenten. Ihre Aufgabe bestand darin, aus einer monotonen Abfolge von Reden, Aufmärschen und Jubelszenen einen zweistündigen Film zu machen, der keine langgezogene Wochenschau sein sollte, sondern ein Kunstwerk – noch dazu eines, das den Nationalsozialismus in seiner ganzen Pracht und Herrlichkeit zeigte. Leni Riefenstahl ersann zahlreiche Spezialeffekte, die es in dieser Form noch nicht gegeben hatte und die heute zum Standardrepertoire der Dokumentarfilmer zählen. So ließ sie zum Beispiel kleine Aufzüge auf Fahnenstangen montieren, auf denen die Kameras bis zu achtunddreißig Meter in die Höhe fahren konnten.[31]

Das Ergebnis war beeindruckend. Leni Riefenstahl gelang es, diese gigantische Masseninszenierung, die Goebbels und sein Ministerium organisiert hatten, auf frappierende Weise auf die Leinwand zu bringen. »Triumph des Willens« wurde ein Film, den nicht nur Kritiker in Deutschland als einmaliges Kunstwerk bezeichneten, als einen der besten Dokumentarfilme, die jemals gedreht wurden. Für die Nationalsozialisten ein Propagandaerfolg von unschätzbarem Wert. Untermalt von Wagners Musik, zeigt der Film keine plumpen Massenszenen, sondern durch geschickte Kameraeinstellungen und optische Effekte erzeugte Bilder von suggestiver Kraft, die Tausende von Zuschauern in ihren Bann zogen.

Leni Riefenstahl gelang mit diesem Film der internationale Durchbruch als Regisseurin, auf der Weltausstellung in Paris erhielt sie dafür die Goldmedaille.[32]

Ebenso geschickt wie den Reichsparteitag wußte Leni Riefenstahl auch sich selbst in Szene zu setzen. Über die

Dreharbeiten verfaßte sie eine Dokumentation – heute würde man das Produkt wohl »Das Buch zum Film« nennen –, in dem die meisten Fotos die Regisseurin bei den Dreharbeiten zeigen.[33]

Obwohl sie Auftragsarbeiten eigentlich ablehnte, ließ sich Leni Riefenstahl im Jahre 1935 noch einmal zu einem Film für die NSDAP überreden: »Tag der Freiheit«, ein Kurzfilm über die deutsche Armee – gedreht anläßlich der Wiedereinführung der allgemeinen Wehrpflicht. Die Premiere fand in der Berliner Reichskanzlei statt, mit Adolf Hitler, etlichen Generälen und zweihundert geladenen Gästen als Zuschauer.[34]

Am 25. Dezember 1935 besuchte die Regisseurin ihren Förderer in seiner Münchener Wohnung. Hitler erzählte, wie er den Heiligen Abend verbracht hatte – er hatte sich in seinem Auto ziellos durch die Gegend fahren lassen, bis er müde geworden war. Diesmal verzichtete er auf einen Monolog und erkundigte sich danach, was Leni machte. Sie berichtete ihm von einer »großen Chance«, die ihr das Internationale Olympische Komitee geboten hatte: Sie sollte einen Film über die anstehenden Olympischen Spiele in Berlin drehen.

Als Leni gerade gehen wollte, sagte Hitler, er wolle ihr »etwas anvertrauen«. Er führte sie durch den Flur und öffnete eine verschlossene Tür. Verwundert blickte Leni auf eine Mädchenbüste, die mit Blumen geschmückt war. »Ich erzählte Ihnen, warum ich nie heiraten werde«, sagte er und deutete dabei auf die Büste, »aber dieses Mädchen ist Geli, meine Nichte. Ich habe sie sehr geliebt – sie war die einzige Frau, die ich hätte heiraten können. Aber das Schicksal wollte es nicht.«[35]

Leni Riefenstahl 1936 bei den Dreharbeiten für den Olympia-Film im Olympiastadion neben einem Kameramann

Während der Olympischen Spiele 1936 verbrauchte Leni Riefenstahl mit ihren Kameramännern vierhunderttausend Meter Filmmaterial. Danach zog sie sich monatelang zurück, um den Film zu schneiden. Darin, im Schneiden und in der Komposition der Bilder, bestand der wichtigste Teil ihrer Arbeit. Für die Fertigstellung des Films hatte Leni Riefenstahl drei Jahre veranschlagt, was das Olympische Komitee zunächst nicht akzeptieren wollte. Doch wieder einmal setzte sich die eigenwillige Regisseurin durch. Sie wußte sehr wohl, wie schwierig die künstlerische Umsetzung der Wettkämpfe war. Aber dann kam ihr eine Idee: »Plötzlich sah ich die alten Ruinen der klassischen Olympia-Stätten langsam aus Nebelschwaden hervorblenden und die griechischen Tempel und Plastiken vorbeiziehen, Achilles und Aphrodite, Medusa und

Zeus...«[36] So wollte sie den Prolog zum Film inszenieren. Allein der nahm mehr als zwei Monate in Anspruch. Erst dann hatte sie die im Grunde genommen ähnlichen Bilder so zusammengefügt, daß sich die Dramatik der Sequenzen von Szene zu Szene steigerte. Insgesamt dauerte es eineinhalb Jahre, bis die beiden Teile, »Fest der Völker« und »Fest der Schönheit«, fertiggestellt waren.

Die Premiere fand zu Hitlers Geburtstag am 20. April 1938 statt. Danach lief der Film in vielen europäischen Städten, fast überall bekam er begeisterte Kritiken. Das IOC verlieh Leni Riefenstahl später für ihr Werk die Goldmedaille.

Im Juni 1938 überraschte der »Führer« seine Vorzeigeregisseurin mit einem Besuch.[37] Ganz gegen seine sonstige Art wollte er diesmal nicht über Politik reden, sondern über Persönliches. Leni sei ein Arbeitstier, meinte er, genau wie er selbst, und sie solle sich doch mehr schonen. Als Leni Riefenstahl Hitler nach seinem Privatleben fragte, antwortete er: »Seitdem ich mich entschloß, Politiker zu werden, habe ich auf mein privates Leben verzichtet.« Das sei ihm schwergefallen, besonders, wenn er schönen Frauen begegnete, die er gern um sich hatte, aber für kurze Abenteuer sei er nun mal nicht der Typ. Und eine Ehe, die konnte er mit seinen Pflichten Deutschland gegenüber nicht vereinbaren. Wieder einmal kam er auf Geli und ihren Tod zu sprechen. Von Eva Braun sagte er kein einziges Wort.

Leni fragte Hitler, wie ihm denn Unity Mitford gefalle, von der alle Welt wußte, wie verliebt sie in Hitler war. »Dieses Mädchen ist sehr attraktiv«, antwortete er, »aber ich könnte nie mit einer Ausländerin, auch wenn sie noch so schön wäre, eine intime Beziehung haben.« Leni Riefenstahl hielt das für einen Scherz, doch Hitler versicherte

Leni Riefenstahl Anfang der vierziger Jahre

ihr: »Meine Gefühle sind so national, daß ich nur ein deutsches Mädchen lieben könnte.«

Leni fragte sich, weshalb Hitler ihr das alles eigentlich erzählte. Dann wurde das Gespräch durch das Zimmermädchen unterbrochen, das zu später Stunde wissen wollte, ob der Filmvorführer noch gebraucht würde. Tatsächlich wollte Hitler noch einen Film sehen. Als er sich danach verabschiedet hatte, lag die Regisseurin noch lange wach. »An diesem Abend habe ich gefühlt«, schrieb sie später, »daß Hitler mich als Frau begehrte.«

Was sie betraf, so war ihr ästhetisches Empfinden wohl zu stark, um Hitler attraktiv zu finden. Leni Riefenstahl sah in Adolf Hitler weniger einen begehrenswerten Mann als vielmehr »ein Phänomen, das ich bewundern, aber nicht lieben kann«.[38] Zu einer sexuellen Affäre zwischen ihr und Hitler, so betonte sie später, sei es nie gekommen.

Kurz nach diesem Treffen brach Leni Riefenstahl auf zu einer größeren Reise durch Frankreich, Belgien, Skandinavien, um in verschiedenen Städten bei der Premiere des Olympiafilmes anwesend zu sein. Im November reiste sie in die Vereinigten Staaten – dort allerdings wurde die Erfolgverwöhnte nicht bejubelt, sondern beschimpft. Viele Amerikaner sahen in ihr eine Vertreterin des Nationalsozialismus, der soeben in der »Reichskristallnacht« sein wahres Gesicht gezeigt hatte. Leni Riefenstahl bekam die Wut darüber zu spüren, ihr Film wurde boykottiert. Enttäuscht reiste sie nach Deutschland zurück.

Nach Ausbruch des Zweiten Weltkrieges meldete sich Leni Riefenstahl an die Front: Sie wollte sich als Kriegsberichterstatterin nützlich machen. Aber vom Krieg in Polen ließen sich mitnichten so ästhetische Bilder zaubern wie etwa von den Olympischen Spielen. Schon bald kehrte die Regisseurin den Schlachtfeldern den Rücken. Der Ausbruch des Zweiten Weltkrieges bedeutete für sie, daß sie ihrem Schaffen eine neue Richtung geben mußte. Sie wandte sich einem neuen Filmprojekt zu, das sie schon seit Jahren plante: »Tiefland«, nach einer Oper von Eugen d'Albert.

Leni Riefenstahls Kontakt zu Adolf Hitler brach während des Krieges nahezu ab, aber sie blieb ihm verbunden. So schickte sie ihm nach der Kapitulation Frankreichs ein Glückwunschtelegramm, dessen Text man in den 912 Seiten ihrer Memoiren vergeblich sucht:

»Mit unbeschreiblicher Freude, tiefbewegt und erfüllt mit heißem Dank erleben wir mit Ihnen, mein Führer, Ihren und Deutschlands größten Sieg, den Einzug deutscher Truppen in Paris. Mehr als jede Vorstellungskraft menschlicher Fantasie vollbringen Sie Taten, die ohnegleichen in der Geschichte der Menschheit sind, wie sollen wir Ihnen nur danken: Glückwünsche auszusprechen, das ist viel zu wenig, um Ihnen die Gefühle zu zeigen, die mich bewegen. Ihre Leni Riefenstahl.«[39]

Die Dreharbeiten zu »Tiefland« gestalteten sich schwierig. Leni Riefenstahl fühlte sich von offiziellen Stellen kontrolliert und behindert. Dennoch setzte sie für den Film achtundsechzig Statisten ein – Inhaftierte aus dem Lager Maxglan bei Salzburg. Nach dem Zweiten Weltkrieg wurden massive Vorwürfe gegen sie erhoben, denn eine Zeitschrift behauptete im Jahre 1949, sie habe die Sinti und Roma zwangsverpflichtet und letztlich nicht entlohnt. Leni Riefenstahl klagte gegen diese Behauptungen und bekam recht. Doch 1982 wurden sie in einer Fernsehdokumentation noch einmal erhoben: Die Filmemacherin Nina Gladitz schilderte in »Zeit des Schweigens und der Dunkelheit« das Schicksal der »Tiefland«-Statisten, von denen einige im Konzentrationslager umgekommen waren. Wieder klagte Leni Riefenstahl, aber Nina Gladitz durfte bei ihrer Behauptung bleiben. Herausschneiden mußte sie dagegen den Vorwurf, Leni Riefenstahl habe von einem der Statisten erfahren, daß sie alle nach Beendigung der Dreharbeiten nach Auschwitz gebracht und dort vernichtet würden.[40] »Tiefland« wurde im Jahre 1954 uraufgeführt – doch der Film entsprach nicht dem Zeitgeist und blieb ohne Erfolg.

Ende März 1944 sah Leni Riefenstahl Adolf Hitler zum letzten Mal. Für sich selbst hatte sie stets den guten Adolf vom bösen Hitler getrennt. Die »rassistischen Ideen«[41] des Politikers lehnte sie ab, aber den Menschen empfand sie als höflich und zuvorkommend. Von Anfang an war sie der »magischen Wirkung«[42] erlegen, die von diesem Mann ausging.

Hitler hatte durch seinen Adjutanten erfahren, daß Leni Riefenstahl in Kitzbühel geheiratet hatte. Er ließ dem Hochzeitspaar einen Blumenkorb schicken und lud beide zu sich auf den Berghof ein. Inzwischen war die Begeisterung, die Leni Riefenstahl noch beim Einmarsch in Paris empfunden hatte, merklich abgekühlt. Leni nahm sich vor, Hitler bei ihrem Besuch zu fragen, weshalb er sich nicht die zerbombten Städte in Deutschland ansehe – aber wieder einmal blieb sie stumm. Wie so oft bei früheren »Gesprächen« hörte sie fast eine Stunde lang zu: Hitler sprach vom Wiederaufbau nach Kriegsende, über die Italiener, die er viel zu hoch eingeschätzt habe, die Engländer, die nie mehr deutschen Boden betreten sollten. Dem Bräutigam stellte Hitler keine einzige Frage, und auch die Braut selbst kam kaum zu Wort. Leni Riefenstahl fand, Hitler sei seit ihrer letzten Begegnung um Jah-

Leni Riefenstahl vor der Spruchkammer zur Entnazifizierung

re gealtert, ihr fiel auf, wie seine Hand zitterte und seine Augen flackerten. Auch rechnete sie nicht damit, ihn jemals wiederzusehen.[43]

Nach dem Krieg wurde Leni Riefenstahl verhaftet und von amerikanischen Offizieren mehrere Stunden täglich verhört. Immer wieder sollte sie schildern, wie sie im Dritten Reich Karriere gemacht hatte – und alles erzählen, was sie von Adolf Hitler wußte. Eines Tages besuchte sie ein Arzt und wollte von ihr wissen, ob Hitler impotent gewesen sei und wie seine Geschlechtsteile ausgesehen hätten. Leni Riefenstahl wurde zornig, sie warf den Arzt hinaus und war, nicht zum ersten Mal in ihrem Leben, mit den »Nerven am Ende«.[44]

Im Jahre 1948 wurde Leni Riefenstahl von den Alliierten entnazifiziert und als »Mitläuferin« eingestuft. Nach dem Krieg tat sie sich lange Zeit schwer, beruflich wieder Fuß zu fassen. Sie fühlte sich verleumdet und auf die Seite gedrängt. Fünfzigmal prozessierte sie gegen Journalisten, denen sie Rufmord vorwarf – die meisten dieser Prozesse hat sie gewonnen.

Von den sechziger Jahren an ergänzte sie die Film- mit einer Fotokamera. Sie brachte zwei Bildbände über die Nuba, ein Naturvolk im Sudan, heraus, mit denen sie an die ästhetischen Bilder ihres Olympiafilmes anknüpfte – und auch an den sensationellen Erfolg. In den siebziger Jahren – im Alter von zweiundsiebzig Jahren – lernte sie tauchen und drehte Unterwasserfilme über Korallenriffe. Auch jetzt noch, Anfang des neuen Jahrtausends, arbeitet sie an neuen Projekten, plant Reisen zu den Korallen. Mit nunmehr siebenundneunzig Jahren taucht sie noch immer, sucht die Motive aus, die ihr vierzig Jahre jüngerer Kameramann und Lebensgefährte aufnimmt.

Pressemitteilungen zufolge will die amerikanische Schauspielerin Jodie Foster das Schicksal der umstrittenen deutschen Regisseurin auf die Leinwand bringen: »Das Leben der gleichermaßen gehaßten wie bewunderten Frau ist es wirklich wert, verfilmt zu werden. Der Film über Leni Reifenstahl wird großartig werden, ich bewundere diese Frau«[45], sagte die 37jährige Darstellerin in einem Gespräch in München.

Leni Riefenstahl lebt heute in einem Haus am Starnberger See, zu dem auch ein Schneideraum mit modernster Technik gehört.

XIII.
Christa Schroeder
Diktate

Christa Schroeder las mit einundzwanzig Jahren ein kleines Zeitungsinserat, das ihr Leben entscheidend beeinflussen sollte. Die Reichsleitung der NSDAP in München suchte eine Sekretärin, und siebenundachtzig Frauen bewarben sich um die Stelle. Sie gehörte zu denen, die zum Vorstellungsgespräch in ein Rückgebäude in der Schellingstraße 50 eingeladen wurden, und hinterließ offenbar einen guten Eindruck. Christa Schroeder schrieb schnell und fehlerlos auf der Schreibmaschine, ebenso perfekt beherrschte sie die Stenographie. Anfang März 1930 wurde sie eingestellt, arbeitete von da an in verschiedenen Abteilungen der Partei.

Es waren keine politischen Interessen, die sie zu den Nationalsozialisten geführt hatten, sondern der Wunsch nach Arbeit. Bevor sie in der Schellingstraße vorsprach, hatte sich Christa Schroeder bei mehreren anderen Firmen beworben und auch einige – allerdings schlecht bezahlte – Angebote erhalten. Mit dem Gehalt der NSDAP war sie schließlich einverstanden. Über die wirklichen politischen Ziele ihres Arbeitgebers war sie sich zunächst noch nicht im klaren. Und sie fand es auch nicht so wichtig. »Wenn damals 1930 die Annonce nicht von der NSDAP, sondern von der KPD gewesen wäre, wäre ich vielleicht Kommunistin geworden«[1], sagte sie nach dem Zweiten Weltkrieg.

Anfangs arbeitete sie noch nicht als Hitlers persönliche Sekretärin. Einmal allerdings, im Jahr ihrer Einstellung, wurde sie zu ihm ins »Braune Haus« gerufen, da seine Sekretärin ausgefallen war. An diesem Sonntag kam Hitler ihr freundlich entgegen, meinte aufmunternd, sie dürfe sich ruhig einmal vertippen, schließlich handle es sich bei dem Diktat nur um einen Entwurf. Offenbar war er mit der Arbeit von Christa Schroeder zufrieden, denn zum Abschied schenkte er ihr eine Bonbonniere – eine kleine Aufmerksamkeit.[2]

Christa hieß in Wirklichkeit Emilie Philippine, ein Name, der ihr allerdings nicht sonderlich gefiel. Ihr Rufname war Christa oder – seltener – Christine. Sie stammte aus Norddeutschland, wo sie am 19. März 1908 in Hannoversch Münden zur Welt gekommen war. Sie wuchs alleine bei ihrer Mutter auf, lernte ihren Vater nie kennen. Und auch das Verhältnis zur Mutter war kein besonders herzliches. Emilie Philippine wurde streng erzogen, sie bekam nicht die Liebe, die sie sich ersehnte.[3]

Das Mädchen besuchte die Mittelschule, im Anschluß daran absolvierte sie von 1922 an eine kaufmännische Ausbildung in der C. F. Schroeder Schmiergelwerke KG, einer Firma, die entfernten Verwandten gehörte. Drei Jahre später, nach dem Abschluß ihrer Ausbildung, begann sie in derselben Firma als Stenotypistin. Diese Aufgabe machte ihr Spaß, sie besuchte immer wieder Kurse, in denen sie ihre Fertigkeiten in Kurzschrift verbesserte. Mehrfach nahm sie an stenographischen Wettschreiben teil, von denen sie auch einige gewann.

Nach dem Tod ihrer Mutter im Jahre 1926 stand Christa Schroeder plötzlich alleine da – mit gerade mal achtzehn Jahren. Die junge Frau verwand den Tod der Mutter offenbar ohne Probleme, denn sie war es ohnehin gewohnt, selbständig zu sein. Im Oktober 1929 zog sie nach Nagold, ein Städtchen am Rande des Schwarzwaldes, wo sie im Büro eines Rechtsanwaltes beschäftigt war. Dort fehlten ihr jedoch die beruflichen Aufstiegsmöglichkeiten. In München, so glaubte sie, wäre es relativ einfach, eine bessere Stellung zu bekommen. Ein Irrtum, wie sie nach ihrem Umzug bemerkte – denn zu dieser Zeit fehlten überall Arbeitsplätze, auch in München. Die Anstellung bei der NSDAP kam gerade rechtzeitig, bevor ihre bescheidenen Ersparnisse aufgebraucht waren.

Nach der »Machtergreifung« wurde Christa Schroeder Anfang März 1933 nach Berlin versetzt, wo sie schon bald in die »Persönliche Adjutantur des ›Führers‹« übernommen wurde. Eines Tages, als Christa Schroeder dem Adjutanten einige Briefe zum Unterschreiben vorlegte, betrat plötzlich Hitler das Zimmer. Er sah Christa Schroeder an und sagte: »Wir kennen uns doch?«

»Ja, Herr Hitler«, antwortete sie, »ich habe einmal in München für Sie geschrieben.«[4]

Bei der nächsten Begegnung bat Christa Schroeder den Reichskanzler um ein Foto mit seiner Unterschrift. Bevor Hitler unterschrieb, erkundigte er sich nach Christas Vornamen. »Ich habe einen häßlichen Vornamen«, sagte sie, »nämlich Emilie.«

»Sagen Sie nicht, daß das ein häßlicher Name ist«, entgegnete Hitler, »das ist ein sehr schöner Name, so hieß meine erste Geliebte.«[5]

Von seinem Adjutanten erfuhr Hitler, daß Christa Schroeder hervorragend arbeitete – nicht nur schnell und ohne Fehler, sondern auch selbständig. Einige Zeit später machte der »Führer« sie dann zu einer von seinen persönlichen Sekretärinnen.

Im Arbeitszimmer von Adolf Hitler hielt sich Christa Schroeder nur während der Diktate auf. Ansonsten verbrachte sie den größten Teil ihrer Arbeitszeit nicht weit davon entfernt im sogenannten Adjutantenflügel der Reichskanzlei. Dort stand ihre Schreibmaschine auf einem Bürotisch im »Treppenzimmer«, das einfach, aber praktisch eingerichtet war: Neben dem Schreibmaschinentisch gab es darin eine Stehlampe, ein Sofa, einen Panzerschrank, einen Kleiderschrank, ein Waschbecken, einen Spiegel und einen achteckigen Tisch, um den herum Stühle mit strohgeflochtenen Sitzflächen standen. Dieses Zimmer teilte sie sich zunächst mit Johanna Wolf, Hitlers erster Sekretärin. Ab 1937 kam noch eine dritte Sekretärin dazu, Gerda Daranowski.

In ihren Lebenserinnerungen schrieb Christa Schroeder später: »Eines Tages kam Hitler zufällig an dem Treppenzimmer vorbei, sah uns dort sitzen und fragte, ob er sich zu uns setzen dürfte. Diese Stunde der leichten Plauderei, die sich völlig zwanglos ergeben hatte, gefiel ihm so gut, daß er immer öfters um diese Zeit und später fast täglich zum Tee vorbei kam.«[6] Solche gemeinsamen Teestunden wurden allmählich zu einem Ritual, das Hitlers Leben mit dem seiner Sekretärinnen verband. Über Politik wurde dabei nie gesprochen, sondern meistens bekamen die Frauen nette Banalitäten zu hören. Hin und wieder brachte Hitler seine Zuhörerinnen auch zum Lachen, etwa, wenn er seinen Verlagsdirektor nachahmte oder den König von Italien.[7]

Die Sekretärinnen fühlten sich von ihrem obersten Chef

Die Sekretärinnen Gerda Daranowki, Christa Schroeder, Hitler

im allgemeinen sehr freundlich und zuvorkommend behandelt. Als Christa Schroeder im Jahre 1934 erkrankte und mehrere Wochen in der Klinik lag, da besuchte Hitler sie einen Tag vor Heiligabend. Er brachte ihr einen Strauß rosa Rosen mit und schenkte ihr ein Buch mit einer Widmung. Draußen vor der Frauenklinik, so erzählte er, habe sich bei seiner Ankunft ein Volksauflauf gebildet. Und jetzt würden bestimmt alle denken, »daß ich eine Freundin besuche, die von mir ein Kind kriegt«.[8] Dieser Gedanke amüsierte Hitler, und seine gute Stimmung übertrug sich auf die Patientin.

Aber natürlich kannte sie ihn auch anders. Beim Diktat bekam sie manchmal »rasendes Herzklopfen«, nämlich dann, wenn Hitler tobte und wütete, was vor allem nach Kriegsbeginn häufiger vorkam. Wie bei seinen öffentlichen Reden, so überschlug sich seine Stimme oft auch beim Diktat. Sein Gesicht lief rot an, er schrie, er fuchtelte wild mit den Händen. Wenn er dabei zum Beispiel Winston Churchill gar zu oft als »Whiskysäufer« bezeichnete oder Josef Stalin als »Bluthund«, dann unterschlug Christa Schroeder einfach die eine oder andere dieser Beschimpfungen. Am liebsten diktierte Hitler spätabends oder nachts. Denn zu dieser Zeit, so sagte er, habe er seine besten Ideen.[9]

Was Hitlers Äußeres anging, so betrachtete Christa Schroeder ihn durchaus mit gemischten Gefühlen. »Obwohl Hitler mit den etwas hängenden Schultern und dem weiten Rock eine nicht gerade elegante Figur bot«, schrieb sie, »wirkte er doch irgendwie respektgebietend.«[10] Recht gut gefielen ihr Hitlers blaue Augen, die allerdings, so erinnerte sie sich, gegen Kriegsende an Ausdruckskraft verloren. Weiter bemerkte sie: »Schön fand ich Hitlers Hände, sowohl in Bewegung wie in Ruhelage. Obwohl sie nicht manikürt waren, wirkten sie mit den kurzgeschnittenen Nägeln gepflegt.«[11] Das empfanden allerdings nicht alle so. Es gab auch Frauen, denen bei Hitler unangenehm auffiel, daß er an den Nägeln kaute.[12]

Das Privatleben von Christa Schroeder blieb als Sekretärin des »Führers« mehr und mehr auf der Strecke. Sie wuchs allmählich in den engsten Kreis um Hitler hinein, wurde damit – jedenfalls zeitweise – zu einem Teil seiner Ersatzfamilie, obwohl sie ihm privat nie wirklich nahestand. Im Jahre 1938 dachte sie daran, eine eigene Familie zu gründen: Sie verlobte sich mit einem jugoslawischen Diplomaten. Natürlich kannte sie Hitlers Einstellung zu Ausländern und wußte, daß ihr die Verbindung mit dem Professor für Geschichte und Philosophie noch viel Ärger einbringen konnte. Trotzdem fragte sie Hitler Anfang 1939: »Mein Führer, wie würden Sie sich verhalten, wenn sich eine Ihrer Sekretärinnen mit einem Jugoslawen verheiraten würde?«

Hitlers Antwort kam schnell und eindeutig: »Das kommt gar nicht in Frage.«

Daraufhin wandte Christa Schroeder ein, daß »die Sekretärin ja weggehen könnte«, doch Hitler entgegnete kalt: »Das würde ich zu verhindern wissen.«[13]

In der Folgezeit heftete sich die Gestapo an die Fersen des Jugoslawen. Schon bald hatte sie eine Reihe von Beschuldigungen gegen ihn zusammengetragen: Er sollte in Belgrad »zwielichtige Geschäfte« betreiben und sich im übrigen auch noch ständig auf seine »Verbindung zur Reichskanzlei« berufen.[14] Christa Schroeder mußte vor der Gestapo zur Vernehmung erscheinen. Im Jahre 1941 wurde die Verlobung zwischen ihr und dem Diplomaten wieder gelöst.

Christa Schroeder arbeitete nicht nur in der Reichskanzlei für Adolf Hitler, sondern auch an seinen übrigen Aufenthaltsorten: auf dem Berghof, in den Führerhauptquartieren, gegen Ende auch im Bunker unter der Reichskanzlei.

Zu ihren ersten größeren Dienstreisen ins Ausland gehörte im März 1939 eine Fahrt im Sonderzug nach Prag, wo Hitlers Truppen kurz zuvor einmarschiert waren. Diese Aktion versetzte Hitler in ausgesprochen gute Laune, er bot seinen Sekretärinnen an, ihm die Wangen zu küssen – was er noch nie zuvor getan hatte. Die überraschten Damen kamen seinem Wunsch selbstverständlich nach.

Auf der Rückfahrt von Prag feierte Christa Schroeder ihren einunddreißigsten Geburtstag, Hitler lud sie zum Kaffee in seinen Salonwagen ein. Dort überreichte er ihr

Adolf Hitler begrüßt Christa Schroeder mit Handkuß

einen Strauß rosafarbener langstieliger Rosen und einen goldenen Füllfederhalter.[15]

Nach Kriegsausbruch gehörte sie zu seinem Begleitkommando, stieg am 3. September 1939 abermals mit ihm in einen Sonderzug, der ihn an die Front brachte. Damals schrieb sie an eine Freundin: »Für mich heißt es nun, mit dem Chef durch Dick und Dünn zu gehen. Daß es zum Letzten kommt, daran will ich noch nicht denken, aber wenn – dann liegt mir an meinem Leben nichts mehr.«[16] In den folgenden Tagen nahmen Christa Schroeder und Gerda Daranowski jeden Morgen die Aufrufe und Tagesbefehle auf, die Hitler an seine Soldaten richtete. Knapp zwei Wochen nach Kriegsbeginn schrieb Christa ihrer Freundin abermals: »Wir leben nun schon seit 10 Tagen im Zuge, der Standort wechselt dauernd, aber dadurch, daß wir – die Dara und ich – nie herauskommen, bleibt für uns nur eine große Eintönigkeit. Die

Hitze ist kaum auszuhalten, einfach fürchterlich. Die Sonne prallt den ganzen Tag auf die Abteile und man ist machtlos gegen die tropische Hitze. Ich bin richtig aufgequollen, einfach gräßlich. Zu all dem kommt, daß man sich so gar nicht nützlich betätigen kann. Es ist wie es immer war: Der Chef fährt morgens mit seinen Herren im Wagen fort und wir sind dazu verurteilt, zu warten und nochmals zu warten.«[17]

Am 26. September hatte das Warten ein Ende, Christa Schroeder durfte nach Berlin zurückkehren. Rund sieben Monate später bahnte sich eine neue Reise an, was die Sekretärin allerdings nur vage ahnte. Ihr fiel auf, daß Hitler plötzlich merkwürdig viele Besprechungen mit seinen Generälen hatte. Worum es dabei ging, wurde den Damen im Treppenzimmer allerdings nicht gesagt – selbstverständlich weihte Hitler seine Sekretärinnen nicht in seine Pläne ein. Sie kannten ihn aber gut genug, um zu spüren, daß sich bald etwas ereignen würde.[18]

Hitlers Adjutant gab Christa Schroeder und Gerda Daranowski am Nachmittag des 9. Mai 1940 plötzlich den Befehl, sich am Abend für eine Reise bereitzuhalten. Wohin es gehen sollte, verriet er nicht. Er meinte nur, es könne eine Woche dauern, zwei Wochen, vielleicht aber auch Jahre.[19] Abends brachte ein Wagen die beiden Frauen zu einem Bahnhof in der Nähe von Berlin, wo ein Sonderzug bereitstand – aber außer den militärischen Adjutanten kannte offenbar niemand das Reiseziel. Im Morgengrauen erreichte der Zug einen kleinen Bahnhof. Christa Schroeder hatte keine Ahnung, wo er lag, denn die Schilder mit dem Ortsnamen waren abgeschraubt worden. Jetzt stieg der ganze Troß in geländegängige Wagen um, dann ging die Fahrt weiter. In keinem Dorf, durch das sie fuhren, sah Christa Schroeder ein Ortsschild, sie waren überall durch gelbe Schilder mit militärischen Bezeichnungen ersetzt worden. Der Autokorso stoppte schließlich inmitten von Hügeln und Wäldern vor einem Gefechtsbunker. Aus der Ferne dröhnten die Einschläge von Artilleriegeschossen. Hitler zeigte mit der Hand nach Westen und erklärte, soeben habe die Offensive gegen die Westmächte begonnen. Jetzt erfuhr Christa Schroeder auch, wo sie war: in der Nähe von Münstereifel im Führerhauptquartier »Felsennest«.[20]

Ein paar Wochen später wurde diese militärische Zentrale weiter nach Westen verlegt, nach Frankreich. Und jetzt sah Christa Schroeder zum ersten Mal, was der Krieg anrichtete. Sie fuhr durch verbrannte Dörfer und Städte, in denen der süßliche Geruch von Leichen in der Luft lag. In einem Brief an eine Freundin schrieb Christa: »Traurig ist auch das Bild der Flüchtlinge. Große Familien hausen in ausgebrannten Autos, alte Frauen werden in Kinderwagen gefahren; der Krieg ist doch das Entsetzlichste, was es geben kann!«[21] Trotz all der schrecklichen Eindrücke während des Frankreichfeldzugs erinnerte sie sich aber auch an schöne Erlebnisse wie die zahlreichen Einladungen im besetzten Paris.

Die nächste große Reise stand im Juni 1941 an. Diesmal ging es zur »Wolfsschanze«, dem Führerhauptquartier bei Rastenburg in Ostpreußen. Christa Schroeders erster Brief an ihre Freundin, fünf Tage nach der Abreise, klang noch ganz zuversichtlich. Detailliert beschrieb sie die wohnliche Ausstattung:

»Unser Schlafbunker hat die Größe eines Eisenbahnabteils und ist freundlich mit hellem Holz verkleidet. Er enthält eine verdeckte Waschtoilette, darüber einen Spiegel, ein kleines Siemens-Radio, mit dem man aber sehr viele Stationen hören kann. Der Bunkerraum besitzt sogar eine elektrische Heizung, die allerdings nicht angestellt ist, hat formschöne Wandlampen und ein schmales hartes Lager mit Seegras gefüllt.«[22] Bis auf die verdammten Mücken, die ihre Beine zerstachen, fand die junge Frau das Leben in solch ungewohnter Umgebung recht schön. Doch das sollte sich bald ändern.

In einem späteren Brief nannte Hitlers Sekretärin den Überfall auf Rußland einen »Kampf gegen wilde Tiere.«[23] Jahre danach aber, als sie ihre in Kurzschrift verfaßten Erinnerungen dem Historiker Anton Joachimsthaler übergab, revidierte sie ihre damalige Überheblichkeit. »Wie konnte ich nur so leichtfertig urteilen!« schrieb sie an den Rand des Briefes.[24] Weiter beklagte sie sich zunehmend über die Eintönigkeit, über die Langeweile, über ein trostloses Leben, das manchmal nur unter dem Einfluß von Alkohol etwas erträglicher wurde. Die Stimmung von Christa Schroeder wurde zunehmend depressiv. Am 30. August 1941 schrieb sie ihrer Freundin Johanna:

»... hier im Gelände stoßen wir dauernd auf Posten, dauernd den Ausweis zeigen müssen, wodurch man sich höchst unfrei fühlt. Ich glaube, nach diesem Feldzug muß ich mich bemühen, recht viel mit stark lebensbejahenden Menschen, die außerhalb unseres Kreises leben, zusammen zu kommen, sonst werde ich mit der Zeit menschenscheu und verliere den Kontakt mit dem wirklichen Leben.

Vor einiger Zeit ist mir dieses Eingesperrtsein so ganz deutlich zum Bewußtsein gekommen, dieses Abgeschlossensein von der übrigen Welt. Ich bin im Gelände am Zaun entlang gegangen, immer wieder an Posten vorbei, und da stiegen mir mancherlei Gedanken auf, daß es doch eigentlich immer so ist, wo wir auch sind, in Berlin, auf dem Berg oder unterwegs, immer ist es derselbe abgegrenzte Kreis, immer derselbe Rundlauf. Und darin liegt doch eine große Gefahr und ein mächtiger Zwiespalt, in den man sich heraussehnt und dann, wenn man draußen ist, doch nichts mehr mit sich anzufangen weiß, weil man sich so ganz und gar auf dieses Leben konzentrieren muß, eben weil keine Möglichkeit zu einem Leben außerhalb dieses Kreises gegeben ist ...«[25]

Christa Schroeder war eine Gefangene, sie wußte es auch, sah aber keine Möglichkeit zu entkommen. Die einzige Freiheit, die ihr noch blieb, bestand darin, eine »eigene Meinung« zu haben.

Diese Meinung Hitler gegenüber zu äußern, das traute sich Christa Schroeder so wenig wie alle anderen. »Die Ereignisse in der Welt und an der Front durften während der Teestunden nicht berührt werden«, schrieb sie, »alles, was mit dem Krieg zusammenhing, war tabu.«[26] Christa Schroeder gehörte zu den ganz wenigen in Hitlers Umgebung, die es zumindest in kleinen Dingen wagten, Hitler zu widersprechen. So schlug Hitler in der »Wolfsschanze« einmal vor, den jungen Soldaten statt Zigaretten Schokolade zu geben. Christa Schroeder, die selber stark rauchte, widersprach ihm, ohne lange nachzudenken. In ihren Erinnerungen lautet ihre Entgegnung: »Ach, mein Führer, lassen Sie doch den armen Jungens (ich bin mir nicht sicher, ob ich nicht sogar ›den armen Schweinen‹ sagte) diese Freude, sie haben ja sonst nichts anderes!« Als daraufhin Hitler ausführte, wie zerstörerisch Alkohol und Nikotin sich auf die Gesundheit der Menschen auswirke, fuhr sie »ein ganz schweres Geschütz auf und sagte, bezugnehmend auf seinen Fotografen Heinrich Hoffmann: ›Das kann man doch wirklich nicht sagen, mein Führer, Hoffmann raucht und trinkt den ganzen Tag und ist doch der agilste Mann im ganzen Laden.‹« Hitler habe sich daraufhin mit strengem Gesicht und eiskalt verabschiedet.[27]

In den letzten Kriegsjahren war Christa Schroeder gesundheitlich etwas angeschlagen, sie mußte zwischendurch zur Kur fahren. Dennoch hielt sie ihrem Chef bis zum Schluß die Treue. Im Januar 1945 folgte sie ihm in den Führerbunker unter der Reichskanzlei, wo er sein letztes Hauptquartier aufschlug. Was sie über die Jahre hinweg an Hitler so fasziniert hatte, beschrieb sie später mit den Worten: »Hitler besaß die Gabe einer seltenen magnetischen Ausstrahlungskraft. Er verfügte dazu über den sechsten Sinn und eine hellseherische Intuition, die für ihn oft bestimmend war. Er witterte die Gefahr, die ihn bedrohte, erspürte mysteriös die geheimen Reaktionen der Massen, faszinierte seine Gesprächspartner auf eine unerklärliche Weise. Er hatte die Empfänglichkeit eines Mediums und gleichzeitig den Magnetismus eines Hypnotiseurs.«[28]

Davon war in den letzten Kriegsmonaten allerdings nicht mehr viel übrig. Hitler verfiel geistig und körperlich. Und Christa Schroeder stellte sich innerlich darauf ein, bald gemeinsam mit ihm zu sterben. Sie hatte sich vorsorglich eine Kapsel mit Zyankali geben lassen.

Dann aber rief Hitler sie und Johanna Wolf an seinem Geburtstag gegen zehn Uhr abends plötzlich zu sich. »Die Lage hat sich in den letzten vier Tagen so verändert, daß ich mich gezwungen sehe, meinen Stab aufzulockern«, sagte er zu Christa Schroeder und ihrer Kollegin, »da Sie die Älteren sind, machen Sie den Anfang ... Zwei Koffer können Sie mitnehmen ...«[29] Die beiden Frauen wollten lieber bleiben, aber wie immer, so duldete Hitler auch jetzt keinen Widerspruch. Anders als sonst gab er den

Sekretärinnen diesmal zum Abschied keinen Handkuß, sondern er reichte ihnen die Hand. Am 21.4.1945 wurden Christa Schroeder und Johanna Wolf aus Berlin ausgeflogen und von Salzburg auf den Obersalzberg gefahren.

Am 22. Mai 1945 wurde Hitlers langjährige Sekretärin in der Nähe von Berchtesgaden von amerikanischen Soldaten aufgespürt und verhaftet. Die folgenden drei Jahre verbrachte sie in verschiedenen Lagern und Gefängnissen, wo sie damit begann, ihr Leben mit Adolf Hitler in stenographischen Aufzeichnungen festzuhalten. Die Alliierten stuften sie als Hauptschuldige ein und verurteilten sie zu drei Jahren Arbeitslager. In einem Revisionsverfahren am 7. Mai 1948 wurde sie dann nur noch als Mitläuferin eingestuft. Fünf Tage später durfte sie das Internierungslager in Ludwigsburg verlassen.[30]

In den folgenden elf Jahren arbeitete Christa Schroeder wieder als Sekretärin, diesmal für den Besitzer eines Leichtmetallwerkes in Baden-Württemberg. Im Jahre 1959 zog es sie erneut nach München, sie wechselte als Sachbearbeiterin zu einer Baubetreuungsfirma. Ihrer angegriffenen Gesundheit wegen ging sie 1967 vorzeitig in Rente.

Sich selbst charakterisierte Christa Schroeder nach dem Zweiten Weltkrieg mit den Worten:

»Ich bin aufmerksam, urteilsfähig, kritisch, hilfsbereit. Ich besitze ein rasches Auffassungsvermögen, darüber hinaus die Gabe der Intuition. Auch bilde ich mir ein, im Gesicht und aus den Bewegungen der Menschen viel lesen zu können. Mir ist selten ein Mensch sympathisch. Aber wenn, dann überspringe ich alle Grenzen. Leider! Meine Kritikfähigkeit ist gekoppelt mit einem unwiderstehlichen Drang zur Wahrhaftigkeit und Unabhängigkeit.

Ich verachte geltungsbedürftige Menschen, solche, die unbedingt dominieren wollen, die keine eigene Meinung haben, deren Ansichten ein Abklatsch fremder Urteile ist. Ich verachte materielle Menschen, Menschen die konventionell sind, Menschen, die lügen, die voller Vorurteile und nicht bereit sind, alles was dazu geführt hat, nochmals zu überdenken.«[31]

Wie konnte Christa Schroeder von sich behaupten, solche Eigenschaften zu besitzen, nachdem sie jahrelang für Adolf Hitler gearbeitet hatte, einen Mann, der ihrem Ideal keineswegs entsprach? Der Herausgeber ihrer Memoiren, Anton Joachimsthaler, erläutert den Zwiespalt, in dem Christa Schroeder gelebt haben muß: »Aus dem privaten Kreis hielt sie sich fern oder wurde auch von Hitler ferngehalten, weil er ihre kritischen Bemerkungen nicht ertragen konnte. Da Fräulein Schroeders Absichten jedoch durchaus ehrlich waren, schmerzte sie dies sehr und in letzter Zeit übte sie scharfe Kritik an Hitler selbst. Sie hat sich dabei durch ihre kühne Offenheit zweifellos in größte Lebensgefahr begeben.«[32] Soweit die Interpretation des Publizisten, der das Privileg besaß, Christa Schroeders Memoiren herausgeben zu dürfen.

In den siebziger Jahren übertrug Christa Schroeder viele von ihren stenographischen Aufzeichnungen in die normale Druckschrift. Sie fühlte sich von Freunden und Bekannten dazu gedrängt, alles aufzuschreiben, was sie über Adolf Hitler wußte. Aber diese Arbeit fiel ihr schwer, sie geriet dabei immer wieder in depressive Phasen. Schließlich kam sie zu dem Fazit: »Es war ein Irrtum von mir, anzunehmen, ich könnte das ›wahre Gesicht‹ von Adolf Hitler aufdecken. Das ist einfach unmöglich, weil er derer so viele hatte.«[33]

Ein andermal schrieb Christa Schroeder: »Ich war alles

andere als ein politisch interessierter Mensch. Mich hat an Hitler damals immer nur der Mensch interessiert ...«[34] Diese Unterscheidung zwischen dem Menschen und dem Mörder machten im nachhinein sehr viele, die jahrelang an seiner Seite gestanden hatten. Aber der Mensch und der Mörder, das war derselbe. Und für die Opfer wäre es kein Trost gewesen, wenn sie gewußt hätten: Der Mann, der sie töten ließ, hatte auch freundliche Seiten, er brachte seinen Mitarbeitern kleine Geschenke, den Frauen machte er ganz reizende Komplimente. »Meine Vergangenheit hat mir viel Distanz abverlangt«, schrieb Christa Schroeder am Ende der Aufzeichnungen, »und zwar schon damals, als die Vergangenheit noch Gegenwart war.«[35]

Die Weltgeschichte hätte anders aussehen können, wenn Christa Schroeder und Millionen anderer Menschen eben nicht auf Distanz gegangen wären, sondern wenn sie das Grauen, das der Nationalsozialismus verbreitete, an sich herangelassen hätten. Nur aus der Distanz war es möglich, von Hitlers positiven Eigenschaften zu schwärmen und die andere Seite einfach zu ignorieren. Aus der Nähe dagegen wäre das Leid der Opfer nicht zu übersehen gewesen, ihre Schreie nicht zu überhören. Nähe ermöglicht Mitgefühl. Und Mitgefühl kann den Mut und die Energie geben, menschlich zu handeln. Christa Schroeder starb am 28. Juni 1984.

Quellenverzeichnis

1. Klara Hitler
Muttergefühle

1 Franz Jetzinger, Hitlers Jugend, Wien 1956, S. 55; Dispensakt, Linzer Bischofshof, Registriernummer 6911/VI/2
2 Vgl. Jetzinger, S. 62
3 Zit. nach Brigitte Hamann, Hitlers Wien, München, Zürich 1996, S. 16
4 Zit. nach Jürgen Hillesheim, Hitlers Schwester Paula Wolf und das »Dritte Reich«, Berlin 1992
5 Zit. nach Christa Schroeder, Er war mein Chef, München 1985, S. 336 (Fußnote 139: nach CIC-Einvernahme von Paula Hitler am 25.5.1945 in Berchtesgaden)
6 Zit. nach Hamann, S. 31
7 Zit. nach Schroeder, S. 336 (Fußnote 139)
8 Vgl. Schroeder, S. 63
9 Alice Miller, Am Anfang war Erziehung, Frankfurt 1980, S. 212 u. 216
10 Vgl. Hamann, S. 22
11 Zit. nach Miller, S. 185
12 Vgl. Jetzinger, S. 72
13 Zit. nach Hamann, S. 31
14 Frauen um Hitler. Nach Materialien von Henriette von Schirach, München, Berlin 1983, S. 16

15 Vgl. Hamann, S. 53
16 Vgl. John Toland, Adolf Hitler, Bergisch Gladbach 1977, S. 48
17 Vgl. Hamann, S. 54
18 Zit. nach Toland, S. 49
19 Zum Tod Klara Hitlers vgl. August Kubizek, Adolf Hitler, Graz 1953, S. 168 f.
20 Adolf Hitler, Mein Kampf, Esslingen 1981[6]
21 Zit. nach Toland, S. 51 f.
22 Vgl. Hamann, S. 56
23 Hamann, S. 57
24 Vgl. Hamann, S. 539
25 Zit. nach Henry Picker, Hitlers Tischgespräche im Führerhauptquartier, Berlin 1997, S. 172

II. Stefanie, Emilie und einige Rätsel
Mädchen der frühen Jahre

1 Vgl. Jetzinger, S. 144
2 Kubizek, S. 67
3 Vgl. Hamann, S. 82
4 Kubizek, S. 79
5 Jetzinger, S. 144
6 Kubizek, S. 78
7 Kubizek, S. 235
8 Vgl. Guido Knopp, Hitler, München 1997, S. 142
9 Kubizek, S. 235
10 ebd.
11 Jean-Michel Charlier u. Jacques de Launay, Eva Hitler geb. Braun, Stuttgart-Degerloch 1979, S.32
12 *Der Spiegel*, Nr. 46/1977, S. 132
13 Vgl. Frauen um Hitler, München, Berlin 1983, S. 16

III. Bechstein, Bruckmann und Co.
Reiche Gönnerinnen

1 Vgl. Toland, S. 271
2 Zitiert nach Henry Picker, Hitlers Tischgespräche im Führerhauptquartier, Berlin 1997, S. 171
3 Ernst Hanfstaengl, 15 Jahre mit Hitler – Zwischen Weißem und Braunem Haus, München 1980², S. 49
4 ebd.
5 Zit. nach Joachim Köhler, Wagners Hitler, München 1997, S. 227
6 Zit. nach Konrad Heiden, Adolf Hitlers München, Zürich 1963, S. 131
7 Zit. nach David Clay Large, Hitlers München, München 1998, S. 197
8 Vgl. Anna Maria Sigmund, Die Frauen der Nazis, Wien 1998, S. 8
9 Ernst Nolte, Der Faschismus in seiner Epoche, München 1963, zit. nach Fest, S. 212
10 Zit. nach Sigmund, S. 8
11 Zit. nach Schroeder, S. 67
12 Zit. nach Picker, S. 172
13 Bella Fromm, Als Hitler mir die Hand küßte, Reinbek 1997, S. 164
14 Hanfstaengl, S. 361
15 Vgl. Friedelind Wagner, Nacht über Bayreuth, Köln 1997

IV. Helene Hanfstaengl
Eine Frau von Welt

1 Zit. nach Picker, 122 f.
Die Informationen Ernst und Helene Hanfstaengl betreffend basieren im wesentlichen auf den Memoiren E. Hanfstaengls
2 Vgl. Toland, S. 185

3 Toland, S. 185 f.
4 Vgl. John Dornberg, Der Hitlerputsch, München 1998, S. 146
5 Dornberg, S. 346
6 Die geschilderte Verhaftungsszene bei Dornberg, S. 346 ff.
7 Vgl. Fr. Wagner, S. 33
8 Vgl. Hanfstaengl, S. 164 f.
9 Hanfstaengl, S. 183 f.
10 ebd.

V. Winifred Wagner
»Nibelungentreue« bis zum Tod

1 Hans-Jürgen Syberberg zum Tod von Winifred Wagner, in: *Der Spiegel*, Nr. 11/1980, S. 234
2 Auszüge aus dem Film von Hans-Jürgen Syberberg, zit. nach *Der Spiegel*, Nr. 10/1976, S. 146
3 Auszüge aus dem Film H.-J. Syberberg, zit. nach Wolf Donner, Der gute Onkel von Bayreuth, in: *Die Zeit*, 18. Juli 1975
4 Köhler, S. 168
5 Köhler, S. 159
6 Fr. Wagner, S. 19
7 Fr. Wagner, S. 20
8 Fr. Wagner, S. 21
9 Fr. Wagner, S. 29
10 ebd.
11 Zit. nach Köhler, S. 264, Anm. 36
12 Köhler, S. 265, Anm. 42
13 Fr. Wagner, S. 33
14 Vgl. Köhler, S. 262
15 Fr. Wagner, S. 85
16 Fr. Wagner, S. 119 f.
17 Köhler, S. 376 f. (Brief Winifred Wagners vom 26.12.1934 an Hitler)

18 *Der Spiegel*, Nr. 30/1994, S. 156
19 Fr. Wagner, S. 129
20 Fr. Wagner, S. 143
21 Fr. Wagner, S. 146 f.
22 Vgl. Bayreuth: Die Götter dämmern, in: *Der Spiegel*, Nr. 10/1976
23 Vgl. Fr. Wagner, S. 158
24 Fr. Wagner, S. 330 ff.
25 Zit. nach Köhler, S. 377
26 Wolfgang Wagner, Lebens-Akte, München 1994, S. 44 ff.

VI. Henriette Hoffmann
Fast wie eine Tochter

1 Henriette von Schirach, Der Preis der Herrlichkeit, Wiesbaden 1956, S. 239. Auf diesem Buch basiert ein Teil dieses Kapitels, sofern nicht anders angegeben.
2 Vgl. Large, S. 198
3 Dies und die folgenden Zitate zu dieser Episode: Schirach, Preis, S. 240
4 Schirach, Preis, S. 243
5 Schirach, Preis, S. 241
6 Zit. nach Sigmund, S. 197
7 Schirach, Preis, S. 244
8 Schirach, Preis, S. 247
9 ebd.
10 Die gesamte Episode: Schirach, Preis, S.249 f.
11 Jochen von Lang, Der Hitler-Junge Baldur von Schirach. Der Mann, der Deutschlands Jugend erzog. Hamburg 1988, zit. nach Sigmund, S. 212
12 Sigmund, S. 213
13 Vgl. Schroeder, S. 195
14 Elke Fröhlich (Hg.): Die Tagebücher von Joseph Goebbels, München 1987, Eintragung vom 24.6.1943
15 Vgl. Sigmund, S. 219

VII. Maria Reiter
Enttäuschte Gefühle

1 Vgl. Günter Peis, Hitlers unbekannte Geliebte, in: *Stern*, Nr. 24/1959, S. 28
2 Vgl. Kershaw, S. 365
3 ebd.
4 Peis, S. 28
5 Peis, S. 29
6 Peis, S. 30
7 ebd.
8 Peis, S. 33
9 Peis, S. 33 f.
10 Zit. nach Knopp, S. 135
11 Peis, S. 34
12 Im Brief ist die Rede von einer »Sechzehnjährigen«, obwohl Maria Reiter zu diesem Zeitpunkt bereits siebzehn war.
13 Peis, S. 62
14 Peis, S. 63
15 Peis, S. 65

VIII. Geli Raubal
Traumfrau mit tragischem Ende

1 Sigmund, S. 138
2 Sigmund, S. 134
3 Hermann Weiß (Hg.), Biographisches Lexikon zum Dritten Reich, Frankfurt/M. 1998, S. 365
4 Hanfstaengl, S. 236
5 ebd.
6 Zit. Frauen um Hitler, S. 58
7 Vgl. Schroeder, S. 155, und Riefenstahl, S. 251
8 Zit. nach Sigmund, S. 140
9 Zit. nach Sigmund, S. 140 (Angela Raubal an Emil Maurice, Brief vom 24.12.1927)

10 Vgl. Hanfstaengl, S. 232
11 Nerin E. Gun: Eva Braun – Hitler, Velbert, Kettwig 1968, S. 26
12 Fröhlich (Hg.), Eintragung vom 21.7.1930 und 15.1.1931
13 Vgl. Joachim Fest, Hitler, Berlin 1998, S. 467
14 Frauen um Hitler, S. 64
15 Christa Schroeder, Er war mein Chef, München, Wien 1985, S. 235 f.
16 Vgl. Schroeder, S. 154, und Hanfstaengl, S. 239
17 *Münchener Post*, Ausgabe vom 21.9.1931
18 Abschlußbericht der Münchener Polizei vom 28.9.1931, Bayerisches Hauptstaatsarchiv München, S. 2
19 Abschlußbericht, S. 4
20 Protokoll Nr. 1562 der Bayerischen Gendarmeriestation Reichertshofen (Bezirksamt Ingolstadt) vom 20.9.1931. Abbildung in: *Der Spiegel*, Nr. 24/1987, S. 86
21 Hanfstaengl, S. 239
22 *Münchener Post*, Ausgabe vom 21.9.1931
23 Abschlußbericht der Münchener Polizei vom 28.9.1931, S. 4
24 Zit. nach Sigmund, S. 154
25 Zit. nach Gun, S. 28
26 Gun, S. 28
27 Ian Kershaw: Hitler 1889–1936, Stuttgart 1998, S. 447
28 Kershaw, S. 444
29 Kershaw, S. 447
30 Vgl. Schroeder, S. 154

IX. Eva Braun
Warten bis in den Tod

1 Vgl. H. R. Trevor-Roper, Hitlers letzte Tage, Frankfurt a. M. 1965, S. 173

2 Wortlaut des Trauungsprotokolls, vgl. Fest, S. 1049

3 V. E. Pilgrim, »Du kannst mich ruhig ›Frau Hitler‹ nennen«, Reinbek bei Hamburg 1994, S. 83

4 Vgl. diese Passage wie auch die weiteren biographischen Angaben zu Eva Braun, soweit nicht anders angegeben: Gun, S. 33

5 Gun, S. 33 ff.

6 Gun, S. 36

7 Gun, S. 35

8 Gun, S. 37

9 Gun, S. 36

10 Gun, S. 37

11 Vgl. H. Weiß (Hg.), Biographisches Lexikon zum Dritten Reich, Frankfurt/M. 1998

12 Gun, S. 38

13 Gun, S. 41

14 Gun, S. 50 f.

15 Dieses und die weiteren Passagen dieser Begegnung bei Gun, S. 46 f.

16 Vgl. Sigmund, S. 165

17 Gun, S. 50

18 Frauen um Hitler, S. 224

19 Vgl. Schroeder, S. 163

20 Schroeder, S. 164

21 Vgl. Sigmund, S. 167

22 Vgl. Schroeder, S. 164

23 Gun, S. 84 f.

24 Eva Brauns Tagebuchaufzeichnungen zit. nach Charlier, de Launay, S. 225 ff.

25 Anny Ondra, Filmschauspielerin und Frau des Ex-Boxweltmeisters Max Schmeling

26 Beschreibung dieses Abends bei Charlier, de Launay, S. 81
27 Zit. nach Gun, S. 87 f.
28 Gun, S. 119
29 Vgl. Schroeder, S. 369, Anm. 318
30 Vgl. Charlier, de Launay, S. 82
31 Charlier, de Launay, S. 94
32 Vgl. Sigmund, S. 179
33 Vgl. Frauen um Hitler, S. 233
34 Vgl. Gun, S. 122
35 Frauen um Hitler, S. 233
36 Vgl. Sigmund, S. 178
37 Zit. nach Albert Speer, Erinnerungen, Berlin 1969, S. 106
38 Vgl. Gun, S. 39
39 Gun, S. 161
40 Weiß (Hg.), S. 324
41 Zit. nach Schroeder, S. 167
42 ebd.
43 Zit. nach Gun, S. 164
44 Zit. nach Gun, S. 164 f.
45 Frauen um Hitler, S. 235
46 Schroeder, S. 286
47 Vgl. Gun, S. 184
48 Vgl. Fest, S. 1036
49 Zit. nach Gun, S. 185 f.
50 Vgl. Fest, S. 1040
51 Zit. nach Gun, S. 189 f.
52 Gun, S. 190 f.
53 Vgl. Fest, S. 1044
54 Hitlers Testament zit. nach Fest, S. 1051
55 Zit. nach Gun, S. 201
56 Vgl. Fest, S. 1055
57 Fest, S. 1057

x. Magda Goebbels
Frau der Extreme

1 Magda Goebbels' Mord an ihren Kindern schilderte der Augenzeuge Rochus Misch, ein Telefonist im Führerbunker. Vgl. Uwe Bahnsen und James P. O'Donnell, Die Katakombe, Augsburg 1975, S. 234 ff.
2 Bahnsen, O'Donnell, S. 236
3 Vgl. Pilgrim, S. 23 ff.
4 Sigmund, S. 74
5 Schirach, Frauen um Hitler, S. 171
6 Vgl. Pilgrim, S. 23 ff.
7 Pilgrim, S. 24
8 Vgl. Sigmund, S. 77
9 Sigmund, S. 77 f.
10 Bella Fromm, Als Hitler mir die Hand küßte, Berlin 1994, S. 80
11 Fromm, S. 79
12 ebd.
13 Fröhlich (Hg.), Eintragung vom 12. April 1931
14 Vgl. Pilgrim, S. 61 ff.
15 Fröhlich (Hg.), Eintragung vom 27. Juli 1931
16 Zu den Ereignissen des Abends vgl. Tagebuchaufzeichnungen Otto Wageners in: Henry Ashby Turner (Hg.), Hitler aus nächster Nähe, Berlin 1978, S. 375 ff.
17 Turner, S. 377
18 Turner, S. 378
19 Turner, S. 392
20 Vgl. Charlier, de Launay, S. 45
21 Vgl. Turner, S. 395
22 Zit. nach Erich Ebermayer u. Hans Roos, Gefährtin des Teufels, Hamburg 1952, S. 132
23 Vgl. Pilgrim, S. 38
24 Vgl. Charlier, de Launay, S. 60, und Schirach, Frauen um Hitler, S. 205
25 Vgl. Fromm, S. 130, Frauen um Hitler, S. 170

26 Zit. nach Ebermayer, Roos, S. 264
27 Vgl. Charlier, de Launay, S. 127
28 Charlier, de Launay, S. 86
29 Charlier, de Launay, S. 127 f.
30 Charlier, de Launay, S. 129
31 Charlier, de Launay, S. 136
32 Zit. nach Ebermayer, Roos, S. 264
33 Vgl. Charlier, de Launay, S. 137
34 Zit. nach Fest, S. 743
35 Zit. nach Ebermayer, Roos, S. 325
36 Das gesamte Gespräch vgl. Ebermayer, Roos, S. 336 ff.
37 Zit. nach Ebermayer, Roos, S. 357 f.
38 Zit. nach Gun, S. 205
39 Vgl. Charlier, de Launay, S. 215

XI. Unity Mitford
Das englische »Nazimädel«

1 Vgl. Charlier, de Launay, S. 230
2 Vgl. Karlheinz Schädlich, Die Mitford Sisters, Hildesheim 1993, S. 37 f.
3 Zit. nach Schädlich, S. 43
4 Schädlich, S. 24 f.
5 ebd.
6 Schädlich, S. 30
7 Schädlich, S. 42
8 Schädlich, S. 90
9 Hanfstaengl, S. 308
10 Schädlich, S. 112
11 Hanfstaengl, S. 308
12 Zit. nach Schädlich, S. 114
13 Schädlich, S. 130
14 Schädlich, S. 131
15 Den vollen Wortlaut von Unitys Brief an den *Stürmer* vgl. Schädlich, S. 146 f.

16 Schädlich, S. 154
17 Zit. nach Schädlich, S. 154
18 Schädlich, S. 245
19 Vgl. Schädlich, S. 156
20 Zit. nach Schädlich, S. 133
21 Zit. nach Schädlich, S. 138/139
22 Vgl. Schädlich, S. 246 ff.
23 Fest, S. 743
24 Zit. nach Schädlich, S. 264
25 Schädlich, S. 266
26 Schädlich, S. 268
27 Unitys Abschiedsbrief an Hitler vgl. Gun, S. 156
28 Schädlich, S. 276 f.
29 Frauen um Hitler, S. 96
30 Zit. nach Schädlich, S. 280
31 Schädlich, S. 281 f.

XII. Leni Riefenstahl
Triumph des schönen Scheins

1 Vgl. Leni Riefenstahl, Memoiren, München, Frankfurt 1987, S. 26. Auf diesem Buch basieren, soweit nicht anders angegeben, die Schilderungen aus Leni Riefenstahls Kindheit und Jugend
2 Vgl. Riefenstahl, S. 25, und Gun, S. 50
3 Riefenstahl, S. 20
4 Riefenstahl, S. 35
5 ebd.
6 Riefenstahl, S. 42
7 ebd.
8 Vgl. Sigmund, S. 100
9 Charlier, de Launay, S. 71
10 Riefenstahl, S. 72 f.
11 Fromm, S. 149 f.
12 Riefenstahl, S. 30

13 ebd.
14 Riefenstahl, S. 23
15 Riefenstahl, S. 44
16 Riefenstahl, S. 152
17 Riefenstahl, S. 154 f.
18 Riefenstahl, S. 159 f.
19 Riefenstahl, S. 180
20 Riefenstahl, S. 182
21 Riefenstahl, S. 395
22 Riefenstahl, S. 186
23 ebd.
24 ebd.
25 Vgl. Sigmund, S. 105
26 Riefenstahl, S. 187
27 Riefenstahl, S. 188
28 Riefenstahl, S. 197
29 Riefenstahl, S. 204 f.
30 Vgl. Sigmund, S. 106
31 Riefenstahl, S. 224
32 Vgl. Toland, S. 489
33 Titel des Buches: Leni Riefenstahl, Hinter den Kulissen des Reichsparteitagsfilms, München 1935
34 Vgl. Sigmund, S. 109
35 Riefenstahl, S. 251
36 Riefenstahl, S. 238 f.
37 sämtliche Zitate diesen Besuch betreffend: Riefenstahl, S. 309 ff.
38 Riefenstahl, S. 188
39 Leni Riefenstahls Glückwunschtelegramm an Hitler, abgedruckt in: *Der Spiegel,* Nr. 33/1987, S. 73
40 ebd.
41 Riefenstahl, S.153
42 Riefenstahl, S. 396
43 Riefenstahl, S. 394 ff.
44 Riefenstahl, S. 419
45 dpa-Meldung vom 18.1.2000

XIII. Christa Schroeder
Diktate

1 Christa Schroeder, Er war mein Chef, München, Wien 1985, S. 8
2 Schroeder, S. 39 f.
3 Vgl. Anton Joachimsthaler im Vorwort, Schroeder, S. 12
4 Schroeder, S. 39
5 Schroeder, S. 40
6 Schroeder, S. 60
7 Schroeder, S. 67
8 Schroeder, S. 84
9 Schroeder, S. 78 f.
10 Schroeder, S. 70 f.
11 Schroeder, S. 72
12 Vgl. Fr. Wagner, S. 147
13 Schroeder, S. 292, Anm. 23
14 Schroeder, S. 15
15 Schroeder, S. 89
16 Schroeder, S. 98
17 Schroeder, S. 98 ff.
18 Schroeder, S.101
19 ebd.
20 Schroeder, S. 102
21 Schroeder, S.104
22 Schroeder, S.111
23 Schroeder, S.114
24 Schroeder, S. 354, Anm. 222
25 Schroeder, S. 16
26 Schroeder, S. 130
27 Schroeder, S. 143
28 Schroeder, S. 283, Anm. 8
29 Schroeder, S. 200
30 Vgl. Joachimsthaler im Vorwort zu Schroeder, S.14, und S. 251 f.
31 Schroeder, S.14 f.

32 ebd.
33 Schroeder, S. 9
34 Schroeder, S. 10
35 Schroeder, S. 17

Literaturverzeichnis

Bahnsen, Uwe, und O'Donnell, James P.: Die Katakombe. Augsburg 1997

Bromberg, Norbert/Verna V. Small: Hitler's Psychopathology. International Universities Press, New York 1983

Charlier, Jean-Michel, und de Launay, Jacques: Eva Hitler geb. Braun. Stuttgart-Degerloch 1979

Donner, Wolf: Der gute Onkel von Bayreuth. In: *Die Zeit*, 18. Juli 1975

Dornberg, John: Der Hitlerputsch. München 1998

Ebermayer, Erich, und Roos, Hans: Gefährtin des Teufels. Leben und Tod der Magda Goebbels. Hamburg 1952

Fest, Joachim: Hitler. Eine Biographie. Berlin 1998

Fromm, Bella: Als Hitler mir die Hand küßte. Reinbek bei Hamburg 1994

Fröhlich, Elke (Hg.): Die Tagebücher von Joseph Goebbels. Teil I: Aufzeichnungen 1924–1941. Im Auftrag des Instituts für Zeitgeschichte und in Verbindung mit dem Bundesarchiv. München, New York, London, Paris 1987

Gun, Nerun E.: Eva Braun – Hitler. Leben und Schicksal. Velbert, Kettwig 1968

Hamann, Brigitte: Hitlers Wien. Lehrjahre eines Diktators. München, Zürich 1996

Hanfstaengl, Ernst: 15 Jahre mit Hitler. Zwischen Weißem und Braunem Haus. München, Zürich 1980²

Heiden, Konrad: Adolf Hitler. Eine Biographie, Zürich 1963
Hillesheim, Jürgen: Hitlers Schwester Paula Wolf und das »Dritte Reich«. Berlin 1992
Hitler, Adolf: Mein Kampf. Esslingen 1981
Jetzinger, Franz: Hitlers Jugend. Phantasien, Lügen – und die Wahrheit. Wien 1956
Kershaw, Ian: Hitler 1889–1936. Stuttgart 1998
Knopp, Guido: Hitler. Eine Bilanz. München 1997
Köhler, Joachim: Wagners Hitler. Der Prophet und sein Vollstrecker. München 1997
Kubizek, August: Adolf Hitler mein Jugendfreund. Graz 1953
Large, David Clay: Hitlers München. Aufstieg und Fall der Hauptstadt der Bewegung. München 1998
Maser, Werner: Adolf Hitler. Legende – Mythos – Wirklichkeit. München 1995
Miller, Alice: Am Anfang war Erziehung. Frankfurt a. M. 1980
Münchener Post, Ausgabe vom 21.9.1931
Peis, Günter: Die Unbekannte Geliebte. In: *Stern*, Nr. 24/1959
Picker, Henry: Hitlers Tischgespräche im Führerhauptquartier. Berlin 1997
Pilgrim, Volker Elis: »Du kannst mich ruhig ›Frau Hitler‹ nennen«. Frauen als Schmuck und Tarnung der NS-Herrschaft. Reinbek bei Hamburg 1994
Riefenstahl, Leni: Memoiren. München–Hamburg 1987
Schädlich, Karlheinz: Die Mitford Sisters, Hildesheim 1993
Frauen um Hitler. Nach Materialien von Henriette von Schirach. München, Berlin 1983
Schirach, Henriette von: Der Preis der Herrlichkeit. Erlebte Zeitgeschichte. Wiesbaden 1956
Schroeder, Christa: Er war mein Chef. Aus dem Nachlaß der Sekretärin von Adolf Hitler. Hg. v. Anton Joachimsthaler. München, Wien 1985
Sereny, Gitta: Albert Speer. Das Ringen um die Wahrheit und das deutsche Trauma. München 1997
Sigmund, Anna Maria: Die Frauen der Nazis. Wien 1998
Speer, Albert: Erinnerungen. Berlin 1969

Der Spiegel, Nr. 10/1976
Der Spiegel, Nr. 46/1977
Der Spiegel, Nr. 24/1987
Der Spiegel, Nr. 33/1987
Der Spiegel, Nr. 30/1994
Hans-Jürgen Syberberg zum Tod von Winifred Wagner. In: *Der Spiegel*, Nr. 11/1980
Toland, John: Adolf Hitler. Bergisch Gladbach 1977
Trevor-Roper, H. R.: Hitlers letzte Tage. Frankfurt a. M. 1965
Henry Ashby Turner (Hg.): Hitler aus nächster Nähe. Aufzeichnungen eines Vertrauten 1929–1932. Berlin 1978
Wagner, Friedelind: Nacht über Bayreuth. Die Geschichte der Enkelin Richard Wagners. Mit einem Nachwort v. Eva Weissweiler. Köln 1994
Wagner, Wolfgang: Lebens-Akte. Autobiographie. München 1994
Weiß, Hermann (Hg.): Biographisches Lexikon zum Dritten Reich. Frankfurt am Main 1998²

Bildnachweis

Ullstein Bilderdienst: 8, 9, 12, 65, 91, 111, 139, 180, 189, 242, 286

Leopold Stocker Verlag (aus: August Kubizek, Adolf Hitler – mein Jugendfreund, Graz 1995): 34

Bayerische Staatsbibliothek – Bildarchiv –: 11, 49, 62, 109, 268, 284, 286, 299, 302

Süddeutscher Verlag – Bilderdienst: 53, 118, 132, 143, 255

Interfoto-Pressebild-Agentur: 76, 81, 136, 146, 155, 191, 196, 214, 290

Heinrich Hoffmann/Interfoto: 160

Bildarchiv preußischer Kulturbesitz: 171, 228, 230, 237, 249

Camera Press/Interfoto, 277

»Das Dritte Reich stellte alle Institutionen und gesellschaftlichen Kräfte auf eine radikale Probe – die Konservativen so gut wie die Gewerkschaften, die Unternehmer, die Justiz und die Intellektuellen. Aufgrund der besonderen moralischen und intellektuellen Kompetenz, die die Kirchen ihrem Wesen und ihrer Rolle nach gewonnen haben, mußte diese Probe für sie von entscheidender Bedeutung für ihr Ansehen und ihren Bestand sein.«
Der Kirchenhistoriker Klaus Scholder legt die erste integrale Gesamtdarstellung der Geschichte beider Kirchen in ihrem Verhältnis zum Nationalsozialismus vor.
Der erste Band umfaßt die Vorgeschichte des Protestantismus und Katholizismus in der Weimarer Republik und im Jahr der Machtergreifung Hitlers.
Der zweite Band stellt die entscheidenden Weichenstellungen des Kirchenkampfes dar, auf evangelischer wie katholischer Seite.

Klaus Scholder

Die Kirchen und das Dritte Reich

Band 1:
Vorgeschichte und Zeit der Illusion
1918-1934

Band 2:
Das Jahr der Ernüchterung 1934
Barmen und Rom

Als Otto Frank 1947 das Tagebuch seiner Tochter Anne verlegen ließ, konnte noch niemand ahnen, welche Bedeutung es schon bald erlangen würde. Postwendend wurde das Werk übersetzt, für die Bühne adaptiert, verfilmt und in ein Musical verwandelt. Anne Frank war zum Mythos geworden. Doch in wieweit wurde ihr Werk in den verschiedenen Adaptionen verfremdet? Welche Rolle spielte dabei Annes Vater Otto? Was geschieht mit den Millionen, die der Anne-Frank-Fonds in Basel mit dem Buchverkauf verdient?

David Barnouw ist Mitredakteur der wissenschaftlichen Ausgabe des Tagebuchs. In seinem Buch wirft er einen kritischen Blick auf die »Anne-Frank-Industrie«.

David Barnouw

Anne Frank –
Vom Mädchen zum Mythos

Econ | ULLSTEIN | List